알파벳
VOCA 보카

알파벳 VOCA

발행일   2016년 2월 15일

지은이   박 성 룡
펴낸이   손 형 국
펴낸곳   (주)북랩
편집인   선일영   편집   김향인, 서대종, 권유선, 김성신
디자인   이현수, 신혜림, 윤미리내, 임혜수, 곽은옥   제작   박기성, 황동현, 구성우
마케팅   김회란, 박진관, 김아름
출판등록 2004. 12. 1(제2012-000051호)
주소   서울시 금천구 가산디지털 1로 168, 우림라이온스밸리 B동 B113, 114호
홈페이지 www.book.co.kr
전화번호 (02)2026-5777   팩스   (02)2026-5747

ISBN   979-11-5585-884-4 03700(종이책)   979-11-5585-885-1 05700 (전자책)

이 도서의 국립중앙도서관 출판예정도서목록(CIP)은 서지정보유통지원시스템 홈페이지(http://seoji.nl.go.kr)와
국가자료공동목록시스템(http://www.nl.go.kr/kolisnet)에서 이용하실 수 있습니다.
(CIP제어번호 : CIP2016003602)

성공한 사람들은 예외없이 기개가 남다르다고 합니다.
어려움에도 꺾이지 않았던 당신의 의기를 책에 담아보지 않으시렵니까?
책으로 펴내고 싶은 원고를 메일(book@book.co.kr)로 보내주세요.
성공출판의 파트너 북랩이 함께하겠습니다.

창조경제 선정작

알파벳 VOCA 보카

알파벳 비밀을 캐자

중고생 및 영어 초보자 초단기(1개월)
영단어 필독서

박 성 룡 지음

Star
Stay
Stop
Store

Sun Shine Solar
Circle Light Round

Moon Month
Make Min/Max

rainBow
elBow
Bend
Bow
Bowl
Curve

Heaven High
Up jUmp Ultra

Climb
inCline

Kid Kin King
Kind
Key Kite
Know

Corner

Mountain Move Memory

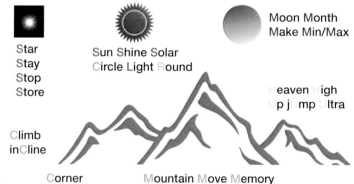

aX boX
fiX miX
teXtile

Arc Arch Arm
cAp Cow hAt

Fire Fry Feast
Fight Fury
Fish Flow
Flower
First
Factory

House Hut
liVe surVive
Vacation
Village

I Identify Idol
Question
Quality
Open Oral Gag
Catch Touch
Wonder

Bird aVid aVion

Cut
Cook
Chef
Clip
deCide
suiCide

Dish
Dam
Deep
Dental
Dig
Door
Drink

Bake
Ball
Bold
Book

Bread
Balloon
Bubble

Marine Mermaid subMarine Navy
Navigate Sail Salt Sea Surf Swim
tWin tWo Walk Water Wave We
Wed Well Work

북랩 book Lab

차 례

영단어 인류 역사 속에서 배울 수 있다

대자연

이집트 문명

알파벳 문자의 탄생

고대
BC~AD 475

그리스를 정복한 로마제국이 이탈리아, 영국, 프랑스, 스페인, 포르투갈, 북아프리카,

이집트 언어를 흡수하여 이탈리아어를 중심으로 한 라틴어 형성

중세
AD 476~1453

근세
16~18세기

근대
18~20세기

영단어(Words) 탄생

1

나의 영단어 정복법

나는 중고생 시절 영단어에 질렸었다.
그래서 항상 고민하였다.

영단어를 외우는 것보다 더 효과적인 방법이 없을까?

한글은 자음과 모음으로 구성되고,
영단어도 자음과 모음으로 구성된다.
영단어는 알파벳의 조합으로 만들어졌으므로,
알파벳의 의미를 알면 영단어를 쉽게 이해할 수 있다.

또한, 왜 영단어의 역사를 알아야 하는가?

영단어는 고대 및 중세시대의 역사 속에서
여러 민족 간의 전쟁과 식민지화 과정에서
소멸되거나, 유지되었다.
그리하여, 여러 민족의 언어가 혼합되었다.

> **결론적으로,**
> **영어의 기초인 영단어를 이해하기 위해서는**
> **'알파벳(Alphabet)' 의미를 느껴야 한다.**

〈영단어 분류〉

- 알파벳 응용단어
- 단순암기용 단어

상형문자 (자연=물, 불, 해, 달, 산 등)

타민족 정복화로 인한 언어 혼합	▶ 언어MIX ◀	사회 발전에 의한 신조어 생성으로 단어 확장

Grimm's Law (그림의 법칙)

■ 알파벳으로 영단어 의미를 알 수 <u>있는</u> 단어들 (그리스어/라틴어)

 * 라틴어(L): 로마제국이 정복한 이탈리아계 언어 (이탈리아, 프랑스, 스페인, 포르투갈, 루마니아)

 (1) 단일어 + (단일어)

 Arc Base Catch Dam Equal Fire Go High Idea Join Judge Kin Line Link Mount No/New Optic Push Quest Ring Sing Touch Up Villa Wave X-ray Young Zigzag after**noon** al**ready** an**other** base**ball** bath**room** **birth**day break**fast** cargo dead**line** every**body** holi**day** home**work** mid**night** news**paper** play**ground** some**times** welcome

 (2) 확장어('앞말/뒷말'을 결합) = (앞말) + 단일어/뿌리말 + (뒷말)

Archer	Basement	Careful	Dental	Equalize	Fury	Goal	Hybrid	Identify
Judgement	Kingdom	Lineage	Mountain	renewal	Opticist	Printer	Question	
River	Singer	Tangible	Upper	Village	Wedding	affiX	Youth	Zipper

Understand

■ 고대신화의 신들, 유럽 국가어, 특정 국가(식민지국) 일부 차용어, 인명·의성어, 동물·지명어 등으로 만들어진 영단어로서, 알파벳 의미로도 알 수 <u>없는</u> 단어들

 (1) 그리스·로마 신화 속 신 이름 (일부 예외)
 Cupid Eros Flora Giant Hades Iris Juventas Luna Mercury Muse Nyx Oracle Panic Psyche Sol Terra Unicorn Venus Wealth Youth Zelos

 (2) 유럽 국가어 (그리스어, 라틴어(프랑스어/이탈리아어/스페인어/포르투갈어)), 영국어
 라틴어: act (프랑스어: buffet cafe /이탈리아어: balcony gala /스페인어: cigar)
 영국어: do say tall

 (3) 차용어 (아프리카/아랍/말레이/통가/타히티/인도/중국 등)
 cola / coffee emirate magazine / bamboo / taboo/ tattoo / yoga / ginseng tea

 (4) 인명어/의성어/지명어/동물어   machine sandwich / bang hurry / bible / cat dog

■ 알파벳 의미 또는 유래로도 알 수 <u>없는</u> 단어들
 aid argue beg cute dear dim dream fine harm major sane shy thieve wall

Just Memorize

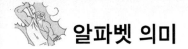

알파벳 의미

알파벳은 이집트 상형문자에서 시작하여 수많은 민족과의 정복과 전쟁을 통해 민족 간의 언어가 소멸되거나, 유지되었다. 특히 고대 그리스어와 라틴어의 영향을 받아 그리스 · 로마 신화에서 차용된 단어가 많으며, 또한, 중세 유럽 각 국가로부터 현재까지 유지된 단어와 사람의 이름, 지명, 의성어에서 유래된 단어들도 있으며, 현대에 이르러서는 사회가 복잡하게 발전하면서 새로운 단어들이 만들어지고 있다.

알파벳 = 상형문자 ▥▶ 단어 확장의 기초

현대	이집트(추정)	히브리어	로마어	상형 그림 (현대 기준)	단어 확장용 알파벳 기본 의미
A (alpha)	소머리	aleph	Ɐ		1. 소(뿔) → 농경(땅, 길), 호 2. 처음, 숫자(1)
B (beta)	움집	beth	B		1. 움집 → 기초(바닥), 공간(입체) 2. (사람/사물) 굽다 3. 숫자(2)
C (gamma)	벽 모퉁이	gimel	⟨		1. 벽모퉁이 → 각 　　　→ 칼 → 동작(요리, 살인 등) 2. 각 → 입체 (원형, 정/직육면체) 3. 손 → 잡다 → (소유/부착)
D (delta)	문門	daleth	D		1. 담긴 물 → 용적(형체, 용기) 2. 문門 → 주다 3. 입/이 → 말(하다)
E (epsilon)	양손 든 사람	he	E		1. 양손 → 저울 → 동등, 소유 2. 양손 → 시계추 → 시간 3. 양손 → 양쪽
F (digamma)	모래알	waw vau	F	無 → 有	1. 불火 → 꽃/열정/불화/불의 흐름 2. 무 → 유(창조/가공/생산) 3. 말(하다) (Grimm's law : ph > f) 4. 양면성 (흐름 ↔ 고정, 생산 ↔ 가공)
G (C 변형)	(머리 모양)				1. { 입口 → 말 } 2. 땅 → (걷다, 동식물 성장) 3. 빛
H (eta)	연꽃	(c)heth	日		1. 사다리 → 높음, 부착 2. 소유
I (iota)	손, 누운 짐승	yod	I		1. 선 모양 → 사람 (행위) 2. 존재 자체
J	(갈고리 모양)				1. 갈고리 → 연결 → 결합 2. 갈고리로 무게 달다 → 법法 3. 갈고리 → 시계추 → 시간 4. 기쁨
K (kappa)	사초 (사막의 풀)	kaph	K		풀 → 생존 →연결/퍼짐 →혈연/지식
L (lamda)	모래 발자국	lamed	L		1. 선線 → 문자, 빛 2. 선線 → 사람

현대	이집트 (추정)	히브리어	로마어	상형 그림 (현대 기준)	단어 확장용 알파벳 기본 의미
M (mu)	잔물결	mem	ͷ		1. 물결(바다) → 기억 2. 산 3. 이동 → 동작 4. 생성 5. 중앙 6. 양면성 (바다 ↔ 산, 크다 ↔ 작다)
N (nu)	코브라	nun	ͷ		1.양면성: 탄생有 ↔ {부정, 부존無} 2. 선 3. 아래下 4. 항해 → 배
O (omicron)	눈	ayin	O		원 → 동그란 신체 부위 {눈(보다), 입(말), 코(냄새)}
P (pi)	입	pe	Γ		1. 누르다(압박) 2. 튀어나온 모양 → 뾰족함, 돌출 3. 빛 4. 입ㅁ → 말
Q (koppa)	동물의 배	quoph	ϙ		머리 → 의문 / 요구 / 수량
R (P 변형)	머리	resh			1. 머리 → 이성, 계산 2. 선 → 직선, 곡선, 원
S (sigma)	나뭇가지	shin	ς		1. 나뭇가지 → 선線, 세움(고정) 2. 물결 → 물 / 바다 3. 양면성{세우다(고정) ↔ 물결(유동)} 4. 양면성(하나 ↔ 분리)
T (tau)	십자가 /샌들끈	taw	T		1. 십자가 → 공포, 높음 2. 지팡이 → 접촉, 회전
U (upsilon)	(탑)				1. 위上 2. 밖外
V (U 변형)	(뒤집은 움집)				1. 움집 → 삶/(공간)빈 2. 새 → (날다/부러움) 3. 입 → 말(하다) 4. 눈 → 보다 5. ∧(다리)→오다/가다
W	(잔물결)				1. 물결 → 물 2. 반복 (숫자=2) 3. 반복 → 궁금 → 의문/질문
X (chi)	(축)		×		1. 고정(축) 2. 교차 3. 고정 → 부착
Y (U 변형)	(모래시계)				1. 모래시계 → 시간 2. 시간의 끝 - 명사/동사/형용사/부사화 끝말
Z (zeta)	장신구 /코브라	zayin			1. 코브라 → 지그재그선 → 반복 행위 → 혼란/혼동 2. 양면성 (왔다 갔다)

고대 그리스 · 로마 신화로부터 유래된 단어

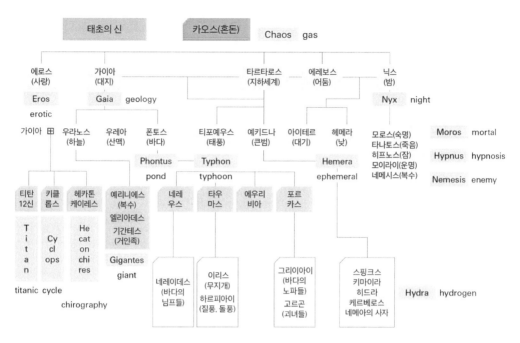

	신 이름		유래어	세분화		의미	참고
Chaos	혼돈신	카오스	**gas**	개스	gas	기체, 가스	ch > g
Cyclops	눈 하나인 신	키클롭스	**cycle**	싸이클	c(원) + y + cle(작음)	원 → 순환 → 자전거	bicycle
Eros	사랑신	에로스	**erotic**	이라틱	ero + t + ic	성적인 = 에로틱한	
Gaia	대지 여신	가이아	**geology**	지알러지	geo(땅) + logy(학문)	땅을 연구하는 학문 → 지질학	geography
Gigantes	거인족	기간테스	**giant**	쟈이언트	gi(큰) + ant(사람)	큰 사람 → 거인	gigantic
Hecaton chires	거인족	헤카톤케이레스	**chirography**	카이라그러피	chiro(손) + graphy(씀)	손으로 글을 씀 → 서체	chirognomy
Hemera	낮여신	헤메라	**ephemeral**	이페머럴	ep + hemer(낮) + al	낮의 → 수명이 짧은	
Hydra	물뱀	히드라	**hydrogen**	하이드러즌	hydro(물) + gen(생성)	물을 만드는 것 → 수소	hydro
Hypnus	잠신	히프노스	**hypnosis**	힙노우시스	hypno(잠) + sis(상태)	잠자는 상태 → 최면	hypnotize
Moros	죽음신	모로스	**mortal murder**	모털 머더	mor(죽음) + t + al	죽을 운명의 → 치명적인	immortal
Nemesis	복수신	네메시스	**enemy**	에너미	e + nem(복수) + y	복수 대상 → 적	
Nyx	밤신	닉스	**night**	나이트	n(검은) + ight	밤夜	noir
Pontos	바다신	폰토스	**pond**	폰드	pond	연못	t > d
Titan	거인족	티탄	**titanic**	타이태닉	titan + ic	아주 거대한, 엄청난	titanic
Typhon	무서운 용	티폰	**typhoon**	타이푼	typhoon	태풍	= twister

고대 그리스 · 로마 신화로부터 유래된 단어

신 이름			유래어		세분화	의미	참고
Ares	전쟁신	아레스	**war**	워	w + ar	전쟁	**war**rior
Athena	도시/기예신	아테네	**athens** **athlete**	에띠ㄴㅈ 애뜨리트	ath + ens ath + l + ete	**(도시) 아테네** **운동선수**	= sportsman
Ceres	곡식신	케레스	**cereal**	씨리얼	cere(곡식) + al	**곡물**	= grain
Cronos	농경/시간신	크로노스	**crop** **chronicle**	크랍 크라니클	cro + p chron(시간) + icle	**농작물** **연대기**	**chron**ic
Demeter	대지신	데메테르	**mother**	머더	m(만들다) + other	**어머니, 엄마**	
Festa	화로신	페스타	**festival**	페스티벌	fest + i + v + al	**축제**	feast
Hades	지하신	하데스	**hide**	하이드	hide	**숨기다**	= cover
Jupiter	신 중의 신	주피터	**father**	파더	father	**아버지, 아빠**	
Mars	전쟁신	마르스	**martial**	마샬	mart + ial	**전쟁의**	**mar**ch
Mercury	상업/통신신	머큐리	**commerce**	커머스	com + merc + e	**무역, 상업**	com**merc**ial **merc**handise
Medusa Metis	변화신	메두사 메티스	**method**	메떠드	met(변하다)+ hod(길)	**바꾸는 길 → 방법**	= way
Neptune	바다신	넵튠	**navy**	네이비	nav + y	**해군, 짙은 감색**	
Phobos	공포신	포보스	**~phobia**	포비아	phob + ia(증세)	**~공포증**	acro**phobia**
Pluto	지하의 부신	플루토	**plutocracy**	플루타크라시	pluto + cracy(다스림)	**금권 정치**	**pluto**nium
Venus	미의 여신	비너스	**venereal**	버네리얼	vener + e + al	**성병의**	
Volcanus	불과 대장간신	불카누스	**volcano**	빌케이노우	volcano	**화산**	

고대 그리스 · 로마 신화로부터 유래된 단어

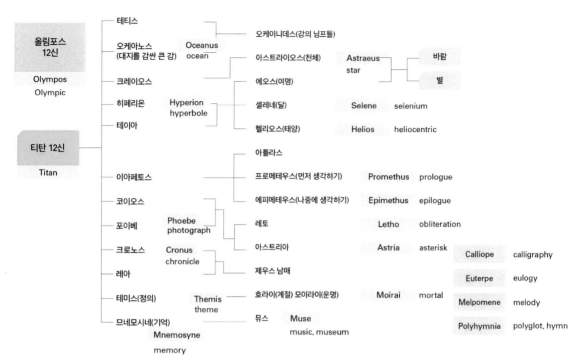

신 이름		유래어			단어 분석		의미	참 고
Astria	별신	아스트리아	**star**	스타	st + ar		스타	aster**isk**
Calliope	뮤즈신	컬라이어피	**calligraphy**	컬리그러피	calli美+graphy(씀)		서예	
Epimethus	나중에 생각하는 신	에피메테우스	**epilogue**	에필로그	epi(뒤) + logue(말)		뒷말 → 맺음말	↔ prologue
Euterpe	뮤즈신	유터페	**Europe**	유럽	Eu + r + ope		유럽	**eu**logy
Helios	태양신	헬리오스	**heliocentric**	힐리어센트릭	helio + centr + ic		태양 중심인	
Hyperion	높이 있는 신	히페리온	**hyperbole**	하이퍼벌리	hyper(높이) + bole		높이 던짐 → 과장	**hyper**tension
Letho	망각신	레토	**obliterate**	어블리터레이트	ob + liter + ate		흔적을 없애다	obli**vion**
Melpomene	노래신	멜포메네	**melody**	멜러디	mel(soft) + od + y		아름다운 노래	
Mnemosyne	기억신	므네모시네	**memory**	메머리	mem + ory		기억	**memo**rize
Muse	예술신	뮤즈	**music**	뮤직	mus + ic		음악	**mus**ician **muse**um
Oceanus	대양신	오케아누스	**ocean**	오우션	ocean		대양, 바다	= sea
Phoebe	태양신	포이베	**photograph**	포우터그래프	photo(빛) + graph		사진	**photo**shop
Polyhymnia	찬가신	폴리힘니아	**polyglot**	팔리글랏	poly(많음) + glot(말)		다국어를 말하는	hymn
Promethus	먼저 생각하는 사람	프로메테우스	**prologue**	프롤로그	pro(앞) + logue(말)		서두, 도입부	↔ epilogue
Themis	율법/이치신	테미스	**theme**	띠임	them + e		주제, 제목	**thema**

고대 그리스 · 로마 신화 속 신들

신화 속 신	영 어	그리스 신화의 신들			로마 신화의 신들		
		한국어	그리스 신화	확장어	한국어	로마어	확장어
신 중의 남신		제우스	Zeus		주피터	Jupiter(Jov)	Father
신 중의 여신		헤라	**Hera**	**Heroine**	유노/모네타	Juno **moneta**	**Monetize**
태양신	sun	헬리오스	**Helios**	**Heliolatry**	솔	**Sol**	para**sol** **Solar**
	photo	아폴론	A**pollo**n		아폴로	A**pollo**	
달신	moon, lune	셀레네	**Selene**	**Selenium**	루나	**Luna**	**Luna**cy
빛신	light	포이베	**Phoebe**	**Photo**graphy			
밤신	night	닉스	**Nyx**	**Night**			
낮신	day	헤메라	**Hemera**	e**phemera**l			
대지신	earth	가이아	**Gaia**	**Geo**graphy	테라	**Terra**	**Terr**itory
곡물/대지신	grain	데메테르	**Demeter**	**Metro**polis	세레스	**Ceres**	**Cereal**
하늘신	sky	우라노스	**Uranos**	**Uran**ium	카엘루스	**Caelus**	**Cele**stial
별신	star	아스트리아	**Asteria**	**Astr**onaut			
바다신	mare, sea	포세이돈	**Poseidon**		넵튠	**Neptune**	**Nav**y
		폰토스	**Pontos**	**Pon**d			
		프로테우스	Proteus	**Prote**an			
대양신	ocean	오케아누스	**Oceanus**	**Ocean**			
바람신	wind	티폰	**Typhon**	**Typhoon**			
승리신	victory	니케	Nike		빅토리아	**Victoria**	**Victory**
전쟁신	warrior	아레스	**Ares**	**war**	마르스	**Mars**	**Marc**h,**Martial**
기예/도시신	sports	아테나	**Athena**	**Athle**te	미네르바	Minerva	
미美의 신	beauty	아프로디테	Aphrodite		비너스	**Venus**	
술신	liquor	디오니소스	Dionysus	**dipso**maniac	바쿠스	Bacchus	
시간/계절/농경신	time	크로노스	**Cronos**	syn**chron**ize	사투르누스	**Saturn**us	**Saturd**ay
사랑/욕심신	love	에로스	**Eros**	**Erot**ic	큐피드	**Cupid**	**Cov**et, **Cut**e
					아모르	**Amor**	**Amateur**
운명신	doom, fate	모이라이	Moirai		파테스	**Fates**	**Fate**
죽음신	death	모로스	**Moros**	**Mortal**	타나토스	Thanatos	
행운신	fortune, luck	티케	Tyche		포르투나	**Fortuna**	**Fortune**
화/복수신	fury, rage	푸리에스	**Furies**	**Fury**	네메시스	**Nemesis**	**enemy**
부/수확신	crop	플루투스	**Plutus**	**Pluto**cracy	플루토	**Pluto**	**Pluto**nium
불/대장간신	volcano	헤파이스토스	Hephaestus		불카누스	**Volcanus**	**Volcano**
상업/통신신	trade Herald	헤르메스	Hermes		머큐리	**Mercury**	**commerce**
잠신	sleep	히프노스	**Hypnos**	**Hypno**tize	솜누스	**Somnus**	in**somni**a
꿈신	dream	모르페우스	**Morpheus**	a**morph**ous			
지옥신	hell	하데스	**Hades**	**Hide**, **Hell**			
불화신	irritate	에리스	**Eris**	**Irritate**			
조화신	harmony	하르모니아	**Harmonia**	**Harmony**			
기억신	memory	므네모시네	**Mnemosyne**	amnesia			
				remember			
예술신	music	뮤즈	**Muses**	**Music**			
시인/음악신	oral, phone	오르페우스	**Orpheus**	**Oral**, **Phone**			
율법/이치신	theory	테미스	**Themis**	**Theme**			
성장/봄신	growth	페르세포네	**Persephone**	**Prosper**	프로서피나	**Proserpina**	

고대 그리스 · 로마 신화 속 신들

신화 속 신	영 어	그리스 신화의 신들			로마 신화의 신들		
		한국어	그리스 신화	확장어	한국어	로마어	확장어
문지기신	janitor				야누스	**Janus**	January
질투/경쟁신	jealous zeal	젤로스	**Zelos**	**Jealous zeal**			
청춘/젊음신	youth	헤베	Hebe		유벤타스	**Juven**tas	Junior Juvenile
변신 괴물	medusa	메두사		**Metal**			
공포신	terror	포보스	**Phobos**	**~Phobia**			
여전사	warrior	아마존	Amazon				
거인족	giant	기간테스	**Gigantes**	**Giant**			
	titanic	티탄족	**Titan**	**Titanic**			
	cycle	키클로페스	**Kiklopes**	**Cycle**			
	hand	헤카톤케이레스	Hecaton**chires**	**Chiro**graphy			
심부름신 무지개신	errand	아이리스	**Iris**	**Errand**			
뮤즈신 중의 여신	soft	멜포메네	**Mel**pomene	**Mel**ody			
	beautiful	칼리오페	**Calli**ope	**Calli**graphy			
	hymn	폴리힘니아	Poly**hymn**ia	**Hymn**			
	good	유터페	**Euterpe**	**Eu**logy			
꽃신	flower				플로라	**Flora**	**Flow**er, **Bloom**
경계신	limit				테르미누스	**Terminus**	**Terminate**
영혼신	soul				프시케	**Psyche**	**Psycho**logy
기쁨 요정	pleasure				플레져	**Pleasure**	**Please**
덕의 요정	virtue				버츄	**Virtue**	
산의 요정	mountain				에코	**Echo**	
공기의 요정	air	에어리얼	**Aeriel**	**Air**plane			
목양신	goat(terror)				판	**Pan**	**Pan**ic
사냥신	hunt	오리온	**Orion**	**Ori**ental			
감질나게 하는 신		탄탈루스	**Tantalus**	**Tantal**ize			
신의 신탁	oracle	오라클	**Oracle**	**Or**al, **Or**der			
망각의 강	oblivion	레테	**lethe**	oblivion			
교차로	cross	트리비아	**Trivia**	**Trivial**			
현명한 인간	wise	시지프스	Sisyphus	philo**sophy**			
최초의 여자	all-gived	판도라	**pandora**	**pan**acea			
애욕의 신	love	필로테스	**Philo**tes	**Philo**logy			
변화의 신	change	메두사	**Medusa**	**Me**thod			
		키메라	**Chimera**	**Chemi**stry			
뿔 하나인 짐승	one	유니콘	**Unicorn**	**Uni**t			
질서의 신	autonomy	에우노미아	**Eunomia**	**e**conomy			
씨 뿌려 나온 병사	sparse	스파르토이 (스파르타)	**Spartoi**	di**sperse**			
물뱀	water snake	히드라	**Hydra**	**Hydra**te **Hydro**gen			

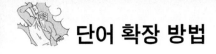

단어 확장 방법

A. 그림의 법칙 (독일 언어학자 제이콥 그림 Grimm's law = G's law)

단어 확대 및 유음화를 위한 자음 변화 법칙 ≒ 두음법칙

(1) bh(소멸) → b → p(h) → f → v

*p*iscis	⇒ *f*ish	*p*aternal	⇒ *f*ather
*b*lossom	⇒ *f*lower	*p*es, *p*edal	⇒ *f*oot
*p*late	⇒ *f*lat	thie*f*	⇒ thie*v*es
gra*b*	⇒ gri*p*	*b*rother	⇒ *f*raternal
gi*v*e	⇒ gi*f*t, li*v*e ⇒ li*f*e	fi*v*e	⇒ fi*f*teen
*p*other	⇒ *b*other	lea*f*	⇒ lea*v*es
*ph*antasm	⇒ *f*antasy	sa*f*e	⇒ sa*v*e
*f*orego	⇒ *p*roceed	*ph*one, *f*ame, con*f*ess, *v*ocal, *v*erbal

(2) ch → c, ch → g   *ch*erish ⇒ *c*are,   *ch*aos ⇒ *g*as

(3) dh(소멸) → d → t → th(Θ)   *d*ental ⇒ *t*ooth,   paternal ⇒ fa*th*er

(4) gh(소멸) → g → k → c   *g*enerate ⇒ *k*in,   i*g*nore ⇒ *k*now,   *k*ind ⇒ *g*entle
           *K*orea ⇒ *C*orea

(5) gn → kn → n   *kn*ow ⇒ *n*ote *n*otice *n*otify, i*gn*ore, reco*gn*ize

(6) ct → g, ct → x   a*ct* ⇒ a*g*ent, se*ct*ion ⇒ se*g*ment, se*x*
           conne*ct* ⇒ ne*x*us,   conta*ct* ⇒ conta*g*ion

(7) w → v   *w*ine ⇒ *v*ineyard,   *w*ay ⇒ con*v*oy

(8) gu → gw(소멸) → w   *gu*aranty ⇒ *w*arranty, *gu*ard ⇒ *w*ard

(9) m → n   pri*m*e ⇒ pri*n*cipal

(10) x → ng   mi*x* ⇒ mi*ng*le

(11) a, e, i, o, u, au, ea, ai, ou…의 모음은 발음의 유연화를 위해 상호 전환되어 사용된다.
      g*a*ther(모이다, 모으다) ⇒ tog*e*ther(모아진 → 함께)

(12) ble · cle · ple ⇒ bul · cul · pul = "반복" 의미 변형
      am*ble*(천천히 걷다) ⇒ am*bul*ate(이동하다), arti*cle*(기사) ⇒ arti*cul*ate(표현하다),
      peo*ple*(사람들) ⇒ po*pul*ar(인기 있는, 대중적인)

(13) s ↔ t ↔ d   뿌리말의 기본형을 바꿀 때 상호전환시켜 사용된다.
      ar*s*on(방화) ⇒ ar*d*ent(열정적인)   exten*d*(확대하다) ⇒ exten*s*ion(확대)
      pe*s*~(발) ⇒ pe*d*~(발) ⇒ foo*t*(발)   *t*one(음색), *s*on~(소리), *s*ound(소리)

B. 단어의 확장 - 동일 의미 단어에 라틴어와 영어가 동시 공존

라틴어	영 어	의미	라틴어	영 어	의미
act	<u>agent</u>	do	하다	de~	depart decrease	off, off~, down	분리, 아래
<u>exit</u>	pro<u>ceed</u>	fare, go	가다	ex~	<u>exit</u>	out, out~	밖
<u>visit</u>	<u>open</u>	look, see	보다	pre~ pro~	proceed	fore~ <u>forego</u>	앞
<u>contact</u>	<u>tangible</u>	touch	만지다	re~	rear recover	back~	뒤, 반대
<u>inhabit</u>	<u>village</u>	dwell, live	살다	sub~	<u>subway</u>	under, under~	아래
<u>predict</u>	<u>mention</u>	say speak talk tell	말하다	in~	<u>intangible</u>	un~ <u>untouchable</u>	않는, 없는

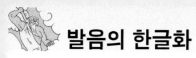

발음의 한글화

■ 모음母音: Vowel 바우얼 vow[소리] + el[small] ⇒ 소리나게 하는 최소 음

단모음 = 짧은 모음			이중 모음			장모음 = 긴 모음		
[ɑ]	아	doctor stop	[ai]	아이	child defy dialogue die	[ɑ:]	아~	art bar car drama
[e]	에	bet edge jet send	[au]	아우	cloud cow bound now	[i:]	이~	eat either feed see
[i]	이	bill fill hill kill sit till	[eə]	에어	air care dare pear stair	[ə:]	어~	birth dual firm
[ɔ]	오	dog loll	[ɛə]	에어	bear	[ɔ:]	오~	call cloth hall story
[u]	우	foot good wood wool	[ei]	에이	case claim day fail mail	[u:]	우~	chew choose do
[ə]	어	compare different	[iə]	이어	cheer clear fear pier			
[ʌ]	어	come country cut	[ɔi]	오이	boy coy choice joy			
[ɛ]	에	bear	[ou]	오우	close go grow road roll			
[æ]	애	ant cat bat pan	[uə]	우어	cure casual mutual			

■ 자음子音: Consonant 칸서넌트 con[with] + son[소리] + ant[thing] ⇒ 함께 소리나게 하는 음

유성 자음 = 부드러운 자음				무성 자음 = 탁하고 거친 자음				기타 자음			
ㄱ	[g]	g, x	gag exit	ㅋ	[k]	c, ch,	cook school	\multicolumn{4}{반 자음}			
ㄴ	[n]	n	noon now			k, q	kick quiz	이	[j]	y	cure young
ㄷ	[d] [ð]	d, th	day this	ㄸ	[θ]	th	bath mouth				wood
ㄹ	[l] [r]	l, r	loll roll	ㅌ	[t]	t	tact tattoo	우	[w]	w	wool
ㅁ	[m]	m	memo	ㅍ	[p] [f]	p, ph,	pop phone				work
ㅂ	[b] [v]	b, v	base vase			f, gh	flow laugh tough	\multicolumn{4}{묵음 자음}			
ㅇ	[ŋ]	ng	long sing	ㅅ	[s]	c, s, x	cent sex source	ㄱ	[g]	gh	ghost
ㅈ	[z]	z	zip zoo	쉬	[ʃ]	sh	push show	ㄴ	[n]	kn	knot know
쥐	[ʤ]	g, dg	gem edge	ㅊ	[tʃ]	ch	chance chip	묵음		gh	high height
				ㅎ	[h]	h	hang high				night right

그림	관련 단어	발음	세분화	의미	연관/확장어
A a		에이	소(뿔)의 얼굴 모양을 본뜬 글자 ∀ (소머리를 180° 회전) (1) 【A】 모양 →【소뿔】→【소뿔 모양 ∀ = arc(호) → 모자 **A**(우두머리)】 (2) 【∀】 모양 →【소뿔】 　　→【농경, 토지(땅)에 대한 중요성 → '존재' 중요성 → 길, 도로】 (3) 【알파벳 첫 글자】→【처음, 하나(1) → 모든, 전체】		

(1) A → 모양 → 소뿔∀ 🐂 → 굽다, 호(∪) → 모자 A(우두머리)

🐂 A (소 = 우牛) ⇒ 소(뿔)의 얼굴 모양을 본뜬 글자 **A** → ∀ (소머리를 180° 회전)

그림	관련 단어	발음	세분화	의미	연관/확장어
	Aim	에임	**A**(호) + i + m	(활 쏘기 위해) 겨냥하는 것 → 목표(하다), 목적	= target
	Arc	아크	**A**(호) + r + c	(원)호 ( )	
	Arca**d**e	아케이드	**A**(호) + r(선) + c(호) + ade(길)	양쪽에 아치형 상점이 있는 길 → 아케이드	
	Arch	아치	**A**(호) + r + ch	높은 둥근 원 → 아치	
	Arch**e**r	아처	**A**rch + er(사람)	활 쏘는 사람 → 궁수	archery
	a**rch**itecture	아키텍처	**a**rchi(호) + tect(cover) + ure(thing)	활 모양을 덮는 것 → 지붕을 만드는 것 → 건축, 건축술, 건축학, 건축양식	
	Arctic	아크틱	**A**(호) + r(선) + c(호) + t + ic	땅의 선이 호인 → 북극의(north pole)	↔ antarctic
	Ark	아크	**A**(호) + r + k	땅에 있는 아치형(U)의 배 → 노아의 방주, 궤, 상자	
	Arm	암	**A**(호) + r + m	소뿔(호) 모양 → (사람의) 팔 → arms(무기)	army armistice
	Arrow	애로우	**A**(호) + r + r(선) + ow	활에 사용하는 선 → 화살	↔ Bow
	Ass	애쓰	**A**(호) + ss(반복)	둥근 호가 두 개 있는 신체 부위 → 엉덩이, 멍청이, 나귀	= hip
	cap	캡	C(원통) + **a**(호) + p	둥근 원통을 눌러쓰는 것 → 모자	= hat
	captain	캡틴	**ca**p(모자→우두머리) + t(접촉) + ain	모자를 쓴 사람 → 우두머리 → 선장, 함장, (계급)대위	
	hat	햇	h(높은) + **a**(호) + t(접촉)	높은 곳에 접촉하는 호(∩) → 모자	= cap

(2) A → 소뿔∀ 🐂→ 농경지 → 토지(땅) → 길, 존재

그림	관련 단어	발음	세분화	의미	연관/확장어
	Agriculture	애그리컬처	**A**gri + cult(키우다) + ure	땅에서 키우는 것 → 농업	agronomy
	Agora	애거러	**A**(땅) + g + o + r(둥근) + a	(고대 그리스의) 둥근 광장	cf) square
	Agrarian	어그레리언	**A**(땅) + gr(땅) + ian	토지의, 농경의	grain granary

그림	관련 단어	발음	세분화	의미	연관/확장어
	Arid	애리드	A(땅) + r(선) + id(상태)	땅이 선으로 갈라진 → (땅이) 건조한, 마른	= dry ↔ wet
	Area	에어리어	A(땅) + r(선) + ea	선으로 연결된 땅 → 지역	= territory = zone
	Axle	엑슬	A(땅) + x(교차) + l(선) + e	땅에 교차하는 선 → (바퀴의) 차축	
	barricade	배러케이드	bar(막다) + r + i + c + ade(길)	길을 막는 것 → 장벽, 장애	= obstacle
	grade	그레이드	gr + ad(길) + e	성장의 길 → 단계, 계급, 등급	upgrade
	lead	리드	l(사람) + e + ad(길)	사람의 길 → 길 안내하다, 이끌다	leader(ship) mislead
	parade	퍼레이드	par(보이다) + ad(길)e	길에서 보이다 → 행렬, 가두 행진	
	ready	레디	re + ad(길) + y	다시 길에 있는 → (사람이) 준비된	= prepared
	road	로우드	r(선) + o + ad(길)	선의 길 → 도로, 길	abroad = way
	trade	트레이드	tra(~에서 ~으로) + (a)d(길)e	~에서, ~으로의 길 → 거래, 무역	= commerce
	wade	웨이드	w(물) + ad(길)e	물길을 헤치며 가다	
	am/are	엠/아	a(땅) + m / a(땅) + re	땅에 있다 → (존재) ~이다, 있다	cf) is
	ambi ~	앰비	am(있다) + bi(2)	둘이 있는 → 둘의, 양쪽의	ambient ambivalent
	amid	어미드	a + mid(중간)	중간에 있는 → 한복판에, 중간에	= middle
	ample	앰플	am(있다) + ple(채우다)	채워 넣는 → 충분한	= enough
	around	어라운드	a + round(원)	원에 존재하는 → 사방에, 근처에, 약	surround = eco ~
	at	엣	a + t(접촉)	~에 접촉하여 존재하는 → (장소·시간) ~에 위치하는	
	camp	캠프	c(파다) + am(존재) + p(누르다)	파서 누르다 → 야영(지), 텐트	encamp camping
	dam	댐	d(물) + am(있다)	(물을) 가두어 만든 D 모양의 것 → 댐, 둑	
	damp	댐프	d(물) + am(있다) + p	dam 변형 → 물이 있는 → 축축한, 습기찬	dampen
	jam	잼	J(갈고리→연결) + am(있다)	(차가) 연결되어 있는 → 교통 체증/혼잡	traffic-jam
	lamp	램프	l(선→빛) + am(있다) + p	빛이 있는 → (빛이 나오는) 전등	
	name	네임	n(있음) + am(존재) + e	존재 있는 것 → 이름(을 짓다)	rename cf) nominate
	stamp	스탬프	st(세우다) + am + p(누르다)	세워서 누르다 → 짓밟다, 날인하다, 우표 붙이다	

15

그림	관련 단어	발음	세분화	의미	연관/확장어

(3) A → 처음, 하나(1) → 모든, 전체

그림	관련 단어	발음	세분화	의미	연관/확장어
1	a(n)	어/언	a(하나) + (n)	(불특정한) 어떤 하나의, 어떤 사람의	↔ the
♥	Ace	에이스	A(처음, 하나) + ce(~것)	(카드의) 에이스 = 1	
1+1	add	애드	a(하나) + d(크기) + d (반복)	하나에다 반복해서 크게 하다 → 더하다	addition(al)
1+1	again	어겐	a(하나) + gain(얻다)	하나 더 얻다 → 다시 (한번), 게다가, 더욱더	gain
1+1	age	에이지	a(하나) + ge(지나간)	한 해 지나간 → 나이, 수명	aging
1	all	올	a(하나) + ll(선)	하나의 선 → 모든, 전부/전체의	alliance ally
	ally	앨라이	a(하나) + ll(선) + y	하나가 되다 → 동맹을 맺다 → 동맹국	alliance
	almost	올모우스트	al(l)(모든) + most	거의, 대부분	
	alone	어로운	al(l)(모든) + one	하나의 → 홀로, 단독으로	= lonely = solitary
	already	올레디	al(l)(모든) + re + ad + y	모두 준비된 → 이미, 벌써	ready ↔ yet
	also	올쏘우	al(l)(모든) + so	모두 그렇게 → 더욱이, 또한, 역시	= too
	always	올웨이즈	al(l)(모든) + way + s	모든 방법으로 → 항상, 늘, 반드시	= sometimes
🏛	ancient	에인션트	a(처음) + n(연결) + c + i + ent	처음의 → 고대의, 아주 오래된, 고대인	↔ modern
	ancestor	앤세스터	a(처음) + n(연결) + c + est + or	처음에 있었던 사람 → 조상	↔ descendant
	and	앤드	a(하나/처음) + n(연결) + d	하나/처음을 연결하는 → 그리고	↔ or but
	anniversary	애니버써리	a(하나) + nn(반복) + i + vers(회전) + ary(집합)	매년 돌아오는 것 → 기념일	
2014	annual	애뉴얼	a(하나) + nn(반복) + al	1년이 반복되는 → 매년의	biannual
	any	애니	a(하나) + n + y(~의)	(불특정한) 어떤/어느 하나의	anyway cf) some
	anybody	애니바디	any + body(사람)	어떤 사람이든 → (긍정문) 누구든지	cf) somebody
	anything	애니띵	any + thing(사물)	어떤 것이든 → (긍정문) 무엇이든	cf) something

그림	관련 단어	발음	세분화	의미	연관/확장어
B	**b**	비	(1)【B = 움집(hut) 모양】 → 바닥이 있는 움집 → 기초/바닥(base) (2)【B = 움집(hut) 모양】 → 입체, 공간 (3)【B】 → 굽은 모양 → 굽다 (4)【B = (공간이 2개)】 → 숫자 2		B

(1) B →  바닥 있는 움집 → 기초/바닥

그림	관련 단어	발음	세분화	의미	연관/확장어
	abyss	어비스	a(없는) + b(바닥) + y + ss	바닥이 없는 → 심연, 깊은 구렁	
	Base	베이스	B(바닥) + ase	바닥이 있는 것 → 바닥/기초/기반, 기지를 두다	basement
	Baseball	베이스볼	B(바닥) + ase + ball(공)	바닥에 놓인 베이스와 공의 경기 → 야구	
	Basin	베이슨	B(바닥) + as + in	바닥이 있는 것 → (bowl 보다 얕은) 대야	
	Basketball	배스킷볼	B(바닥) + a + s + ket(작음) + ball(공)	바구니에 공 넣는 경기 → 농구	
	Bass	베이스	B(바닥) + a + ss	저음의, (악기) 베이스의	
	Bat	벳	B(바닥) + a + t(접촉)	(동굴의 윗) 바닥에 붙어 있는 동물 → 박쥐	batman
	Bath	배뜨	B(바닥) + a + th(사물)	바닥이 있는 사물 → (목욕하는) 욕조	bathe bathroom
	Bed	베드	B(바닥) + e + d(입체)	바닥이 있는 입체 → 침대	bedroom
	Bench	벤치	B(바닥) + e + n(연결) + ch(각)	바닥이 연결된 각형 입체 → 긴 의자	cf) couch
	Board	보드	B(바닥) + o + ard	판자/널빤지 → (배/기차/비행기의 널빤지에) 탑승한	boarding cupboard
	Boat	보우트	B(바닥) + o + a + t(접촉)	바닥이 접촉되는 것 → (작은) 배	= ship vessel
	Bottle	바틀	B(바닥) + o + t(접촉) + tle(반복)	바닥에 접촉하는 것 → 병	
	Bottom	바텀	B(바닥) + o + tt(접촉) + om	바닥에 접촉하는 면/신체 부위 → 밑바닥, 엉덩이	
	Box	박스	B(바닥) + o + x(교차)	교차하여 바닥이 있는 것 → (직사각형) 상자	cf) case
	Bug	버그	B(바닥) + u(위) + g(가다)	바닥 위에서 다니는 것 → 벌레, 작은 곤충	debug
	Build	빌드	B(바닥) + u(위) + il + d(입체)	바닥에서 위로 입체를 만들다 → 건설하다	building
	Burn	번	B(바닥) + u(위) + r(선) + n(아래)	바닥에서 위로 올랐다가 내려오다 → 불타다, 태우다	burner
	Bury	베리	b(바닥) + u(위) + r + y	위에서 바닥으로 묻다 → 매장하다	burial
	Bush	부쉬	b(바닥) + u(위) + sh	바닥에서 위로 빠르게 자라는 것 → 관목	= shrub
	Butt	벗	b(바닥) + u(위) + tt(접촉)	바닥에 접촉하는 것 → (나무) 밑동, (사람의) 엉덩이	= hip
	button	버튼	b(바닥) + u + tt(접촉) + on	바닥 위를 접촉하는 것 → 단추	
	buy	바이	b(바닥) + u(위) + y(두다)	바닥 위에 쌓아 두다 → 사다, 구매하다	= purchase ↔ sell
	submarine	써브마린	s(분리) + u(위) + b(바닥) + marine(바다의)	바다 밑에서 다니는 것 → 잠수함	
	subway	써브웨이	s + u(위) + b(바닥) + way	위에서 아래로 다니는 길 → 지하철	cf) metro

그림	관련 단어	발음	세분화	의미	연관/확장어

(2) B → 모양 → 부풀다 → 공간 → 입체(원형/구/사각형)

그림	관련 단어	발음	세분화	의미	연관/확장어
	bag	백	b(입체) + a + g(가다)	들고 가는 입체 → 가방	baggage handbag
	Bake	베이크	B(입체 → 부풀다) + ake(하다)	입체 → 부풀다 → 빵을 굽다	bakery bread
	ball	볼	B(입체 → 부풀다) + a + ll	공간이 있는 하나의 입체 → 공	baseball basketball
	balloon	벌룬	b(입체 → 부풀다) + a + ll + oo + n	부푼 둥근 것 → (열기구) 풍선	adballoon
	big	빅	b(입체→부풀다) + i + g(o)	부풀어 가다 → (치수, 정도, 양이) 큰	= large ↔ small
	bomb	밤	bom(빵 소리) + b(입체)	북소리처럼 소리나게 하는 입체 → 폭탄	bombard boom
	Book	북	B(책 모양) + oo + k(연결)	여러 종이를 묶어 만든 책을 본떠 만든 글자	booklet notebook
	bread	브레드	b(입체) + r + e + ad	(입체로 만든) 빵	
	bubble	버블	b(입체) + u(위) + b + ble (반복)	입체가 커지며 반복하는 것 → 거품/기포/비눗방울	= foam
	bulb	벌브	b(입체) + u(위) + l + b(입체)	부푼 입체 → 알뿌리, 전구	
	bulk	벌크	b + u(위) + l + k(연결)	부풀어 연결한 것 → 부피/크기/체적/용적/거대함/대량	
	burst	버스트	b(입체) + u(밖) + r(선) + st	입체가 밖으로 퍼지다 → 터지다	outburst
	Bus	버스	b(입체/바닥) + u(위) + s	바닥 위의 B 모양의 입체 → 버스	cf) cab
	cube	큐브	C(각) + u + b(입체) + e	각이 있는 입체 → 정육면체	cubic cubicle
	global	글로우벌	g(땅) + l(선) + o(원) + b(입체) + al	세계적인, 전 세계의, 지구상의	globalize
	tube	튜브	t(접촉) + u(밖) + b(입체) + e	밖에 접촉시키는 입체 → (금속/유리)관, 통	

(3) B → 모양 → 굽다 🌙

그림	관련 단어	발음	세분화	의미	연관/확장어
	Beetle	비틀	B(굽다) + ee + tle	등이 굽은 곤충 → 딱정벌레	
	Bend	벤드	B(굽다) + e + n(연결) + d	구부리다, 굽히다, 휘다	bending
	Bow	바우	B(활) + o + w	굽은 활 모양을 본뜬 글자 → 활, (허리 굽혀) 인사하다	↔ arrow ↔ attention
	Bowl	보울	b(바닥/굽다) + o + w + l(선)	바닥이 원형인 입체 → 활 모양의 입체 → 사발	cf) dish
	Bowling	보울링	b(바닥/굽다) + o + w + l + ing	바닥이 둥근 입체 → 둥근 공	
	elbow	엘보우	e(양쪽) + l(선) + b(굽다) + ow	양쪽이 굽은 활 모양의 신체 → 팔꿈치	
	eyebrow	아이브라우	eye + brow	눈 + 이마 → 눈썹	
	rainbow	레인보우	rain + b(굽다) + ow	비 온 후에 생기는 활 모양의 것 → 무지개	

(4) B → 2 (둘, 두 개) = D, T, W

그림	관련 단어	발음	세분화	의미	연관/확장어
	ambi ~	앰비	am(있다) + bi(2)	둘이 있는 → 둘의, 양쪽의	ambient ambivalent
	Band	밴드	B(2) + a + n(연결) + d	2개를 연결하는 것 → 묶는 것, (악단)밴드, 끈, 띠	bandage cf) bind
	Bet	벳	B(2) + et	선택/비선택 → 2개 중 내기 걸다	
	Bicycle	바이시클	Bi(2) + cyc(원) + le(작은 것)	2개의 작은 원 → 자전거	bike
	Bill	빌	Bi + ll	채권자와 채무자 간 작성한 2장의 계산서 → 청구서/영수증	= receipt
	billion	빌리언	bi + ll + ion	2개(1,000X1,000) X 1,000(기본) → 10억	cf) trillion
	bimonthly	바이먼쓰리	bi + month + ly	한 달에 두 번씩, 두 달에 한 번씩	
	binary	바이너리	bi + n + ary(의)	(컴퓨터, 수학의) 2진법의(0or1)	
	Bind	바인드	bi(2) + n(연결) + d	(2개를) 연결하다 → 묶다	binder
	Bird	버드	bi(2) + r(선) + d(입체)	2개의 날개(선)를 가진 것 → 새	= avian
	bisect	바이섹트	bi(2) + sect(나누다)	2개로 나누다 → 양분하다, 2등분하다	cf) trisect
	bit	비트	b(inary) + (dig)it	2진법의 숫자 → 0과 1로 정보를 만 들어내는 최소단위	
	bite	바이트	bi(2) + i + t(접촉) + e	2개가 접촉하다 → (이빨로) 물다, 물어뜯다	
	Borrow	바로우	bo(2) + r + row	(두 사람 중에 한 사람이) 빌리다	
	Both	보뜨	bo(2) + th(사람/사물)	양쪽의, 쌍방의, 둘 다	= dual ↔ respective
	Bridge	브리지	b(2) + r(선) + l + (e)dge(끝)	2개의 양 끝을 이어주는 선 → 다리, 교량	
	Bull	불	B(2) + u(위) + ll(선)	위로 뻗은 2개의 선(뿔) → 황소	bullpen
	by	바이	b(둘) + y(있는)	둘이 있는, 간접의 → 옆의(부수적인), ~에 의해	
	bye	바이	b(둘) + y(있는) + e(양 끝)	양 끝에 둘이 되는 → (헤어지면서 하는 인사) 안녕	= farewell
	combine	컴바인	com + bi + n(선) + e	함께 2개를 결합하다 → 결합하다	↔ divide ↔ separate
	combo	캄보	com + bo	combination 약자, 2~3개의 겹합	

B

그림	관련 단어	발음	세분화	의미	연관/확장어
			(1) 【C】 → 【손처럼 물건을 잡는 모양】 →『잡다(catch) → 돌보다』		
			(2) 【C】 → 【벽 모퉁이(corner)】 →『깎지다 → 칼 → 자르다, 죽이다』		
				『뾰족한 것 → 글 쓰다, 파다 → 덮다』	
C c		씨	(3) 【C】 → 【〈 → 각이 생기다 → 방향 바꾸다】 →『변화하다, 경사지다』		
			(4) 【C】 → 【 O 】 →『원, 원통』		
			(5) 【C】 → ·))) →『굽다, 말하다』		
			(6) 【C】 → ·))) →『보다』		
			(7) 【C】 → 【가운데 뚫린 부분 → 중앙】 →『가운데』		
			(8) 【C】 → →『숫자 100』		

(1) C → 모양 → 손 → 잡다(접촉) → 선택, 가능, 돌보다

	단어	발음	세분화	의미	연관/확장어
	achieve	어치브	a + ch + i + eve	잡다 → 성취하다, 도달하다	= accomplish
	approach	어프로우치	ap + pro + ach(접촉)	앞으로 도달하다 → 접근하다	
	can	캔	**C**(손) + an	손으로 잡다 → ~할 수 있다, 가능하다, 깡통	
	Capable	케이퍼블	**C**ap + able(~할 수 있는)	가질 수 있는 → 할 수 있는 → 능력 있는, 유능한	= competent
	Capture	캡처	**C**ap + ture(것)	잡는 것 → 사로잡음 → 체포, 포획	= arrest
	Care	케어	**C**(손) + are	손이 있다 → 돌봄, 보살핌, 조심, 걱정	careful careless = cautious
	Catch	켓치	**C**(손) + atch(접촉)	손으로 잡다 → 붙잡다	catcher
	Chance	찬스	**Ch**(손→잡다) + ance	잡아야 하는 것 → 기회, 가능성	= opportunity
	Chase	체이스	**Ch**(손) + ase	손으로 잡으려 하다 → 뒤쫓다, 추격하다, 찾아내다	↔ flee
	Choose	추즈	**Ch**(손) + oo + se	손으로 잡다 → 고르다, 선택하다	choice = select
	Cop	캅	**C**(손) + op	손 → 잡다, 체포하다 → 경찰관	robocop
	concert	칸써트	con(함께) + **C** + ert (일하다)	함께 손으로 일하다 → 연주하다 → 연주회, 콘서트	
	Count	카운트	**C**(손) + o + u(위) + n (아래) + t	(손으로) 위아래 오르내리다 → 세다	countless discount
	Cuff	커프	**C**(손) + u + ff	양손을 고정시키는 것 → 수갑	handcuff
	Cure	큐어	**C**(손) + ure	손이 있다 → (손으로) 치료하다, 관리하다	curious curator manicure pedicure
	pur**ch**ase	퍼처스	pur(위해) + **ch**ase(찾다)	~을 위해 찾아내다 → 구매/매입하다	= buy ↔ sell
	re**ach**	리치	re + **ach**(잡다)	다시 잡다 → (범위 내에) 도달하다, 미치다	
	re**c**eive	리씨브	re(다시) + **C**(잡다)ei + ve	다시 잡다 → 받다, 받아들이다	reception receipt
	se**c**ure	씨큐어	se(분리) + **c**ure(돌보다)	분리하여 돌보다 → 안심하는, 안전한	security = safe

(2) C → 모양 → 각지다 → (칼 ⬛, 삽 ⬛)→ 자르다(나누다), 파다

❶ C → 모양 → 각(경사) → 각이 있는 입체, 증가하다

그림	관련 단어	발음	세분화	의미	연관/확장어
	Cable	케이블	C(각) + able	각이 만들어질 수 있는 → 구부릴 수 있는 → 전선, 케이블	= wire
	cascade	캐스케이드	Cas + Cad(fall) + (ad) e(길)	각이 생겨 떨어지는 길 → 폭포	= falls
	Camp	캠프	C(파다) + am(존재) + p (누르다)	파서 C 모양 만들다 → 야영(지), 텐트	camping encamp
	cape	케이프	C(각) + a + p(뾰족) + e	뾰족하게 나온 뿔 → 갑, 곶	
	Car	카	C(각) + a + R(원)	각과 원이 있는 것 → 자동차	cargo carry charge chariot
	Card	카드	C(각) + ard	각이 있는 두꺼운 종이 또는 카드	postcard
	Cartoon	카툰	Cart(프:paper] + oo + n(연결)	사각의 종이로 연결된 만화 → 종이 만화	
	Carve	카브	C(파다) + a + r(선) + ve	선(V)을 파다 → 조각하다, 새기다	= grave
	Case	케이스	C(각) + ase	각이 있는 것 → 상자, 용기	briefcase suitcase
	Cash	캐쉬	C(각) + a + sh(속도)	각 모양(직사각형)으로 신속히 유통되는 것 → 현금	cf) coin cf) check
	Cave	케이브	C(파다) + ave	파인 것 → 동굴	cavern grotto
	Chair	체어	ch(각) + air	높은 각이 있는 것 → (직육면체) 의자 → 의장(직)	chairman
	Chamber	체임버	ch(각) + am + ber	각이 있는 것 → (공공건물의) 회의실	
	Chart	챠트	ch(각) + art(마디)	선/각을 마디로 높이 나타낸 것 → 도표/그래프	= diagram = graph
	Check	체크	ch + e + c + k(연결)	각으로 √ 표시하여 연결하다 → 검토하다, 점검하다, 수표	= review
	Choke	초크	ch + oke	각이 생겨 숨을 못 쉬게 하다 → 질식시키다	
	Church	처치	ch + ur + ch	높은 각이 있는 것 → 교회, 성당, 예배당	= chapel
	Cliff	클리프	C(각) + l(선) + i + ff	뾰족한 각 부분 → 벼랑, 낭떠러지	cliffy
	Climb	클라임	C(각) + l(선) + i + m(산) + b	경사를 오르다 → 산을 오르다	climbing = mount(ain)
	Corner	코너	C(각) + or + n(연결) + er	각이 연결되는 것 → 모서리, 구석	
	Cottage	카티지	Cot + t + age(장소)	지붕을 덮은 장소 → 작은 집	= hut
	Couch	카우치	C + ou + Ch	각이 있는 긴 의자 → 소파	cf) bench
	Create	크리에이트	C + r(선) + e + ate(하다)	경사지다 → 증가시키게 하다 → (새로운 것을) 창조하다	creative increase
	Cube	큐브	C(각) + u + b(입체) + e	각이 있는 입체 → 정육면체	cubic cubicle
	escalate	에스컬레이트	e + sC + al + ate	밖으로 올라가게 하다 →확대/증가되다	= increase = magnify
	incline	인클라인	in + clin + (in)e	내부로 기울다 → 경사지게 하다, 경향이 있다	decline
	succeed	썩씨드	su(b→c) + Ceed	아래에서 올라가다 → 계승하다, 성공하다	success

C

그림	관련 단어	발음	세분화	의미	연관/확장어
	❷ 칼 → 자르다, 나누다, 죽이다				
	Chef	셰프	**Ch**(자르다) + e + f	식재료를 잘라 요리하는 사람 → 요리사	= cook
	Chip	칩	**Ch**(자르다) + i + p	위에서 각으로 잘라 누른 것 → 얇게 썬 조각, 납작한 것	
	Chop	찹	**Ch**(칼) + o + p(누르다)	칼로 누르다 → (도끼/식칼로) 자르다, 썰다	chopsticks
	Clip	클립	**C**(칼) + l(선) + l + p(누르다)	(가위로 눌러) 자르다	clipper = cut
	Cook	쿡	**C**(칼) + oo + k	칼로 자르다 → 요리하다, 요리사	= chef cookery
	Crop	크랍	**C**(자르다) + r + o + p	선을 눌러 자르다 → (농작물을) 수확하다 → 수확물, 농작물	= harvest
	Cuisine	퀴진	**C**ui + sine	kitchen(k>c, ch>s: 부엌) 프랑스어에서 유래 → 부엌	= kitchen
	Curtail	커테일	**C**(칼) + ur + tail(자르다)	짧게 자르다 → 축소/단축/삭감하다	= contract
	Cut	컷	**C**(칼) + u(위) + t(접촉)	칼로 위에서 자르다 → 절단하다	shortcut
	decide	디싸이드	de + **C**id(자르다) + e	아래에 (마음을) 자르다 → 판단/결심/결정하다	decision
	suicide	수이싸이드	sui(자신) + **C**id(cut → kill) + e	자신을 (칼/총으로) 죽이다 → 자살(하다)	↔ assassinate
	schedule	스케줄	s**Ch**(칼 → 자르다) + ed + ule(작음)	잘라 나누어진 작은 것 → 계획/일정표	= timetable
	school	스쿨	s**Ch**(칼 → 자르다) + oo + l	수업 계획을 나눈 곳 → 학교	scholar scholarship
	❸ 칼 → (정신적) 위협, 공포, 비난				
	chide	차이드	ch + i + de	꾸짖다, 비난/질책하다	= reprimand
	cow	카우	**c** + o + w	각(칼)으로 반복하다 → 위협/협박하다, 젖소	coward
	criticize	크리티사이즈	**cr** + it + ic + ize	(사람, 작품을) 비평하다, 비판하다	
	curse	커스	**c** + urs + e	저주(하다)	
	scare	스케어	s**c** + are(be)	날카로움이 있다 → 겁주다, 위협하다, 두려워하다	= cow
	scoff	스코프	s**c** + o + ff	비웃다, 조소하다, 놀리다	= mock
	scold	스코울드	s**c** + old	(남에게) 꾸짖다, 욕하다	
	scorn	스콘	s**c** + orn	경멸하다, 업신여기다	

그림	관련 단어	발음	세분화	의미	연관/확장어

❹ 칼 → 뾰족하거나 날카로운 선 → 글 쓰다, 문지르다, 긁다   sc(각) + r(선)

그림	관련 단어	발음	세분화	의미	연관/확장어
	describe	디스크라이브	de + **scr**ib + e	아래에 쓰다 → 서술/표현/묘사하다, 도형 그리다	= depict
	scrap	스크랩	**scr** + a + p(누르다)	긁어서 누른(압축) 것 → 잡동사니, 쓰레기	= trash
	scrape	스크레이프	**scr** + a + p + e	긁어서 누르다 → 문지르다	= rub
	scratch	스크래치	**scr** + atch(접촉)	접촉하여 긁다 → 할퀴다, 긁다, 휘갈겨 쓰다	= scribble
	scream	스크림	**scr** + eam	(사람, 짐승이) 날카로운 비명 지르다, 고함치다	
	screen	스크린	**scr** + e + en(make)	그려진 것 → 병풍, 칸막이, (영화의) 스크린	
	screw	스크류	**scr** + e + w(반복)	반복해서 긁는다 → 나사못 틀기, 나사 죄다 → 비틀다, 괴롭히다	= bolt
	scribble	스크리블	**scr**ib + ble(반복)	(반복적으로) 휘갈겨 쓰다, 낙서하다	
	script	스크립트	**scr**i(b → p) + t(접촉)	손으로 쓴 글씨 → 필기체, 원고(대본)	
	scroll	스크로울	**scr** + (r)oll(회전)	글을 쓴 두루마리 종이(고대의 서적), 돌에 새겨진 장식무늬	
	scrub	스크럽	**scr** + (r)ub(닦다)	문질러 닦다	= rub

❺ 삽 → 파다 → 숨기다 → 덮다 → 보호/관리하다

그림	관련 단어	발음	세분화	의미	연관/확장어
	cache	캐쉬	**C**(파다) + a + ch(파다) + e	파서 숨기다 → 은닉하다, 저장하다	= hide
	camp	캠프	**C**(파다) + am(존재) + p (누르다)	파서 누르다 → 야영(지), 텐트	encamp
	canal	커낼	**C**(파다) + a + n(연결) + a + l(선)	파여서 연결한 선 → 운하, 수로	
	canyon	캐이년	**C**(파다) + a + n(연결) + yon	파여서 연결된 곳 → 깊은 협곡	cf) valley
	carve	카브	**C**(파다) + a + r(선) + ve	선을 파다 → 조각하다, 새기다	= grave
	cave	케이브	**C**(파다) + ave	파여서 만들어진 것 → 동굴	
	city	씨티	**C**(파다) + ity	파서 만든 곳 → 도시	↔ rural ↔ country
	cleave	클리브	**C**l + e + ave	선형 공간을 만들다 → 갈라지게 하다 → 쪼개다	
	cloth	클로뜨	**C**l + o + th(사물)	(몸을) 덮게 하는 것 → 천, 옷감 → 옷	clothe clothing
	cultivate	컬티베이트	**C**(파다) + u(위) + l(선) + t + i + v(가다) + ate	파서 선(고랑) 만들다 → (땅을) 경작하다	= till
	customer	커스터머	**c**(보호) + u + st + om + er	보호 관리해야 하는 사람 → 손님, 고객	= guest
	customs	커스텀즈	**c**(보호) + u + st + om + s	보호해야 하는 것 → 관습, 세관, 관세	= tariff

그림	관련 단어	발음	세분화	의미	연관/확장어

(3) Ch → 모양 → 각 → 방향을 바꾸다, 변화하다 = V

그림	관련 단어	발음	세분화	의미	연관/확장어
	challenge	첼린지	ch + all + eng(계속) + e	변화하여 계속함 → 도전	
	change	체인지	ch + ang(각) + e	각으로 굽다 → 변경하다, 바꾸다	exchange = vary
	channel	채널	ch + an + n + el (작음)	바꾸는 작은 것 → (TV, 라디오) 채널	
	chemistry	케미스트리	ch + em + istry(학문)	변화를 연구하는 학문 → 화학	
	exchange	익쓰체인지	ex + ch + ang + e	밖에서 바꾸다 → 교환(하다)	= swap

(4) C → 모양 → 원(통, 뿔)

그림	관련 단어	발음	세분화	의미	연관/확장어
	cake	케이크	C(원통) + ake	원통형으로 만든 것 → 케이크	pancake
	can	캔	C(원통) + a + n(아래)	원이 아래인 것 → 용기, 통조림, 깡통, ~할 수 있다	
	cap	캡	C(원통) + a(호) + p	둥근 원통을 눌러쓰는 것 → 모자	capsule captain
	car	카	C(각) + a + r(원)	원(바퀴)과 각이 있는 것 → 자동차	cargo cart
	career	커리어	Car(차) + e + er	달려온 것 → 경력, 직업	
	cargo	카고우	Car + go(가다)	차로 가다 → (선박/항공기/트럭) 화물, 짐	= burden = freight
	carry	캐리	Car(차) + r + y	(차/손으로) 나르다 → 가져가다, 운반하다	carriage
	charge	챠지	Char(차) + (a)ge(요금)	차에 대한 요금 → 차(충전/사용) 요금, 비용, 수수료	= fee
	chariot	채리엇	Char(차) + i + ot	(바퀴가 있는) 1인승 이륜마차, 전차	cf) coach
	chute	슈트	Ch + ute	둥근 것 → 낙하산(para)chute → 옆이 둥근 것	parachute
	circle	써클	C(원) + i + r(선) + cle (작음)	동그란 작은 것 → 원(형), 동그라미	encircle
	circus	써커스	C(원) + i + r(선) + us	둥근 원형 → 원형 경기장/곡마장 → 서커스	
	coil	코일	C(원) + o + il(쉽게)	쉽게 둥글게 만들다 → (고리, 나선형으로) 감다	
	collar	칼러	C(원) + o + l + l + ar	동그란 것 → 옷깃, 개 목걸이	
	come	컴	C(원) + o + m + e	원 안에 있다 → 함께하다 → 오다	become welcome
	cone	코운	C(원뿔) + o + n(선) + e	원형의 선 → 원뿔	
	corn	콘	C(원뿔) + o + r + n(선)	원뿔 → 옥수수 → 곡식	popcorn = cereal grain
	crown	크라운	Cr + own	동그랗게 굽은 선 → 왕관, 화관	

그림	관련 단어	발음	세분화	의미	연관/확장어
	cup	컵	C(원통) + u(위) + p(누름)	원통 모양으로 눌러 만든 것 → 컵	cf) mug
	cycle	싸이클	C(원) + y + C(원) + le(작음)	원이 두 개인 작은 것 → 자전거, 순환	= bicycle
	cab	캡	C(지붕) + a + b(바닥)	지붕과 바닥이 있는 것 → 택시	= taxicab

(5) C → 모양 → 파장(호)))) → 굽다 → 덮다 , 말하다))

그림	관련 단어	발음	세분화	의미	연관/확장어
	arc	아크	a + r + C	(원)호 ( )	
	arcade	아케이드	a(호) + r(선) + C(호) + ade(길)	아케이드 → 양쪽에 아치형 상점이 있는 길(통로)	
	arch	아치	a(호) + r + Ch	높은 둥근 원 → 아치	
	archer	아처	a(호) + r + Ch + er(사람)	활 쏘는 사람 → 궁수	archery
	architecture	아키텍처	arChi(호) + tect(cover) + ure(thing)	활 모양을 덮는 것 → 지붕을 만드는 것 → 건축, 건축술, 건축학, 건축양식	
	arctic	아크틱	a(땅) + r(선) + C(호) + t + ic	땅의 선이 호인 → 북극의(north pole)	↔ antarctic
	beach	비치	be + a + ch(호)	둥그런 선이 있는 공간 → 바닷가, 해변, 해안	= coast
	broadcast	브로드캐스트	broad(넓은) + Cast	넓게 파장을 던지다 → 방송(전파)하다	
	cable	케이블	C(굽다) + able	각이 만들어질 수 있는 → 구부릴 수 있는 → 전선, 케이블	= wire
	call	콜	C(파장) + a + ll	소리가 퍼지다 → 부르다, 전화 걸다	recall
	cast	캐스트	C(호) + a + st	(포물선으로) ~으로 던지다, 쳐올리다	forecast = throw
	chat	챗	ch(호) + at	말하다 → 잡담하다	chatting
	cheek	칙	ch(호) + ee + k(연결)	(얼굴에서 둥글게 볼록 나온) 볼, 뺨	
	chin	친	ch(호) + i + n(선)	(얼굴에서 호인) 턱	
	coast	코우스트	C(호) + oa + st	둥근 호 → 해안	= beach
	cover	커버	C(호) + over(위)	위를 호처럼 덮다 → 숨기다, 덮다, 포함하다, 지붕하다	recover ↔ discover
	claim	클레임	cl + aim	말하다 → 호로 퍼지다 → (권리를) 요구하다, 청구하다	exclaim
	close	클로즈	cl + ose	덮게 하다 → 닫다, 휴업하다	= shut ↔ open
	cloth	클로뜨	Cl + o + th(사물)	(몸을) 덮게 하는 것 → 천, 옷감 → 옷	clothe clothing
	cloud	클라우드	Cl + o + u + d	(하늘을) 덮는 것 → 구름	cloudy
	crook	크룩	Cr + oo + k(연결)	굽은 선이 연결되다 → 구부리다 → 굴곡, 갈고리	
	cruise	크루즈	Cr + u + ise(하다)	구불구불 가게 하다 → (배/차/비행기가) 항행하다	
	cry	크라이	C(파장) + r(선) + y	소리가 퍼지다 → 울다, 외치다	

그림	관련 단어	발음	세분화	의미	연관/확장어
	curl	컬	**C**(호) + u + r(선) + l	꼬다/감다, 비틀다, 곱슬곱슬하게 하다	
	curve	커브	**C**(호) + u + r(원) + ve	굽히다, 만곡시키다	

(6) C → 모양 → 파장(호) ◁ ·))) → 눈으로 보다 = O, V

그림	관련 단어	발음	세분화	의미	연관/확장어
	camera	캐머러	**C** + am + e + ra	눈으로 보게 만든 것 → 사진기	
	landscape	랜드스케이프	land(육지) + s**C**a + pe	육지를 눈으로 보는 것 → 풍경	
	scan	스캔	s**C**(둥글게 퍼진) + an	둘레를 보다 → 대충 훑어보다, 정밀검사	scanning
	scene	씬	s**C**(둥글게 퍼진) + ene	둘레를 본 것 → 경치, 광경 → 장면, 배경	scenery
	search	서치	se(e) + ar**C**h(아치)	둥근 아치로 퍼져보다 → 찾다 → 검색(하다)	= find
	research	리서치	re(다시) + sear**C**h(찾다)	다시 찾다 → 연구(하다), 조사	
	telescope	텔리스코옵	tele(멀리) + s**C**ope(보다)	멀리 보다 → 망원경	

(7) C → 모양 → 가운데 통로 (Cent = Mid ⇒ 가운데)

그림	관련 단어	발음	세분화	의미	연관/확장어
	center	센터	**C**(가운데) + enter	중심, 중앙, 가운데	central centimeter
	central	센트럴	**C**(가운데) + ent + (e)r + al	가운데의	centralize
	concentrate	칸쎈트레이트	con + **C**entr + ate	함께 중심화하다 → 집중하다	= focus
	core	코어	**C**(가운데) + o + re	한가운데 있는 것 → 핵심, 중심부	= hub

(8) C → 숫자 → 100

그림	관련 단어	발음	세분화	의미	연관/확장어
	centigrade	쎈터그레이드	**C**ent + i + grad(단계) + e	100 눈금의 → 100 분도의, 섭씨의 (C)	
	centennial	센테니얼	**C**ent + enn(년) + ial	100년의	
	centimeter	쎈터미터	**C**ent + i + meter(재다)	1meter를 100으로 나눈 것 → 1cm	
	centipede	쎈터피드	**C**ent + i + ped(발) + e	100개의 발 → 발이 많은 절지동물 → 지네	
	century	쎈처리	**C**ent + ury(집합)	100년 집합 → 세기 (100년)	
	percentage	퍼쎈티지	per(완전한) + **C**ent + age (집합)	완전히 100이 되는 백분율(%)	

그림	관련 단어	발음	세분화	의미	연관/확장어
D d		디	【D】 → 【델타 (Delta = △)】 → 【움집(hut) 모양】 (1)【D】→ 『갇힌 공간, 문(door) 모양, 파인 모양』 『용적(부피, 넓이, 영역, 거리, 형체)』 (2)【D】→ 『담긴 물/음식』 (3)【D】→ 『무엇인가를 주고 받는 문(door) 역할 → 길(way) → 선(line)』 (4)【D】→ 『입 모양 → 말하다(speak)』 (5)【D】→ 『T → D 숫자 2』		D

(1) D → 모양 → 입체 (부피, 넓이, 거리, 형체)

그림	관련 단어	발음	세분화	의미	연관/확장어
△	**Delta**	델타	그리스어 델타 (△, δ)	삼각주, 삼각형 물건	
	Dental	덴탈	**D**(모양) + ent + al(의)	D 모양 → 치아의, 이의	dentist cf) tooth / teeth
	Desk	데스크	**D**(모양) + e + s + k(연결)	연결된 입체 → 책상	
	Dice	다이스	**D**(모양) + i + c(각) + e	각이 있는 입체 → 주사위	cf) cube
	Die	다이	**D**(모양) + ie	D 모양의 무덤 → 죽다	dead death = decease
	Dig	디그	**D**(판 모양→입체) + i + g(땅)	땅을 판 D모양 → (땅을) 파다	↔ bury
	Disk	디스크	**D**(입체) + i + s + k	원반, (컴퓨터) 디스크	diskette
	Discus	디스커스	**D**(입체) + i + s + c(원) + us	원형의 입체 → (육상 종목) 원반	
	Dish	디쉬	**D**(모양) + i + sh	D 모양 → 접시	= plate
	Doll	달	**D**(모양) + o + ll(사람)	D 모양의 사람 모형 입체 → 인형	cf) toy
	Dome	도움	**D**(모양) + ome	반구형 지붕(돔)	
	Door	도어	**D**(모양) + oo + r(선)	D 모양 → 문	indoor outdoor
	Dot	닷	**D**(입체) + o + t(접촉)	동그란 입체를 접촉하다 → 점을 찍다	
	Dough	도우	**D**(입체) + ough	D 모양 입체 → 밀가루 반죽	doughnut
	Drum	드럼	**D**(입체) + rum	D 모양 입체 → 북, 드럼통	
	food	푸드	f(부드러움) + oo + **d**(입체)	부드러운 입체 → 음식	
	head	헤드	h(부착) + ea + **d**(입체)	몸에 붙어 있는 입체 → 머리	headache headline
	stadium	스테이디움	sta + **d** + ium(장소)	입체로 서 있는 곳 → 경기장, 스타디움	cf) arena

그림	관련 단어	발음	세분화	의미	연관/확장어

(2) D → 모양 → 물이 담긴 것 = M, W

그림	관련 단어	발음	세분화	의미	연관/확장어
	Dam	댐	**D**(물) + am(be)	(물을) 가두어 만든 것 → 댐, 둑	
	Damp	댐프	**D**(물) + am(be) + p	축축한, 습기찬	dampen = wet ↔ dry
	Deep	딥	**D**(물) + ee + p	물이 깊은	deepen depth ↔ shallow
	Dew	듀	**D**(물) + e + w(반복)	풀에 물이 맺힌 것 → 이슬	
	Dip	딥	**D**(물) + i + p(누르다)	물에 적시다, 액체에 담그다	= soak
	Ditch	디치	**D**(물) + i + tch	물이 접촉되는 곳 → 수로, 배수구	
	Dive	다이브	**D**(물) + ive	물속으로 뛰어들다 → 잠수하다	diving
	Dock	닥	**D**(물) + o + c + k(연결)	항구에서 배를 정박하는 곳 → 부두, 선창	= quay
	Drench	드랜치	**D**(물) + r(선) + ench	(물에) 흠뻑 적시다	= soak
	Drink	드링크	**D**(물) + r(선) + ink	물이 흘러 이동하다 → 마시다	drinkable
	Drip	드립	**D**(물) + r(선) + i + p	물이 떨어지다 → 방울방울 흘리다	
	Drizzle	드리즐	**D**(물) + r + l + zzle(반복)	비가 보슬보슬 내리다 → 이슬비, 보슬비	
	Drop	드랍	**Drip** 변형	물이 떨어지다 → 떨어지다/떨어뜨리다, 추락	backdrop
	Drown	드라운	**D**(물) + r + o + w + n	물에 빠져 죽다, 익사하다	
	Dry	드라이	**D**(물) + r(선) + y(~한)	물이 선을 따라 보낸 → (물이) 마른	drought ↔ wet
	Duck	덕	**D**(물) + u(위) + ck	물 위에 떠 있는 동물 → 오리	duckling
	Duct	덕트	**D**(물) + u + ct	물/액체를 흐르게 하는 배관	
	Dunk	덩크	**D**(물) + u(위) + n(아래) + k	위에서 아래로 흐르는 물에 담그다/적시다	= soak
	Dye	다이	**D**(물) + y + e	물에 염색하다	
	flood	플러드	fl(흐름) + oo + **d**(물)	(비로 인한) 물의 흐름 → 홍수, 범람	↔ drought
	hydro	하이드로	h(높은) + (i → y) + **d**ro	물이 높은 곳에서 떨어지는 → 수력 발전소	hydrogen
	hydrogen	하이드러즌	hy(높은) + **d**ro(물) + gen(만듦)	(위에서 아래로 흐르는) 물을 만드는 것 → 수소(H)	cf) Oxygen
	launder	론더	l(사람) + a + u(위) + n(아래) + **d**(물) + er	사람이 물에 위아래로 흔들다 → 물(돈)세탁하다	laundry

그림	관련 단어	발음	세분화	의미	연관/확장어

(3) D → 문(Door) 모양 → 통로 → 길

그림	관련 단어	발음	세분화	의미	연관/확장어
	abroad	어브로우드	ab(멀리) + r + o + ad(길)	먼 길의 → 해외로의	cf) outbound
	arcade	아케이드	a(호) + r(선) + c(호) + ade(길)	양쪽에 아치형 상점이 있는 길 → 아케이드	
	barricade	배러케이드	bar(막다) + r + i + c + ade(길)	길을 막는 것 → 장벽, 장애	= obstacle
	exodus	엑서더스	ex(밖) + od(길) + us	길로 나감 → 탈출, 이동	
	grade	그레이드	gr + ad(길) + e	성장의 길 → 단계, 계급, 등급	graduate
	guide	가이드	gu(가다) + i + d(길) + e	길을 인도/안내하다, 방향을 이끌다, 안내자	guidance
	lead	리드	l(사람) + e + ad(길)	사람의 길 → 길 안내하다, 이끌다	leader mislead
	method	메떠드	met(변하다) + h(유음) + od(길)	바꾸는 길 → 방법	= way
	parade	퍼레이드	par(보이다) + ade(길)	길에서 보이다 → 행렬, 가두 행진	
	persuade	퍼스웨이드	per + su(e) + ade(길)	완전히 길을 뒤따르다 → 설득하다, 설득하여 ~하게 하다	persuasion
	ready	레디	re + ad(길) + y	다시 길에 있는 → (사람이) 준비된	= prepared
	road	로우드	r(선) + o + ad(길)	선의 길 → 도로, 길	abroad = way
	ride	라이드	r(선) + i + d(길)e	선을 따라가다 → (말을) 타다, 승마하다	
	slide	슬라이드	sl(선) + i + d(길)e	길을 따라가다 → 미끄러지다	
	trade	트레이드	tra(~에서~으로) + (a)d(길)e	~에서, ~으로의 길 → 거래, 무역	= commerce
	wade	웨이드	w(물) + ad(길)e	물길을 헤치며 가다	
	wide	와이드	w(반복) + i + d(길) + e	길(공간)이 반복하여 커지는→ 넓은	width ↔ narrow

(4) D → 모양 → 😃 → 말하다/노래하다 → 이끌다   = C/F/G/M/P/V

그림	관련 단어	발음	세분화	의미	연관/확장어
	educate	에쥬케이트	e(x) + duc + ate(하다)	밖으로 말하여 이끌게 하다 → 교육하다	education
	introduce	인트러듀스	intro(내부를) + duce	내부를 말하다 → 소개하다	
	Dictate	딕테이트	D(입) + ict + ate(하다)	말하게 하다 → 받아쓰게 하다	dictator dictionary
	Dictionary	딕셔네리	Dict + ion + ary(집합)	말의 집합 → 사전	= glossary
	Doctor	닥터	D(입) + oct + or(사람)	말하여 가르쳐주는 사람 → 의사, 박사	document
	Document	다큐먼트	D(입) + oc + u + ment(것)	말하여진 것 → 서류, 문서, 기록	documentary
	predict	프리딕트	pre(앞) + dict	앞을 말하다 → 예언(예보)하다	= forecast = foretell
	melody	멜러디	mel(부드러운) + ody	부드러운 노래 → 멜로디	cf) comedy

D

그림	관련 단어	발음	세분화	의미	연관/확장어
	(5) D → 숫자 2 10 = two → bi/di/du/T/W , ten→dec				
2	**Deuce**	듀스	D(2) + euce	(테니스/배구/탁구에서) 동점 시 2점 연속 얻으면 승리	
	Dialog(ue)	다이알로그	Di(2) + a + log(말)	두 사람이 말하는 것 → 대화	= conversation
	Diplomat	디플러메트	Di(2) + plo(접다) + mat	두 개를 겹치게 하는 사람 → 양 국가를 연결하는 사람 → 외교관	cf) embassy
	differ	디퍼	di(2) + f(유음화) + fer	2개를 가져오다 → (2개가) 다르다	different difference
	Double	더블	Dou(2) + ble(반복)	2배의	↔ single
	Dual	듀얼	Du(2) + al(~의, ~적인)	2중의, 2원적인	↔ individual ↔ respective
	Duet	듀엣	Du(2) + et(악기)	2중주, 2중창	↔ solo
	Duplicate	듀플리케이트	du + plic + ate(하다)	2개를 겹치게 하다 → 복사하다	= copy print
	dozen	더즌	d(u)o + (de)cem (c>z)	2 + 10 → 12의, 1다스의	
10	**decade**	데케이드	dec(10) + ade	10년간, 10명, 10개	
	Decalogue	데컬로그	deca(10) + logue(말)	10가지 말 → 십계명+誡命	
	Decameron	디케머런	Deca(10) + (he)mer(day) + on	10일간의 이야기	
	decapod	데커파드	deca + pod(발=foot)	발이 10개인 십각류(게, 새우류)	
DEC 1	**December**	디쎔버	Dec(10) + em + ber	(Jan + Feb) + 10월 → (달력의) 12월	

그림	관련 단어	발음	세분화	의미	연관/확장어

【양손에 물건을 든 사람 = 천칭】

(1) 【E】 → 모양(저울⚖) → 양손 → 『양쪽(2개)』

(2) 【E】 → 모양(저울⚖) → 『동등(같음) → 측정』

(3) 【E】 → 모양(시계추🕰) → 『시간』

(4) 【E】 → 양손에 물건을 든 사람 → 『소유(먹다)』

(5) 【E】 → 『존재』

(6) 【E】 → 『숫자 8』

E e 이

E

(1) E → 모양(저울) → 양쪽/양 끝(2개)

그림	관련 단어	발음	세분화	의미	연관/확장어
	Ear	이어	E(양쪽) + ar(것)	양쪽에 있는 것 → 귀	earphone
	Earth	어뜨	E(양쪽) + ar + th	(동서남북) 양 끝이 있는 것 → 지구	= globe
	Echo	에코	E(양쪽) + c(호) + ho	양쪽에서 들리는 소리 → 메아리, 울림, 반향	echoic
	Edge	에지	E(양쪽) + dge	양쪽의 끝, 모서리, 가장자리	ledge
	Eight	에이트	E(양쪽) + ight	양쪽이 똑같은 수 → 숫자 팔(8)	eighteen eighty
	Either	이더	E(양쪽) + I + (o)ther(다른 것)	둘 중의 하나	neither
	Elbow	엘보우	E(양쪽) + l + bow(활)	양쪽이 활 모양인 신체 부위 → 팔꿈치	
	Electric	일렉트릭	E(양쪽) + l(선) + ectr + ic	(+) 와 (-) 양쪽 선이 연결되는 → 전기의	cf) electronic
	Elevator	엘리베이러	E(양쪽) + lev(올리다) + at(e) + or	양 끝 아래위에서 올리는 것 → 엘리베이터	elevate
	Eleven	일레븐	E(양쪽) + l + even(평평한)	양쪽이 '1'로 똑같은 수 → 11	
	End	엔드	E(양 끝) + n(연결) + d	연결된 양 끝 → 끝, 종말, 종료	endless
	Epilog	에필로그	E(양 끝) + pi + log(말)	끝의 말 → 끝맺는 말	↔ prologue
	Eye	아이	E(양쪽) + y + e	얼굴 양쪽에 있는 신체 부위 → 눈	eyebrow

(2) E → 모양(⚖저울) → 동등(같음) → 측정

그림	관련 단어	발음	세분화	의미	연관/확장어
	Each	이치	E(동등) + a + ch	양쪽 각의 → (둘 이상의) 각자의, 각각의	abbr) EA = respective
	Eco~	에코	E(동등) + c(원) + o(원)	둥근 같은 거리에 → 원 둘레에, 주위에	economy ecology
	Equal	이퀄	E(동등) + qu(e) + al(한)	동등한, 평등한, 감당할 수 있는	equalize equality
	Estimate	에스티메이트	Estim + ate(하다)	적정한지 측정하다 → 개산/평가/견적하다	
	Even	이븐	E(동등) + v + en(한)	양 끝이 같은 → 평평한, 수평한 → 짝수의	↔ rough odd

(3) E → 모양(🕰시계추) → 시간(ev)

그림	관련 단어	발음	세분화	의미	연관/확장어
	era	에라	**e**(시간) + ra	시대	= period
	eternal	이터널	**e**(시간) + ter + nal	영원한, 끊임없는	cf) forever
	eve	이브	**e**(시간) + v + e	전날 밤	
	evening	이브닝	**e**(시간)v + e + n(유연화) + ing	저녁, 밤, 야간	↔ day
	ever	에버	**e**(시간)v + er	언제나, 항상, 지금까지	evergreen forever everybody everything
	every	에브리	**e**(소유/시간)v + ery(집합)	모든, ~마다	
	forever	포레버	fore(앞) + **e**(시간)v + er	지금부터 앞으로 → 영원히	= eternally
	longevity	란제버티	long + **e**(시간)v + ity(것)	시간이 오래감 → 장수, 수명, 장기근속	
	primeval	프라이미벌	prim(처음) + **e**v + al(의)	처음 시간의 → 원시의, 고대의	= primitive

(4) E → 양손에 물건을 든 사람 ⚖ → 소유(먹다)

그림	관련 단어	발음	세분화	의미	연관/확장어
	eat	잍	**e**(소유) + at	먹다	= have
EDIBLE MUSHROOMS	**edible**	에더블	**ed**(eat변형: t>d) + ible(할 수 있는)	먹을 수 있는	
	every	에브리	**e**(소유/시간) + v + ery(집합)	모든, ~마다	everybody everything
	possess	퍼제스	poss + **e**ss	(금, 토지, 물건 등을) 가지다, 소유하다, 갖고 있다	= own

(5) E → 존재

그림	관련 단어	발음	세분화	의미	연관/확장어
	be	비	b(입체) + **e**	사람/사물이 있다 → 존재하다, 살아 있다, 있다, 되다	become well-being
	beyond	비얀드	b(입체) + **e** + yond	넘어서 존재하는 → 넘어서, ~이상의	
	empty	엠프티	**e**mp + t + y(~한)	존재가 없는 → 비어 있는, 공허한	= vain ↔ full
	essential	어쎈셜	**e**ss + ent + ial	절대 필요한, 필수의, 기본적인	= necessary
	here	히어	h(부착) + **e**re(존재)	부착하여 있는 → 여기, 지금	cf) where ↔ there
	stress	스트레스	str(뻗은 선) + **e**ss	선이 팽팽함 → 압박, 억압, 강세	
	there	데어	th(사물) + **e**re(존재)	사물이 있는 → 거기에, 그곳에	↔ here

(6) E ⚖(저울) → 양쪽 원을 합치면 숫자 8이 됨

그림	관련 단어	발음	세분화	의미	연관/확장어
8	**Eight**	에이트	**E** + ight	저울의 둥근 원 2개를 합친 모양 → O + O=8	eighteen eighty

그림	관련 단어	발음	세분화	의미	연관/확장어
F f		에프	『햇불』모양으로 가장 앞에서 길(밖)을 밝혀 주는 도구 (1) 【F】 → 『f → (햇)불(火) → 빛, 꽃, 열熱 → 분노/싸움, 공포/두려움 불火 → 좋지 않은 의미』 (2) 【F】 → 선두에서 길을 밝혀 주는 햇불 → 『앞前, 외부(바깥)』 (3) 【F】 → 양면성 →『부드러움(유동), 강함(고정)』, 무 → 유(가짜), 사실(신뢰)』 (4) 【F】 → 불 모양 →『불의 부드러움 → 흐름 → 흘러 날다/흘러 이동하다』 (5) 【F】 → 불　　　　→『무 → 유(창조), 생산, 가공』 (6) 【F】 → G's law (P→F) →『말하다』 (7) 【F】 →『숫자 4, 5』		

(1) F → 모양 → ❶햇불 → ❷빛 ❸꽃 ❹열 → 화 → 분노/공포 ❺안 좋은 의미

❶ (햇)불

F

	단어	발음	세분화	의미	연관/확장어
	conflagration	칸플러그레이션	con + flagr + at(e) + ion	함께 불이 나게 함 → 대화재	
	curfew	커퓨	cur(프 : 덮다) + few(불)	불을 덮다 → 만종, 소등용 종, 야간통행금지	
	festival	페스티벌	f(햇불/불빛) + est + i + val	햇불/불빛이 있는 것 → 축제, 잔치	
	feast	피스트	f(햇불/불빛) + ea + st	축제, 잔치	
	fiery	파이어리	fire → fier + y(~한)	불의, 불같은, 타는 듯한	
	find	파인드	f(햇불) + ind	(햇불을 밝혀) 찾다	finder = search
	fire	파이어	f(햇불) + ire(하다)	불, 화재 → 해고하다	fiery fireman
	first	퍼스트	fir(e)(햇불) + st	출발을 알리는 '불'에서 유래 → 처음에, 첫째	firsthand firstly
	forge	포지	f(불) + org + e	불로 부드럽게 하다 → (불로) 단조하다 →위조하다	
	fry	프라이	f(불) + r + y	불에 튀기다	frizzle
	frizzle	프리즐	f(불) + r + i + z + zle(반복)	반복적으로 불에 튀기다 → (머리털을) 곱슬곱슬하게 지지다, (기름에) 지글지글 튀기다	
	fuel	퓨얼	f(불) + u + el(작음)	(불을 일으키게 하는) 작은 것 → 연료	

❷ 불빛, 불꽃, 붉어짐

그림	관련 단어	발음	세분화	의미	연관/확장어
	flame	플레임	**F**(불꽃) + l + am + e	불꽃, 불꽃 같은 번쩍임, 정열, 불꽃 같은 홍조	
	flash	플래쉬	**F**(불빛) + l(선) + a + sh(속도)	순식간에 불빛이 나다 → 비치다, 비추다, 번쩍임	flashlight
	flush	플러쉬	**F**(붉어짐) + l + u + sh(속도)	빨리 붉어짐 → (얼굴이) 붉어지다	
	fuse	퓨즈	**F**(불꽃) + u + se	(불꽃을 일으키는) 도화선/신관, 융합시키다	

❸ 불 → 모양 → 꽃

그림	관련 단어	발음	세분화	의미	연관/확장어
	florist	플로리스트	**fl**or + ist(사람)	꽃을 키우는 사람 → 화초 재배자, 꽃 장수	floral
	flower	플라워	**f**(불 → 꽃) + l + ow + er	불꽃 → 꽃	= blossom
	flourish	플러리쉬	**fl**our + ish(만들다)	꽃처럼 만들게 하다 → 번영/번창하다	= prosper

❹ 불 → 열 → 화 → 분노 → 싸움, 불 → 뜨거움 → 공포

그림	관련 단어	발음	세분화	의미	연관/확장어
	afraid	어프레이드	a + **fr** + a + id(~한)	두려워하는, 무서워하여, 겁내는	= scared
	conflict	컨플릭트	con + **fl**ict(싸우다)	함께 싸우다 → 서로 상반되다, 충돌/투쟁(하다)	
	fan	팬	**f** + an	열을 내는 사람, 열을 식히는 것	fan(atic)
	fear	피어	**fi**re 변형	열 → 두려움 → 공포	fearful = phobia
	fervent	퍼번트	**f** + erv + ent(~한)	열이 있는 → 열렬한, 강렬한	fervid
	fever	피버	**f**(불→열) + ev + er(명사)	열(병), 이상 고열	fevered
	fight	파이트	**f**(불→열→싸움) + ight	싸우다	fighter fighting
	fright	프라이트	**fr**(불) + i + ght	불이 두려움 → (갑작스러운) 공포, 경악	frightful frighten
	fury	퓨리	**fur**(fire 변형 : 불) + y(명사)	불이 남 → 화가 남 → 분노, 격분	furious

그림	관련 단어	발음	세분화	의미	연관/확장어

❺ 불火 → 좋지 않은 의미

그림	관련 단어	발음	세분화	의미	연관/확장어
	fade	페이드	f + ade	점점 희미해지다, 실력이 시들다	
	fail	페일	f + a + il	실패하다, 망하다	failure ↔ succeed
	faint	페인트	f + ai + n + t	기절하다	= stun
	fall	폴	f + a + ll	(나뭇잎이) 떨어지다 → 가을	= autumn
	false	폴스	fal + se	옳지 않은, 그릇된	↔ true
	fart	파트	f + art	방귀 뀌다	
	fatigue	퍼티그	fat + igue	피로, 피곤	
	fault	폴트	fault	단점, 결점, 실수, 잘못	↔ merit
	faze	페이즈	f + a + z(방황) + e	남을 곤란하게 하다, 당황해 하다	
	fee	피	f + ee	(전문직에 주는) 요금, 수험료, 입회비	= charge
	felon	펠런	fel + on	중죄인	
	fester	페스터	f + e + ster	(상처) 곪다, 부패하다	
	fiasco	피에스코우	fi + asco	대실패, 큰 실수	
	fine	파인	f + ine	벌금, 연체료 cf) 좋은, 훌륭한, 질 좋은	
	fire	파이어	f + ire	불 → 해고하다 (의미 변화)	= dismiss
	flatter	플래터	flat + ter	아첨하다	
	flop	플랍	fl + o + p	(사업) 실패하다	= fail
	foil	포일	fo + il	좌절시키다, 실패시키다	
	folly	폴리	fo + (o) + l + ly	바보 같음 → 어리석음	fool = stupidity
	fool	풀	f + o + o + l	바보	↔ genius
	foul	파울	f + ou + l	더럽히다, 더러운, 반칙	
	fret	프렛	fr + e + t	안달나다	
	frustrate	프러스트레이트	frustr(vain) + ate	좌절시키다	
	fuss	퍼스	f + u + ss	소란, 혼동	

F

그림	관련 단어	발음	세분화	의미	연관/확장어

(2) F → 모양 → 선두에서 길을 밝혀 주는 횃불🔥 → 앞, 외부

그림	관련 단어	발음	세분화	의미	연관/확장어
	before	비포어	be(있다) + fore(앞)	횃불이 있다 → 앞에 있는 → (공간) 앞에, (시간) 전에	beforehand ↔ after
	first	퍼스트	fir + st(서다)	불이 서 있다 → '출발을 알리는 불'에 서 유래 → 처음에, 첫째	↔ last
	forecast	포캐스트	fore(앞) + cast(던지다)	앞으로 던지다 → 예측/전망/예상하다	= foretell
	forego	포고우	fore(앞) + go	앞으로 가다 → 앞서다, 선행하다	= proceed
	foresee	포씨	fore(앞) + see	미리 보다 → 예견하다, 앞일을 미리 알다	
	foretell	포텔	fore(앞) + tell	앞을 말하다 → 예견하다, 앞일을 미리 말하다	
	foreign	포린	fore(밖) + i + g(e)n(태어난)	밖에서 태어난 → 외국의	↔ domestic
	forever	포레버	fore(앞) + ev(시간) + er	지금부터 앞으로 → 영원히	= eternally
	forth	포뜨	for(밖) + th	밖으로, 멀리	
	forum	포럼	for + um	밖의 장소 → 공공광장, 시장, 법정, 재판소, 공개토론장	
	forward	포워드	for(앞) + ward(방향으로)	앞으로	↔ backward
	front	프런트	fr + ont	앞에 불을 비추는 → 앞(면), 표면, 전방, 정면	↔ back
	frontier	프런티어	fr + ont + ier	앞에 있는 것 → 국경/경계(의), 개척자	= explorer = pioneer

▶ **Grimm's law : F(r) > P(r)** ⇒ (장소) 앞에, 앞으로   (시간) 미리, 먼저

그림	관련 단어	발음	세분화	의미	연관/확장어
	predict	프리딕트	pre(앞) + dict(말하다)	먼저 말하다 → 예언(예보)하다	= forecast
	prepare	프리페어	pre(앞) + pare(보다)	앞서 보이다 → 준비하다, 대비하다	
	prime	프라임	pri(앞) + m + e	제1의, 최초의 → 주요한, 기본적인	
	prior	프라이어	pri(앞) + or(more)	(시간, 순서로서) 먼저의, 우선하는	
	problem	프라블럼	pro + ble(던지다) + (e)m	앞에 던져진 것 → 문제	= question
	proceed	프러씨드	pro + ceed(가다)	앞으로 가다 → 전진/진행하다	= forego
	produce	프러듀스	pro + duce(이끌어내다)	(농산물 등) 생산하다, 만들어내다	= manufacture
	prophesy	프라피싸이	pro + phe(말하다) + sy	예언하다, 예고하다	= foretell

(3) F → 모양 → 불🔥 → 양면성 ❶ {부드러움(유동) or 강함(고정)}
❷ {무→유(사기) or 믿음}

❶ 양면성 (부드러움 → 유동 or 단단함 → 고정)

A. 부드러움 = Grimm's law : f 〉 p

그림	관련 단어	발음	세분화	의미	연관/확장어
	comfortable	컴포터블	com + fort + able	함께 부드러울 수 있는 → 편안한	= comfy
	fat	팻	f + a + t(부착)	(몸에) 붙어 부드러운 → 살찐, 뚱뚱한	↔ thin
	feather	페더	f + ea + th(사물) + er(것)	부드러운 것 → (새의) 깃털	
	fabric	패브릭	f + a + b(입체) + r(선) + ic	부드러운 입체의 → 직물/편물, 천	
	fiber	파이버	f + i + b + er	부드러운 입체의 것 → 섬유질, 섬유(조직)	
	flexible	플렉서블	flection → flexible	잘 구부러지는 → 신축성 있는	
	fur	퍼	f + ur	부드러운 것 → 모피, 털가죽	
	soft	소프트	so + ft	부드러운	↔ hard

※ f → p : plastic

B. 유동 (이동 → 채우다)

그림	관련 단어	발음	세분화	의미	연관/확장어
	fashion	패션	f(흐름) + a + sh(빠름) + ion	유행이 빨리 흘러감 → 패션	
	fast	패스트	f(흐름) + a + st	빨리 흘러가는 → (시간, 행동이) 빠른	= deft ↔ slow
	ferry	페리	fer + r + y	~에서 ~으로 반복적으로 나르다 → 나룻배(수송기)로 건너다(건네주다)	
	fish	피쉬	f(흐름) + i + sh(속도)	물속에서 빠르게 흘러다니는 것 → 물고기	fishery fishing
	flood	플러드	fl(흐름) + oo + d(물)	(비로 인한) 물의 흐름 → 홍수, 범람, 밀물	= drought
	flow	플로우	f(흐름) + l(선) + ow	선으로 부드럽게 반복하다 → (강물이) 흐르다, 흐름	fluid flux
	fluid	플루이드	f(흐름) + l(선) + u + id(상태)	흐르는 상태의 → 유동적	↔ static
	free	프리	f(흐름) + r + ee	흘러다니는 → 자유로운 → ~이 없는, 무료인	freedom
	from	프럼	f(흐름) + r + om	흘러가는 → ~(에서)부터, ~에게로부터	↔ to
	surf	써프	s(바다) + u(위) + r(선) + f	(파도) 위에서 선으로 흐르다 → 파도 타다	surfing

F

그림	관련 단어	발음	세분화	의미	연관/확장어
	C. 단단함 → 강함				
	defend	디펜드	de + **f**end	방어하다	↔ attack
	fence	펜스	**f** + ence	울타리, 담장	
	fend	펜드	**f** + end	막아내다, 방어하다	fender
	firm	펌	**f**(강함) + irm	강한, 튼튼한, 굳게 하다 → 굳게 결속한 것 → 합자 회사/상사	confirm ↔ infirm
	force	포스	**f**(강함) + orc + e	강한 것 →힘 →강요 →군대	air force
	fort	포트	**f**(강함) + ort	강한 것 → 요새, 성채, 보루	fortress fortify
	freeze	프리즈	**f**r + ee + z(반복) + e	녹았다 얼었다 반복하다 → 얼다, 동결하다	↔ melt
	refrigerator	리프리저레이터	re + **f**ri + ger + at(e) + or	반복 얼리는 것 → 냉장고	
	D. 고정				
	affix	어픽스	af(~에) + **f** + I + x(부착)	~에 첨부하다, 추가하다, 붙이다	= append
	fasten	패슨	**f**a + st + en(만들다)	매다, 고정시키다	
	farm	팜	**f** + arm	고정된 지대를 내는 곳 → 농장, 농원, 가축/양식장	farmer
	fix	픽스	**f** + i + x(교차)	고정시키다, 고치다	affix prefix suffix
	form	폼	**f**(무→유) + orm	정해진 형태 → 유형, 형성, 양식	formal reform information
	prefix	프리픽스	pre(앞) + **f** + I + x(부착)	앞에 붙이다 → 접두사	↔ suffix
	❷ 양면성 {무 → 유(가짜) or 사실 → 믿음(신뢰)}				
	A. 무 → 유(가짜)				
	counterfeit	카운터피트	counter(반대로) + **f**eit	대항하여 만들다 → 위조(하다)	
	fake	페이크	**f** + ake	(거짓으로) 만들다 → 위조하다, 위조의	fakery
	false	폴스	**f** + alse	거짓의, 틀린	↔ true
	fault	폴트	**f** + ault	잘못, 단점, 결점	= demerit
	fiction	픽션	**f**(무→유) + ic + tion	가공하여 만든 것 → 허구 → 소설	non-fiction ↔ fact
	fraud	프로드	**f**r + aud(듣다)	없는 것을 있게 들리게 함 → 사기(꾼), 가짜	

그림	관련 단어	발음	세분화	의미	연관/확장어

B. 무 → 유(사실) → 믿음

그림	관련 단어	발음	세분화	의미	연관/확장어
	bona-fide	보우나 파이드	bona + **f**id + e	좋게 믿는 → 성실한, 진실한	
	confide	컨파이드	con + **f**id + e	함께 믿다 → (비밀을) 털어놓다, 신뢰하다	confidence = rely trust
	defy	디파이	de + **f** + y	믿지 않는다 → 대항하다, 반항하다	
	fact	팩트	**f** + act(하다)	실제 행한 것 → 사실, 실제	factual ↔ fiction
	faith	페이뜨	**f**ai + th(것)	믿는 것 → 신뢰, 믿음	faithful
	fiance	피안세이	**f** + i + ance	프) 결혼을 약속한 사람 → 약혼자	↔ fiancee
	fidelity	피델러티	**f**id + el + ity	충실함, 신의	

(4) F → 모양 → 불🔥 → 불처럼 흘러 날다/흐르다, 흘러 이동하다

그림	관련 단어	발음	세분화	의미	연관/확장어
	fashion	패션	**f**(흐름) + a + sh(빠름) + ion	유행이 빨리 흘러감 → 패션	
	ferry	페리	**f**er + r(유음) + y(하다)	~에서 ~으로 반복적으로 나르다 → 나룻배(수송기)로 건너다(건네주다)	
	fill	필	**f** + i + ll(반복)	공간에 이동시키다 → 채우다, 기입하다	fulfill
	full	풀	**f** + u(위) + ll(반복)	반복하여 채운 → 가득찬, 충분한	= enough
	fish	피쉬	**f**(흐름) + i + sh(속도)	물속에서 빠르게 흘러다니는 것 → 물고기	fishery fishing
	flag	플래그	**f**(불→날다) + l(선) + ag	(바람에) 날게 하는 것 → 기, 깃발	flagship
	flight	플라잇	**f**(불→날다) + l(선) + ight	선으로 나는 것 → 비행	= aviation
	flee	플리	**f**(불→날다) + l(선) + ee	선을 따라 흘러가다 → (빨리) 도망가다	= escape
	flood	플러드	**f**l(흐름) + oo + d(물)	(비로 인한) 물의 흐름 → 홍수, 범람	↔ drought
	flow	플로우	**f**(흐름) + l(선) + ow	선으로 부드럽게 반복하다 → (강물이) 흐르다, 흐름	fluid flux
	flu	플루	in**flu**enza 약어	콧물이 흐르는 것 → 유행성 감기, 독감	influenza
	fluid	플루이드	**f**(흐름) + l(선) + u + id(상태)	흐르는 상태의 → 유동적	↔ static
	fly	플라이	**f**(불→날다) + l(선) + y	선을 만들며 날다 → 날다, 파리	flight
	free	프리	**f**(흐름) + r + ee	흘러다니는 → 자유로운 → ~이 없는	freedom
	fuel	퓨얼	**f**(흐름) + u + el(작음)	흘러 이동시키는 작은 것 → 연료	
	surf	써프	s(바다) + u(위) + r(선) + **f**	(파도) 위에서 선으로 흐르다 → 파도 타다	surfing

F

그림	관련 단어	발음	세분화	의미	연관/확장어

(5) F → 모양 → 불🔥 → (무 → 유 창조) 생산, 가공 = M

그림	관련 단어	발음	세분화	의미	연관/확장어
	difficult	디피컬트	dif(반대) + fic + ul + t	안 만들어지는 → 어려운, 힘든	difficulty ↔ easy
	factor	팩터	fact + or(것)	만들게 하는 것 → 요인, 인자	
	factory	팩터리	fact + ory(장소)	만드는 장소 → 공장, 제작소	manufacture
	fake	페이크	f + ake	(거짓으로) 만들다 → 위조하다, 위조의	fakery
	feasible	피저블	feas + ible(할 수 있는)	만들 수 있는 → 실현 가능한	feasibility
	fiction	픽션	f(무→유) + ic + tion	가공하여 만든 것 → 허구 → 소설	non-fiction
	manufacture	매뉴팩처	manu(손) + fact + ure	손으로 만드는 것 → 제조(하다), 생산(하다)	= production
	office	오피스	of + fic + e	만들어내는 곳 → 사무실	official
	perfect	퍼팩트	per(완전히) + fect	완전히 만든 → 완벽한, 완전한	= complete

(6) F → P (Grimm's law : f > p 발음 유사) → 말하다 🗣️ = C/D/G/M/P/V

그림	관련 단어	발음	세분화	의미	연관/확장어
	confess	컨페스	con + fess	함께 말하다 → 고백/자백하다	
	fable	페이블	f(말하다) + able(할 수 있는)	말할 수 있는 → 이야기 → 우화	fabulous
	famous	페이머스	f(말하다) + a + m(생성) + ous	말 많이 하는 → 유명한	fame infamous
	fate	페이트	fa + (a)te	말 되어진 것 → 운명, 숙명	= doom = destine
	infant	인펀트	in(not) + fa + (a)nt	말을 할 수 없는 사람 → 유아, 아기	↔ adult
	professor	프러페서	pro + fess + or(사람)	앞에서 말하는 사람 → 교수	cf) teacher cf) tutor

(7) F → 숫자 → 4 5

그림	관련 단어	발음	세분화	의미	연관/확장어
	forty	포티	fo(u)r + ty	40	
	fortnight	포트나이트	fo(u)rt(ee)n + (n)ight	14일 밤 → 2주일간	
	fourteen	포틴	four + teen(10)	14	
	finger	핑거	fi + n(연결) + g + er	(다섯) 손가락	↔ toe
	fist	피스트	fi + st	주먹	

그림	관련 단어	발음	세분화	의미	연관/확장어
G g		지	【G】모양 → 【사람의 머리 모양 중 입 구조】【땅(대지)】 **(1)** 【G】모양 → 『입→말(하다)』 **(2)** 【G】모양 → 『땅(대지)』 **(3)** 【G】모양 → 【땅(대지)】→『인간, 식물의 탄생(출생), 성장』 **(4)** 【G】모양 → 【땅(대지)】→『걸음 → 이동하다』 **(5)** 『빛→선 (g, gl)』		

(1) G → 모양 → 입 → 말(하다) = C/D/F/M/P/V

그림	관련 단어	발음	세분화	의미	연관/확장어
	Gag	개그	**G**(입) + a + **G**	말하고 말하다 → 익살, 개그, 재갈(입마개)	
	gargle	가글	**g**(입) + ar + gle(반복)	(입, 목구멍을) 양치질하다	
	gasp	개스프	**g**(입) + a + sp	헐떡이다, 숨차다, 헐떡이며 말하다	
	giggle	기글	**g**ig + gle(반복)	의성어로 '킥킥' 웃다 → 킥킥거리다	
	girl	걸	**g**ir + l	말수가 많은 사람 → 여자/여성	garrulous
	glossary	글라써리	**g** + loss + (a)ry(집합)	말의 집합 → 용어/어휘 사전	cf) dictionary
	glut	글럿	**g**l + ut	실컷 먹다, 탐식하다, 게걸스럽게 먹다	
	gnaw	노	**g**n + aw	(치아로) 갉작거리다, 갉아먹다, 파먹어 들어가다	
	gorge	고즈	**g**or + ge	게걸스럽게 먹다, 배불리 먹다	
	gossip	가십	**g**(입) + os + sip	입으로 찔끔찔끔 마시다 → 잡담하다, 수다 떨다, 험담	= chat
	gulp	걸프	**g**(입) + ulp	급히 삼키다	
	gut	것	**g**(입) + u + t	입 위에서 접촉하는 것 → 소화관, 내장, 게걸스럽게 먹다	
	language	랭귀지	l(문자) + an**g** + u + age(집합)	말하는 문자의 집합 → 언어, 말, 말씨	lingual
	legal	리갈	l(문자) + e + **g**(말) + al(~의)	문자를 말하는 → 법률상의, 입법적인, 법적인	legality legalize
	legend	레전드	l(글) + e + **g**(말) + end(연결)	말이 이어지는 → 전설	
	organ	오르건	or(입) + **g**(입) + an	소리를 내게 하는 것, 먹는 곳 → 기관, 오르간	organic organize
	polyglot	팔리글랏	poly(많은) + **g**(입)l + ot	많은 말을 하는 → 다국어를 말하는	
	tongue	텅	ton(소리나다) + **g**ue	소리나게 하는 것 → (인간, 척추동물의) 혀	

G

그림	관련 단어	발음	세분화	의미	연관/확장어

(2) G → 땅(대지) = Terr

그림	관련 단어	발음	세분화	의미	연관/확장어
	a**gr**iculture	애그리컬처	A(소) + **gr**(땅) + i + cult(키우다) + ure(~것)	소가 땅을 갈아서 벼/채소를 키우는 것 → 농업	
	geography	지아그러피	**g**(땅) + eo + graph(그리다) + y	땅을 그리는 학문 → 지리학	
	geology	지알러지	**g**(땅) + eo + logy(학문)	땅을 연구하는 학문 → 지질학	
	geometry	지아머트리	**g**(땅) + eo + metry(측정)	땅을 측정하는 학문 → 기하학	
	global	글로우벌	**g**(땅) + l(선) + o(원) + b(입체) + al	둥근 땅의 원형 → 세계적인, 지구상의	globalize
	graph	그래프	**g**(땅) + r(선) + a + ph	땅에 선을 그리다 → 선그리다 → 그래프, 도표	graphic = chart
	grass	그래스	**g**(땅) + r(선) + ass(존재)	땅에서 자라남 → 풀, 잔디	grasshopper
	grave	그래이브	**g**(땅) + r(선) + a + v + e	∧형태의 파서 만든 땅 → 파다 → 무덤, 묘, 산소	= carve = tomb
	gravity	그래버티	**gr**(땅) + av + ity(명사화)	땅이 무겁게 함 → 중력	
	green	그린	**gr**(땅) + e + en(~한)	땅에서 자라난 → (초목이) 푸른	evergreen
	ground	그라운드	**g**(땅) + r(선) + o + u(위) + n(아래) + d	땅이 위아래로 울퉁불퉁함 → 토양, 지면	playground underground
	gulf	걸프	**g**(땅) + u(파인) + l(선) + f(흐름)	땅이 움푹 파여 물이 흘러 들어온 선 → 만	= bay

(3) G → 땅(대지) → 탄생/출생 → 성장 → 크다

그림	관련 단어	발음	세분화	의미	연관/확장어
	be**g**in	비긴	be(되다) + **g**in(발생)	생겨지다 → 시작되다, 시작하다	cf) start
	bi**g**	빅	b(입체→부풀다) + i + **g**(o)	부풀어 가다 → (치수, 정도, 양이) 큰	= large ↔ small
	forei**g**n	포린	fore(밖) + i + **g**(e)n(태어난)	밖에서 태어난 → 외국의	↔ domestic
	en**g**ine	엔진	en(inside) + **g**in + e	내부에서 발생하는 것 → 엔진, 발동기, 기관	enginery
	en**g**ineer	엔지니어	en(inside) + **g**in + e + er(man)	내부적인 변화를 일으키는 사람 → 공학자, 기술자, 기사	engineering
	gender	젠더	**g**en + der	태어나게 하는 것 → 성, 성별	gene = sex
	gene	진	**g**en + e	태어나게 하는 것 → 유전자	genetic
	general	제너럴	**g**ener + al	누구나 태어나는 → 모든 사람에게 일어나는 → 일반/보편적인	↔ special
	generate	제너레이트	**g**ener + ate(~하다)	태어나게 하다 → 발생시키다, 만들어내다	generator
	generation	제너레이션	**g**ener + a + tion	태어남 → 세대(30년)	
	genesis	제니시스	**g**ene + sis	태어남 → 발생, 기원	= origin

그림	관련 단어	발음	세분화	의미	연관/확장어
	grind	그라인드	gr + ind	갈거나 빻아서 개수를 많게 하다 → (칼, 이 등으로) 갈다, 빻다	
	genius	지니어스	gen(탄생) + i + us	타고 남 → 천재	↔ fool idiot
	giant	자이언트	g(크다) + i + ant(사람)	거대한 (사람) → 거인	= titan
	grain	그레인	g(땅) + r(선) + a + in	땅에서 자란 것 → 낟알, 곡물, 곡식	granary granule
A+A- B+B- C+C- D+D-	grade	그레이드	Gr(커짐) + ad(길) + e	커지는 길 → 등급, 점수	graduate
	grand	그랜드	g(크다) + r(선) + and	위대한, 웅장한	
	grandeur	그랜져	g(크다) + r(선) + and + eur	위대함, 웅장함	
	grass	그래스	g(땅) + r(선) + ass(존재)	땅에서 자라남 → 풀, 잔디	grasshopper
	great	그레이트	g(크다) + r(선) + eat	거대한, 다수/다량의	= large
	green	그린	g(땅) + r(선) + e + en(~한)	땅에서 자라난 → (초목이) 푸른	evergreen greenhouse
	grow	그로우	g(땅) + r(선) + o + w(반복)	선을 만들며 반복하다 → 성장하다	growth grocery
	origin	오리진	ori(떠오르다) + gin(탄생)	떠올라 생김 → 근원, 원천, 출처, 유래	original
	pregnant	프레그넌트	pre(전) + g(e)n(탄생) + ant	출생 이전인 → 출생 전인 출생 이전인 → 출생 전인 → 임신한	engine origin
	sign	싸인	si(see변형) + g(e)n(탄생)	보이게 만든 것 → 조짐, 표시, 서명(하다)	design signature

G

(4) G → 땅(대지) → 걷다/걸음 → 걸어가다(진행) = V

그림	관련 단어	발음	세분화	의미	연관/확장어
	age	에이지	a(하나) + ge(지나간)	한 해가 지나감 → 나이, 연령, 수명	aging ago
	agree	어그리	a(으로) + gr + ee	~으로 가다 → 찬성/동의하다	agreement disagree degree
	cargo	카고우	car + go	차로 가다 → (선박/항공기/트럭) 화물, 짐	= freight
	embargo	임바고우	em(안으로) + bar(막음) + go	안으로 가는 것을 막음 → 입출항 금지	
	emigrate	에머그레이트	e(x) + migr + ate(하다)	밖으로 가게 하다 → (타국으로) 이민가다	↔ immigrate
	forego	포고우	fore(앞으로) + go	앞으로 가다 → 앞서다, 선행하다	= proceed
	forgo	포고우	for(반대) + go	'가다'의 반대 → 포기하다	= abandon
	Gate	게이트	G(o) + ate(것)	가게 하는 것 → 대문, (출)입구, 관문	= door
	Gear	기어	Ge(go 변형=가다) + ar(것)	가게 하는 것 → 톱니바퀴, 전동장치 → 기어	
	Give	기브	G(땅 → 가다 → 이동하다) + ive	이동하다 → 옮겨 가다 → 주다	gift ↔ receive
	glide	글라이드	g(땅 → 가다) + l(선) + ide(길)	선을 따라가다 → 미끄러지듯 가다	paragliding

43

그림	관련 단어	발음	세분화	의미	연관/확장어
	Go	고우	**G**(땅) + o	(땅을 밟고) 가다	ago cargo ongoing
	Goad	고우드	**Go** + ad(길)	길로 가다 → 부추기다, 선동하다, 막대기로 찌르다	
	Goal	고울	**Go** + al(것)	가야 하는 것 → 목적, 목표, 득점	= aim target
	Golf	골프	**Go** + l(선) + f(흐름)	(땅에서 걸으면서 선을 따라 흘러가는 운동) 골프(치다)	
	Grade	그레이드	**Gr** + ad(길) + e	성장의 길 → 단계, 계급, 등급	upgrade
	Guide	가이드	**G**(땅→가다) + u + i + d(길) + e	길을 인도/안내하다, 방향으로 이끌다, 길잡이(안내자)	guidance
	jog	자그	j + o + **g**(가다)	연결하며 가다 → (사람, 사물이) 흔들거리며 나아가다	jogging
	leg	레그	l(선) + e + **g**(가다)	가게 하는 긴 것 → (일직선인 사람/동물의) 다리	
	progress	프라그래스	pro + **gr**(땅→가다) + ess	앞으로 나아가다 → 전진/발달/진행(하다)	↔ regress
	suggest	써제스트	su(b→g)(아래) + **g**(가다) + est	아래로 가게 하다 → 제안/추천하다	suggestion = propose
	tango	탱고우	t(접촉) + an(g) + **g**o	손을 잡고 걷는 춤 → (남미의) 탱고	tangible
	undergo	언더고우	under + **g**o	아래에서 가다 → 겪다	= suffer
	vagabond	배거본드	va**g** + a + bond	정처 없이 돌아다니는 → 유랑자/방랑자	
	zigzag	지그재그	z + i + **g** + z + a + **g**	지그재그로 가다	

(5) G → 빛, 광선 = l, ph

그림	관련 단어	발음	세분화	의미	연관/확장어
	Glacier	글레이셔	**G**(빛) + l(선) + ac + ier	땅에서 빛나는 것 → 빙하	glacial = icicle
	Glare	글레어	**G**(빛) + l(선) + are(있다)	번쩍번쩍 빛나다	glareless
	Glass	글라스	**G**(빛) + l(선) + ass(있다)	빛이 나는 것 → 유리(잔), 컵, 거울	glasses
	Glimmer	글리머	**G**(빛) + l(선) + i + m + mer	빛이 반복되다 → 반짝이다	
	Glow	글로우	**G**(빛) + l(선) + ow	열과 빛을 내다 → 빛나다, 발개지다	glowing

그림	관련 단어	발음	세분화	의미	연관/확장어
H h		에이치	대문자【H】→【사다리 모양】 (1)【H】→【사다리 모양】→『높음』,『집→살다』 (2)【H】→【사다리 모양】→【높음】→『두려움, 공포』 (3)【소문자 h】→【축(벽)에 부착된 모양】→『부착』 (4)【소문자 h】→【축(벽)에 부착된 모양】→『부착 → 소유』 (5)【H】→【사다리 모양】→【가운데를 반으로 자른 모양】→『1/2』 (6)【H】→『숫자 6, 100』 (7)【sh】→【속도가 빠른 모양】		

(1) H → 높은(위) → 큰, 집 → 살다

그림	관련 단어	발음	세분화	의미	연관/확장어
	enhance	인핸스	en(make) + h(높은) + ance	높이게 만들다 → (가치, 지위를) 높이다	
	Habitat	해비탯	H(살다) + ab + it + at(장소)	살고 있는 곳 → 거주지, 서식지	
	Hall	홀	H(높은) + a + ll	높고 넓은 현관, 복도	hallway
	Hang	행	H(높은) + ang	높은 곳에 걸다 → 매달다	hanger hanging
	Happen	해펀	H(높은) + ap + p(유연화) + en	높은 곳에서 떨어지다 → 우연히 일어나다	happy mishap
	Hard	하드	H(높은) + ard(하다)	일하기 높은 → 어려운/힘든, 단단한	hardware = difficult
	Hatch	해치	H(위) + atch(접촉)	위로 접촉된 것 → 출입구 → 부화하다	
	Haughty	호티	H(높은) + aught + y	높은 지위에 있는 듯한 (자세) → 오만한, 거만한	= arrogant
	Heap	힙	H(높은) + ea + p(누름)	(높이 쌓아 올린) 더미, 퇴적물 → 쌓아 올리다	heapy
	Heat	히트	H(높은) + ea + t	(온도가) 높이 올라감 → 열(기)	heater
	Heave	히브	H(높은) + e + ave	높이게 하다 → (무거운 것을) 들어 올리다	= hoist lift
	Heaven	헤븐	H(높은) + ea + ven	높은 곳에 있는 곳 → 천국, 천당, 하늘	= sky
	Heavy	헤비	H(높은) + e + av(e) + y(~한)	무게가 높은 → 무거운	↔ light
	Hedge	헤지	H(높은) + edge(끝)	높은 끝 가장자리 → 산울타리, 경계(선)	
	Hi-five	하이 파이 브	H(높은) + i - five	높은 손가락(5) → 하이 파이브	
	High	하이	H(높은) + i + gh	높은	height ↔ low
	Hill	힐	H(높은) + i + ll(반복)	높은 것이 반복되는 것 → 언덕, 경사로	hilltop
	History	히스토리	H(높은) + i + story	이야기가 높이 쌓이다 → 역사, 연혁	historic historical
	Hoard	호오드	H(높은) + o + ard	높이 일하다 → 높이 쌓다 → (돈, 귀중품) 비축/저장하다	= store
	Hobby	하비	H(높은) + o + b + b + y	(생활수준을) 높이는 것 → 취미	
	Hoist	호이스트	H(높은) + o + ist	위로 세우게 하다 → (도르래로) 들어 올리다	= lift

H

그림	관련 단어	발음	세분화	의미	연관/확장어
	Hole	호울	H(높은) + o + le	아래로 깊은 둥근 곳 → 구덩이, 구멍	
	Home	호움	H(높은) + o + me	(가족이 사는) 높은 집 → 가정	homesick homework
	Honk	헝크	H(높은) + o + n + k	(자동차 경적으로 소리를) 높이 울리다	
	Hook	후크	H(높은) + o + o + k(연결)	높은 곳에서 연결한 것 → 갈고리, 낚싯바늘	
	Hop	합	H(높은) + o(보다) + p(누름)	보기 위해 높이 뛰다 → 깡충깡충 뛰다	grasshopper
	Horizon	호리즌	H(높이) + o(태양) + r(선) + i + zon	태양이 높이 떠오르는 선·지역 → 수평선, 지평선	
	Horn	혼	H(높은) + o + r + n(선)	높은 선 → (소, 양의) 뿔	
	Hot	핫	H(높은) + o + t	(날씨, 온도가) 높은 → 뜨거운, 더운	↔ cold
	House	하우스	H(높은) + o + u(위) + se	위로 높은 집	greenhouse housewife
	Huge	휴지	H(높은→큰) + u(위) + ge	(크기, 양, 정도가) 거대한	hugely = great
	Hurdle	허들	H + ur + d(입체) + le(반복)	높이 반복되는 입체 → 장애(물), 뛰어넘다	
	Hut	헛	H(높은) + u(위) + t	위로 높은 집 → 오두막	cf) cottage house
	Hydro	하이드로	H + (i → y) + d(물) + r + o	높은 곳에서 물이 떨어지는 → 물의, 수력 발전소	hydrogen
	photo ~	포토	p(누르다) + h(높은) + o + to	높은 곳에서 비추는 → 빛	photograph
	inhabit	인해빗	in + h(살다) + ab + it(계속)	~에서 계속 살다 → 거주하다	habitat = dwell live

(2) H → 높은 → 공포 = Terr

그림	관련 단어	발음	세분화	의미	연관/확장어
HATE	abhor	업호어	ab + hor	~에 무섭다 → 몹시 무서워하다, 증오하다	= hate ↔ like
	horrible	호러블	horr + ible(할 수 있는)	무섭게 할 수 있는 → 무서운	horrid horrify = terrible
	horror	호러	horr + or	높음 → 무서움, 공포, 혐오	= terror

(3) H → 부착

그림	관련 단어	발음	세분화	의미	연관/확장어
	adhere	어드히어	ad + her + e	달라붙다, 부착되다	adhesive
	hair	헤어	h(부착) + a + ir	(사람의 머리에 붙어 있는) 머리카락	hairy
	hand	핸드	h(부착) + a + n(연결) + d	(사람의 팔에 연결된) 손	handkerchief handle handy
	head	헤드	h(부착) + ea + d(입체)	(사람의 신체에 부착된) 머리	headache headline
	hear	히어	h(부착) + ear(귀)	귀가 부착되다 → (청취 의사와 관계없이) 듣다	hearing mishear
	heart	하트	h(부착) + e + art	부착된 것 → 심장 → 마음	heart-attack
	hip	힙	h(부착) + i + p(누르다)	눌러 부착하는 신체 부위 → 엉덩이	= bottom butt
	hit	힛	h(부착) + i + t(접촉)	(손/발, 물건으로) 부착하여 접촉하다 → 치다, 때리다	= beat

그림	관련 단어	발음	세분화	의미	연관/확장어
	hub	허브	**h**(부착) + u(밖) + b(입체)	밖에서 부착된 입체 → 중심지, 중추	= core
	hug	허그	**h**(부착) + u(밖) + g(가다)	밖에서 부착하기 위해 가다 → 포옹하다, 껴안다	

(4) H → 부착 → 소유 = T

그림	관련 단어	발음	세분화	의미	연관/확장어
	habit	해빗	**h**(소유) + a + (v → b) + it(계속)	가지고 있는 것 → 습관, 버릇	habitual
	have	헤브	**h**(소유) + ave(하다)	소유하다 → 가지다	= own = possess
	heritage	헤리티지	**h**(소유) + er + it(계속) + age(집합)	계속 소유되는 것들 → 유산	
	hire	하이어	**h**(소유) + ire(하다)	(사람/사물을) 소유하다 → 고용하다, 빌리다	↔ fire
	hold	호울드	**h**(소유) + old	소유하다 → 잡고 있다, 붙잡다, 유지하다	= keep
	hope	호우프	**h**(소유) + ope	소유하기를 바라다 → 희망하다, 바라다	= wish
	hunt	헌트	**h**(소유) + u(위) + n(아래) + t	소유하기 위해 사냥하다	headhunter

(5) H → 반을 나눈 모양 ½

그림	관련 단어	발음	세분화	의미	연관/확장어
	half	하프	**h**(반) + alf	반(1/2), 절반, 30분, (한쌍 중) 한쪽	half-time
	hemisphere	헤미스피어	**h**(반)emi + sphere(구)	반의 구 → (지구의) 반구	↔ sphere

(6) H → 숫자 6 100

그림	관련 단어	발음	세분화	의미	연관/확장어
	hexagon	헥써간	**h**exa + gon(angle)	6각형	
	hexapod	헥써파드	**h**exa + pod(발)	다리가 여섯 개인 → 6각류 곤충	
	hundred	헌드레드	**h**und + red(집합)	숫자 100	cf) cent ~

(7) sh → 속도가 빠른 모양

그림	관련 단어	발음	세분화	의미	연관/확장어
	crash	크래쉬	cr + a + **sh**(속도)	(빠르게) 충돌하다, 부딪히다	
	fish	피쉬	f(흐름) + i + **sh**(속도)	물속에서 빠르게 흘러다니는 것 → 물고기	fishery fishing
	push	푸쉬	p + u(밖) + **sh**(속도)	밖으로 빠르게 누르다 → 밀다	push-up ↔ pull
	rush	러쉬	r + u(n) + **sh**(속도)	(빠르게) 달리다 → 재촉하다, 돌진하다	cf) dash
	shake	쉐이크	**sh**(속도) + ake(하다)	물결처럼 흔들리다 → 흔들리다, 진동하다	shaky
	shift	쉬프트	**sh**(속도) + i + f(흐름) + t	빠르게 흘러 접촉하다 → 옮기다, 재빠르게 움직이다	shifty
	shoot	슛	**sh**(속도) + o + o + t	빠르게 나가다 → (총, 화살) 쏘다	shot
	show	쇼우	**sh**(속도) + o + w(반복)	빠르게 반복하다 → (잠시 빠르게) 보여주다	cf) shop
	shut	셧	**sh**(속도) + u + t(접촉)	밖에서 빠르게 접촉하다 → 닫다, 차단하다	shut up
	wash	와쉬	w(물, 반복) + a + **sh**(속도)	(물에 비누로) 씻다	= lave

H

그림	관련 단어	발음	세분화	의미	연관/확장어
∣	i	아이	알파벳 【I】 → 모양 → 【사람】 (1) 【I】 → 모양 → 【사람】 → 『존재의 주체 = 자아/자신/나』 (2) 【I】 → 모양 → 『존재 자체 → 사물』		

(1) I → 사람, 자신 = L

그림	관련 단어	발음	세분화	의미	연관/확장어
	I	아이	I	사람의 모양 → 나 자신, 나는	
	icon	아이컨	i + con	우상시되는 사람	
	idea	아이디어	i + d + ea	(사람이) 만들어낸 것 → 개념, 착안, 생각	ideal
	ideate	아이디에이트	i + d + ea + (a)te(만들다)	개념화하다	
	identify	아이덴티파이	ident + ify(make)	동일하게 만들다 → (신원을) 확인하다	identification
	idiot	이디엇	i + d + i + ot(사람)	바보, 멍청이	= fool
	idle	아이들	i + d + le	(사람이) 늘어진 → 게으른	= lazy
	idol	아이돌	i + dol	존경받는 사람 → 우상, (대중의) 스타	= star
	ill	일	i + ll(반복)	(사람이 반복해서) 늘어진 → 병든, 아픈	illness = sick
	itch	이치	i + tch(접촉)	사람이 (손으로) 접촉하다 → 가렵다, 근질거리다	itchy

(2) I → 존재 자체 → 사물

그림	관련 단어	발음	세분화	의미	연관/확장어
	ice	아이스	i + c(각) + e	자체에 각이 있는 것 → 얼음	icicle icy = glacier
	idiom	이디엄	i + d + i + om	관용구, 숙어	
	in ~	인	i + n(부정/선)	'~아닌, ~없는, (선) 안에' 의미의 앞말	inapt infinite insane invite
	island	아일런드	i + s(ol)(1) + land(육지)	자체가 하나인 육지 → 섬	islet isolate
	isolate	아이썰레이트	i + sol(섬) + ate	섬을 만들다 → 고립시키다, 격리시키다	isolation
	it	잍	i + t	(사물) 자체 → 그것은, 그것이	itself
	item	아이텀	i + t + e(같음) + m(생성)	같게 만든 것들 → 항목, 품목	itemize
	image	이미지	i + m(생성) + age(집합)	자체에서 만들어지는 상태 → 이미지, 상, 영상, 그림(사진)	imagine

그림	관련 단어	발음	세분화	의미	연관/확장어
J j		제이	알파벳【J】→ 모양 →【갈고리】 (1)【J】→ 모양 →【갈고리】→【이어줌】→『연결/결합, 던지다』 (2)【J】→ 모양 →【갈고리】→『무게를 달다 → 옳고 그름을 판단하다 　　　　　　　　　　　　　　　　　　→ 판결』 (3)【J】→ 모양 →【시계추】→『시간』 (4)【J】→『즐거움』관련 단어		

(1) J → 모양 → 갈고리 → 연결 → 결합 = N

그림	관련 단어	발음	세분화	의미	연관/확장어
	hijack	하이잭	Hi + jack(걸리다)	높은 곳에서 낚다 → 고공 납치, 차 납치	
	inject	인젝트	in + ject(bind)	안으로 연결하다 → (액체/약 등을) 주사/주입하다	injection
	jail	제일	j(갈고리→연결) + a + il(쉬운)	쉽게 연결된 → 감옥 → 투옥하다	= prison
	jam	잼	j(갈고리→연결) + am(있다)	1. (차가) 연결되어 있는→교통 체증/혼잡 2. (빵에) 결합하다→(빵에) 잼을 바르다	traffic-jam
	Jell	젤	J(갈고리→연결→결합) + e + ll	액체가 굳어지다	jelly jellyfish
	Jet	제트	J + et(작음)	작은 연결 → 분사, 분출 → 제트기	
	Jewel	주얼	J(갈고리→연결) + e + w + el(작음)	연결하여 만든 작은 것 → 보석	jewelry
	Join	조인	J(갈고리) + o + i + n(연결)	갈고리로 연결하다 → 가입/참여/동참하다	= connect
	Joint	조인트	J(갈고리) + o + i + n(연결) + t	갈고리로 연결하다 → 접합된, 관절 → 공동/합동의	
	Junction	정선	Junct(bind) + ion	연결하는 것 → 교차로, 연합, 접합, 제휴	
	Junk	정크	J + u(위) + n(아래) + k(연결)	갈고리로 위에서 아래로 버리는 것 → 폐물	junker

(2) J → 모양 → 갈고리 → 연결하기 위해 던지다

그림	관련 단어	발음	세분화	의미	연관/확장어
	eject	이젝트	e(밖) + ject	밖으로 던지다 → 쫓아내다, 내쫓다	= expel
	Jump	점프	J(던지다) + u(위) + m + p	(몸을 위로 던져서 누른다) 위로 뛰다	jumping
	object	아브젝트 어브젝트	ob(앞) + ject ob(반대) + ject	앞에 던져진 것→목표, 목적, 물체, 대상 반대에 던지다 → 반대하다	objective
	project	프라젝트	pro + ject	앞에 던져진 것 → 계획, 설계, 사업	projection
	reject	리젝트	re(반대로) + ject	반대로 던지다 → (주장/계획/생각을) 거절/거부하다	= refuse
	subject	써브젝트	sub(아래에) + ject	아래에 던져진 것 → 주제, 화제, 대상	subjective

J

(3) J → 모양 → 갈고리 → 무게 달다 → (옳고 그름/형량을) 판결하다

그림	관련 단어	발음	세분화	의미	연관/확장어
	injure	인저	in(not) + **j**ur + e	올바르지 않다 → (사고로) 상하게 하다, 손상시키다	injury
	Judge	저지	**J**(무게 달다 → 형량 판단하다) + udge	형량의 무게를 판결하는 사람 → 판사	cf) prosecutor
	Judgement	저지먼트	**J**(무게 달다 → 판단하다) + udg(e) + ment(명사)	심판/심사/평가/감정	
	Jury	주어리	**J**ur + (er)y(집합)	배심원단	juror
	Justice	저스티스	**J** + u + st + ice(명사)	공평하게 함 → 공평성 → 정의	justify
	Justify	저스티파이	**J** + u + st + ify(make)	옳음을 보여주다 → 정당화하다	justification

(4) J → 모양 → 시계추 → 시간 = E

그림	관련 단어	발음	세분화	의미	연관/확장어
	adjourn	어전	ad + **j**ourn(Fr. journe: day)	하루를 뒤로하다 → 연기하다	= delay = postpone
	journal	저널	**j**ourn(Fr. journe: day) + n + al	하루의 → 일기(diary), 정기간행물	journalist
	journey	저니	**j**ourn(Fr. journe: day) + ey	여러 날이 걸리는 긴 여행	= tour = voyage
	junior	주니어	**j**un + i + or	연하의, 나이 어린	↔ senior
	juvenile	쥬버나일	**j**uven + ile	청소년의, 나이 어린	= young ↔ old

(5) J → 즐거움

그림	관련 단어	발음	세분화	의미	연관/확장어
	enjoy	인조이	en(만들다) + **j** + o + y	재밌게 만들다 → 즐기다, 즐거워하다	enjoyment
	Jazz	재즈	**J**(색소폰 모양) + a + zz(왔다 갔다)	색소폰 → 즐겁게 이리저리 움직이며 노래하는 것 → 재즈/신바람/열광	
	Joke	조크	**J** + o + ke	익살, 농담	
	Joy	조이	**J** + o + y	즐거움, 재미	joyful

그림	관련 단어	발음	세분화	의미	연관/확장어
	K **k**	케이	『K』→ 90° 회전 → **모양** → 【사초莎草】이며, 그 음이 (gh) → (g) → (k) → (c)로 변화되어 어원도 거의 없을뿐더러 어휘 수가 매우 적으나, 『K』는 어려운 환경 속에서 자라는 【사초莎草】처럼, 끊어지지 않고 이어지는 『혈연, 연결』, 『점점 성장하거나, 널리 퍼지는 의미(지식)』과 관련된 단어에 많이 사용된다. 사초가 많아서 숫자의 최대 의미인 『1,000』으로도 표현됨.		

(1) K → 사초 → 연결하여 퍼짐 → 혈연, 종류

그림	관련 단어	발음	세분화	의미	연관/확장어
	hook	후크	h(높은/부착) + oo + **k**(연결)	높은 곳에서 부착하여 연결한 것 → 갈고리, 낚싯바늘	
	Key	키	**K**(연결) + e + y	(문/자물쇠와) 연결되는 것 → 열쇠	keynote
	Kid	키드	**K**(혈연) + i + d	연결하여 이어지는 어린이 → 아이, 풋내기, 놀리다	kidnap
	Kin	킨	**K**(혈연) + i + n(연결)	연결되는 혈연 → 친척, 친족	kinship = relatives
	Kind	카인드	**K**(연결) + i + n(연결) + d	연결된 것들 → 유사한 종류	kindred mankind
	King	킹	**K**(혈연) + ing(계속)	계속 이어지는 혈연 → 왕	kingdom
	Kiss	키스	**K**(연결) + i + ss	두 사람이 연결하다 → 입맞춤하다	
	Kit	키트	**K**(연결) + i + t(접촉)	연결하여 붙인 것 → 한 세트	first aid kit toolkit
	Kite	카이트	**K**(연결) + ite	(줄로) 연결된 것 → (줄로 연결하여 바람에 날리는) 연	
	Knee	니	**K**(연결) + n(연결) + ee	다리와 연결되는 신체 부위 → 무릎	kneel
	Knight	나이트	**K**(연결) + n(연결) + ight	중세에 세습되는 준귀족 → (중세) 기사	
	Knit	니트	**K**(연결) + n(선) + it	(실로) 짜서 연결하여 만들다 → 뜨개질하다, 결합시키다	knitwear
	Knob	납	**K**(연결) + n(선) + o + b(입체)	연결된 입체 → (사물과 사물을 이어주는) 손잡이	
	Knock	나크	**K**(연결) + n(연결) + o + c + k	(문 등을) 두드리다, 노크하다	knockdown
	Knot	나트	**K**(연결) + n(연결) + o + t(접촉)	만져서 연결하여 만든 것 → 매듭	
	lake	레이크	l(선) + a + **k**(연결) + e	선으로 연결된 것 → 호수	cf) land
	link	링크	l(선) + i + n(연결) + **k**(연결)	선을 연결하다 → 연결하다, 동맹 맺다	linkage
	lock	락	l(선) + o + c(원) + **k**(연결)	선을 원에 연결하다 → (열쇠로) 잠그다	↔ unlock
	neck	넥	n(선) + e + c + **k**(연결)	얼굴과 몸을 연결하는 신체 부위 → (인간/동물의) 목	necklace necktie

K

그림	관련 단어	발음	세분화	의미	연관/확장어
	rack	랙	r(선) + a + c + k(연결)	선을 연결한 것 → 선반, 걸이	
	rink	링크	r(원) + i + n(연결) + k(연결)	둥글게 이어진 것 → (아이스) 경기장	= arena
	track	트랙	t(접촉) + r(선) + a + c + k(연결)	~에서 ~으로 연결한 선 → 철도/노선, 자국, 추적하다	trackable
	skate	스키	s(지그재그) + k(연결) + ate	지그재그로 이어지다 → 스케이트 타다, 스키(타다)	skid
	ski		s(지그재그) + k(연결) + i		
	trek	트렉	tre(~에서~으로) + k(연결)	~에서 ~으로 연결하다 → 여행	= tour trip = voyage

(2) K → 사초 → 연결하여 퍼짐 → 지식

그림	관련 단어	발음	세분화	의미	연관/확장어
	ask	에스크	a + s + k(지식)	(알기 위해) 묻다, 질문하다	↔ answer
	Book	북	B(책 모양) + oo + k(연결)	여러 종이를 묶어 연결한 '책' 모양 → 책	booklet notebook
	Check	체크	ch(각) + e + c + k(연결)	각으로 √ 표시하며 연결하다 → 검토/점검하다, 수표	= review
	know	노우	k(연결) + n(연결) + ow	연결되어 퍼지다 → 알다	know-how
	knowledge	날리지	k(연결) + n(연결) + ow + l(유음) + edge	많은 것을 아는 것 → 지식	↔ ignorance

■ Grimm's law : kn > gn > chn

그림	관련 단어	발음	세분화	의미	연관/확장어
	diagnose	다이어그노 우스	dia(통하여) + gno + (i)se	~통하여 알게 하다 → 진단/진찰하다	diagnosis
	ignoble	이그노우블	i(n)(not) + gno + ble	알려질 수 없는 → (신분이) 낮은, 비천한	↔ noble
	ignore	이그노어	i(n)(not) + gno + re	알지 못하다 → 무시하다	ignorance
APPROVED	recognize	래커그나이즈	re + co + gn(o) + ize(하게 되다)	다시 함께 알게 하다 → 인식하다, 인정하다	recognition
	sign	싸인	si(see변형) + gn(탄생/알다)	보여서 알게 하는 것 → 조짐, 표시, 서명(하다)	design signature
	technology	테크날리지	t(접촉) + e + (g→ch)n + ology(학문)	손으로 만지며 알아 가는 학문 → (과학) 기술	

(3) K → 사초 → 연결하여 퍼짐 → 많음 → 1000 = Mill

그림	관련 단어	발음	세분화	의미	연관/확장어
1000	kilogram	킬러그램	kilo + gram(중량)	무게 1,000g을 나타냄 → 1kg	
	kilometer	킬러미터	kilo + meter(재다)	길이 1,000m를 나타냄 → 1km	
	kilowatt	킬러와트	kilo + watt	전력 1,000w를 나타냄 → 1kw	

그림	관련 단어	발음	세분화	의미	연관/확장어
L ㅣ	L ㅣ	엘	【L】 → 모양 → 【모래 위의 사람 발자국 모양】 (1)【대문자 L】 → 모양 → 『발자국 흔적』 → 『선, 빛, 문자』 (2)【소문자 l】 → 모양 → 『사람 모양』 → 『사람의 행위』		

(1) L → 모양 → 선 = N, R

그림	관련 단어	발음	세분화	의미	연관/확장어
⁉	belong	비롱	be(있다) + l(선) + ong	선 안에 있다 → 속하다, 속해 있다	
	ladder	래더	l(선) + a + d + der(반복)	반복된 선 → 사다리	
	lake	레이크	l(선) + a + k(연결) + e	선으로 연결된 것 → 호수	cf) sea
	land	랜드	l(선) + a + n(연결) + d	선으로 연결된 공간 → 육지, 땅	↔ sea = terra
	lane	레인	l(선) + a + n(연결) + e	연결된 선 → 통로, 차선, (경기)코스	cf) line
	Lap	랩	L(선) + a + p(누르다)	1) L자의 신체 부위 → 무릎 2) 선으로 연결된 한 바퀴	laptop lap time
	large	라지	l(선) + arg + e	선이 길어진 → 규모가 큰, 양이 많은	enlarge ↔ small
	late	레이트	l(선) + ate(~한)	길어진 → 늦어진 → 늦은	lately ↔ early
	ledge	레지	l(선) + edge(양 끝)	선이 있는 양 끝 → 선반	
	leg	레그	l(선) + e + g(가다)	가게 하는 긴 선 → (일직선인 사람/동물의) 다리	
	lever	레버	l(선) + e + v + er(것)	올라갔다 내려갔다 하게 하는 선 → 지렛대, 지레	leverage elevate elevator
SPEED LIMIT 90	limit	리밋	l(선) + i + m(생성) + it	선을 만든 것 → 한계, 제한	
	line	라인	l(선) + i + n(연결) + e	연결된 선 → 선을 그리다, 줄을 세우다	deadline guideline
	locate	로우케이트	l(선) + o + c + ate	선과 원에 있게 하다 → (특정 위치에) 두다, 위치하다	local localization
	lock	락	l(선) + o + c(원) + k(연결)	선을 원에 연결하다 → (열쇠로) 잠그다	
	long	롱	l(선) + ong(계속)	선이 계속되는 → (시간/거리/길이/선 등이) 긴	length ↔ short
	loose	루스	l(선) + oo + se	선이 긴 → 느슨한, 풀린	loosen
	lunar	루나	l(선) + u(위) + n(아래) + ar(의)	위아래로 이동하는 선의 → 달의	= moon cf) solar
T∧ﬂﬂT	tool	툴	t(접촉) + oo + l(선)	(손으로) 만지는 긴 것 → 연장, 공구	toolkit = instrument
	wool	울	w + oo(둥근) + l(선)	반복하여 둥글둥글한 선 → 양털, 양모	wooly

L

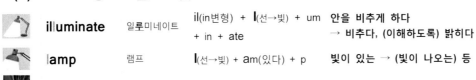

그림	관련단어	발음	세분화	의미	연관/확장어

(2) L → 모양 → 선 → 빛 = G

그림	관련단어	발음	세분화	의미	연관/확장어
	illuminate	일루미네이트	il(in변형) + l(선→빛) + um + in + ate	안을 비추게 하다 → 비추다, (이해하도록) 밝히다	
	lamp	램프	l(선→빛) + am(있다) + p	빛이 있는 → (빛이 나오는) 등	
	laser	레이저	l(선→빛) + as + er	빛이 나오는 것 → 광선	
	light	라잇	l(선→빛) + ight	선이 나오는 것 → 빛, 광선	enlighten = ray
	lightning	라이트닝	light + (e)n(make) + ing	밝게 하는 것 → 번개/벼락	↔ thunder

(3) L → 모양 → 선 → 문자 → 말 → 학문

그림	관련단어	발음	세분화	의미	연관/확장어
	apo**l**ogize	어팔러자이즈	apo + log + ize	위로 말하게 하다 → 용서 빌다, 사과하다	↔ forgive
	bio**l**ogy	바이알러지	bio + logy	생물을 연구하는 학문 → 생물학	biologist
	co**ll**ege	칼리지	co + l(유음) + leg + e	함께 학문함 → 2년제 대학	cf) university
	dia**l**ogue	다이얼로그	di(2) + a + log + ue	두 사람이 말하는 것 → 대화	= conversation
	de**l**ete	딜리트	de + l(문자) + ete	문자를 멀리하다 → 지우다, 삭제하다	deletion
	language	랭귀지	l + a + n + g(입) + u + age(집합)	말의 집합 → 언어, 말, 말씨	= word
	law	로	l(문자) + a + w	문자화(명문화)한 것 → 법(률)	lawyer
	learn	런	l(문자/사람) + earn(얻다)	문자를 얻다 → 배우다	= study
	lecture	렉처	l(문자) + ect + ure	문자로 말함 → (대학) 강의, 강연	
	legal	리갈	l(문자) + e + g(말) + al(~의)	문자를 말하는 → 법률상의, 입법적인, 법적인	legality legalize
	legend	레전드	l(말) + e + g(말) + end(연결)	말이 이어지는 → 전설	legendary
	letter	레터	l + e + t(부착) + t + er(것)	문자를 반복하여 부착한 것 → 편지, 글자, 문자	
	library	라이브레리	libr(L. 책) + ary(장소)	책이 있는 장소 → 도서관	
	literal	리터럴	liter + al(~의)	문자의, 원문 그대로의	literacy
	literature	리러레처	liter + at(e) + ure	문자화한 학문 → 문학	
	logic	라직	log + ic	말로 표현하는 것 → 논리	logical logics
	pro**l**ogue	프롤로그	pro(앞) + log + ue	앞의 말 → (책, 영화, 연극) 도입부	↔ epilogue
	techno**l**ogy	테크날러지	techn(기술) + ology(학문)	손으로 연구하는 학문 → (과학) 기술	cf) engineering
	trans**l**ate	트랜스레이트	trans + l(말) + ate(하다)	~에서 ~로 말을 옮기다 → 번역/통역하다	translation = interpret

그림	관련단어	발음	세분화	의미	연관/확장어

(4) l → 모양 → 사람 👤 = i

그림	관련단어	발음	세분화	의미	연관/확장어
	believe	빌리브	be + lie(거짓말하다) + ve	(사람이) 거짓말임을 보이다 → 믿다, 신뢰하다	= trust = rely
	labor	레이버	l + abor	(사람이) 일하다	laboratory
Ha Ha!	laugh	래프	l + augh	(사람이) 웃다	= smile
	launder	론더	l + a + u(위) + n(아래) + d(물) + er	(사람이) 물에 위아래로 흔들다 → 물(돈)세탁하다	laundry
	lave	레이브	l + ave(하다)	(사람이) 씻다, 물에 담그다	lavatory = wash
	lay	레이	l + ay(두다)	(사람을) 눕히다, 재우다 (사람이) 놓다, 두다	delay layoff layout relay
	laze	레이즈	l + a + z(왔다 갔다) + e	(사람이) 빈둥거리며 지내다	lazy
	lead	리드	l(사람) + e + ad(길)	사람의 길 → 길 안내하다, 이끌다	leader mislead
	lean	린	l + e + an	(사람이) 몸을 기대다, 기울다	
	learn	런	l(사람/문자) + earn(얻다)	(사람이 문자를) 얻다 → 배우다, 익히다, 학습하다	= study
	leave	리브	l + eave	(사람이) ~를 떠나다, 출발하다, 남기다, (식물의) 잎	
	lend	렌드	l + end	~에게 빌려주다/대여하다/대출하다	↔ borrow
	let	렛	l + et	(사람이) ~에게 ~시키다, ~을 허용하다	
	lie	라이	l + ie	(사람이) 거짓말하다, (사람이) 눕다	
I♥YOU	like	라이크	l + ike	(사람이) ~을 좋아하다, ~처럼	
	live	리브	l + i + v(집→살다) + e l + ive(~한)	사람이 살다 → 살다/거주하다, 살아있는, 생방송의	life living = inhabit
	load	로우드	l + o + a + d(입체)	(사람 또는 차량, 배로 운반하는 입체) → 짐, 적재량	loading
	lone	로운	l + one(1)	한 사람의 → 혼자의, 고독한, 고립된	alone lonely
Look	look	룩	l + oo + k	(사람이) 보다	lookout lookup
♥	love	러브	l + ove	사람이 행하다 → 사랑하다	= like
	lure	루어	l + ure	(사람이) 유혹하다, 매력	
	rely	릴라이	re + l(사람) + y	lie(거짓말하다) ↔ re(반대) + lie → '거짓말하다' 의 반대 →신뢰하다/믿다	= trust reliability

L

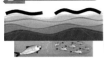

MOUNTAIN   **MOVING** **CLIMB**

M 🌙 *water*

그림	관련 단어	발음	세분화	의미	연관/확장어
M m		엠	【M】→ 모양 → 【바다의 잔물결 = 파도🌊】,【산⛰️】 (1)【M】→ 모양 →『바다(물) → 근원/모체』 (2)【M】→ 모양 →『물결의 반복 → 기억』 (3)【M】→ 모양 →『물결의 움직임(오르내리다→산→움직이다)』 (4)【M】→ 모양 →『물결의 소/대 → 작다/크다 → 1/1,000』 (5)【M】→ 모양 →『물결의 소/대』→『모양/형태의 변화→ 만들다』 (6)【M】→ 모양 →『사람의 입 모양👄 → 소리의 높고 낮음』 (7)【M】→ 모양 →『M 가운데 움푹 파임』→『중앙』		

(1) M → 모양 → ⛰️ → 바다/물 → 근원/모체 = D, W

그림	관련 단어	발음	세분화	의미	연관/확장어
	America	어메리카	A(멀리) + mer + ic + a(것)	유럽에서 바다 멀리 있는 것 → 미국, 미합중국	American
	immerse	이머스	im(안) + mer + (i)se	물 안으로 넣게 하다 → (액체에) 담그다	= dip
	marine	머린	m + ar + ine(~의)	바다의, 해양의, 해병대	cf) army navy
	maritime	매리타임	m + ar + i + time	바다 시간의 → 바다의, 해양의, 배의	
	material	머티어리얼	mater + i + al	모체의 → 기본이 되는 → 물질, (원)재료	
	maternal	머터널	mater + n + al	모체의 → 어머니의	↔ paternal
	matrix	메이트릭스	matr(mother변형) + ix	모체	
	mere	미어	m + ere(존재=be)	물결이 있는 곳 → 작은 호수(lake), 연못(pond)	
	merge	머지	m + erg + e	물에 들어가다 → 흡수되다 → 합병하다	submerge
	mermaid	머메이드	m + er + maid(소녀)	(바다에 사는 전설적 소녀) 인어	
	metropolis	머트라펄리스	metro + polis	모체가 되는 도시 → 대도시, 수도	
	mist	미스트	m + i + st	물에서 일어나는 → 엷은 안개	misty
	moist	모이스트	m + o + ist	물이 있는 → 축축한, 촉촉한, 습기 있는	moisture
	mother	머더	m(만들다) + other (다른)	또 다른 사람을 만드는 사람 → 어머니	↔ father
	mud	머드	m + u(위) + d(입체)	바다 위에 있는 입체 → 진흙, 진창	muddy
	mug	머그	m(물) + u(위) + g	물을 담는 것 → 손잡이 있는 소형 잔	
	submarine	써브마린	sub + marine(바다의)	바다 아래의 → 잠수함	

그림	관련 단어	발음	세분화	의미	연관/확장어

(2) M → Ⓜ → 🏔 → 물결 → 반복 → 기억/정신

그림	관련 단어	발음	세분화	의미	연관/확장어
	member	맴버	**m**em + b(유음화) + er	기억되는 사람 → 구성원, 회원	
	memo	메오우	**m** + e + m + o	기억하도록 적은 것 → 메모, 쪽지	= note
	memory	메머리	**m** + e + m + ory(집합)	반복된 것들 → 기억, 추억	memorize memorial
	mental	멘탈	**m**ent + al(의)	정신의, 정신적인	↔ physical
	monument	마뉴먼트	**m**on + u + ment	기억나게 하는 것 → 기념(건축)물	
	remember	리멤버	re + **m**em + b + er	다시 기억나다 → 기억하다	↔ forget

(3) M → 모양 → 산 🏔 → 오르내리다 → 움직이다/이동하다 → 보내다

그림	관련 단어	발음	세분화	의미	연관/확장어
	automotive	오토모티브	auto + **m**ot + ive(~의)	스스로 움직이는 → 자동차의	= car
	emigrate	에머그레이트	e(x) + **m**igr + ate(하다)	밖으로 움직이게 하다 → (타국으로) 이민 가다	emigration
	immigrate	이미그레이트	im + **m**igr + ate(하다)	안으로 이사오다 → (타국에서) 이민 오다	immigration
	message	메씨지	**m** + ess + age(집합)	보내진 것들 → 소식, 전갈(메시지)	
	mission	미션	**m** + iss + ion	보내는 것 → (해외로 파견되어 행하는) 임무	missionary
	mobile	모우블	**m** + ob + ile(쉬운)	움직이기 쉬운 → 이동하는 → 이동식의	↔ immobile
	moment	모우먼트	**m** + o + ment	움직인 것→움직인 순간→잠시, 때	momentary
	morning	모닝	**m** + or + n(유연) + ing	(해가) 떠오르는 → 아침	cf) tomorrow
	motive	모우티브	**m**ot(움직이다) + ive(것)	움직이게 하는 것 → 동기/이유, 원동력	
	motor	모우터	**m**ot(움직이다) + or	움직이게 하는 것 → 발동기, 모터, 전동기	
	mount	마운트	**m**(산) + o + u(위) + n(아래) + t	(산을) 아래에서 위로 오르다, 올라가다	= climb
	mountain	마운튼	**m**ount + ain	아래위로 오르내리는 것 → 산	mountaineer
	move	무브	**m** + ove	움직이다, 이동하다, 옮기다 → 이사하다	moving
	promise	프라미스	pro(앞) + **m**(보내다) + ise	앞으로 보내게 하다 → (미래를) 약속하다	
	remove	리무브	re + **m**ove	'옮기다'의 반대 → 치우다, 제거하다	removal

(4) M → 모양 🏔 → 작다/크다(많다) → 숫자 1 / 숫자 1,000 양면성

그림	관련 단어	발음	세분화	의미	연관/확장어
	macro/micro	매크로/마이크로	**m** + acro/icro	큰(많은) / 작은	macrocosm microbe
	magnify	매그니파이	**m**agn + ify(만들다)	커지게 만들다 → 확대/과장하다	↔ minify
	many/much	메니/머치	**m** + any/uch	(수가) 많은 / (양이) 많은	↔ few little
	maxi/mini	맥씨/미니	**m** + a + x(축) / **m** + i + n(아래) + i	축을 만드는 → 최대 / 아래로 만드는 → 최소	maximum minimum

M

57

그림	관련 단어	발음	세분화	의미	연관/확장어
	mass	매쓰	**m** + ass	(양이) 많은, 대량의	massive
	mega ⌐	메가	**m** + e + ga ~	크게 만드는 → 거대한	megabyte megalopolis
	minute	마이뉴트	**m** + in + u + te	매우 작은, (시간 단위) 분	= tiny
	moon	문	**m**(만들다) + oo(원) + n	작고 크게 만드는 원 → 달	monday
	multi ⌐	멀티	**m**(만들다) + ul(많은) + ti ~	많이 만드는 → 다수의	multimedia multiple

❶ Min (최소) 숫자 → 달(Moon) 🌙 → 유일한→ **1** Moon → Mon(o)

그림	관련 단어	발음	세분화	의미	연관/확장어
	monarch	마너크	**mon** + arch(다스리다)	홀로 다스리다 → 군주	
	monocle	마너클	**mon**o + (o)c(u)le(눈)	하나의 눈 → 단안경	
	monologue	마널로그	**mon**o + log(말) + ue	혼자의 말 → 독백	↔ dialogue
	monopoly	머나펄리	**mon**o + pol(팔다) + y(것)	혼자서 팔게 함 → 독점, 전매	
	monotonous	머나터너스	**mon**o + ton(소리) + ous	한가지로 소리나는 → 단조로운	↔ complicated

❷ Max (최대) 숫자 → Mill **1000** = Kilo

그림	관련 단어	발음	세분화	의미	연관/확장어
	millennium	밀레니엄	**mill** + enn(년) + ium	1,000년의 기간	cf) century
	milligram	밀리그램	**milli** + gram	1,000 + g → 무게 단위로 'mg' → 1/1,000g	
	milliliter	밀리리터	**milli** + liter	1,000 + l → 양 단위로 'ml' → 1/1,000l	
	millimeter	밀리미터	**milli** + meter	길이의 단위 "mm" → 1/1,000m	
	million	밀리언	**milli** + (i)on	1,000,000 → 1,000에 1,000을 붙인 것 → 백만(1,000,000)	
	millionaire	밀리어네어	**mill** + ion + aire(사람)	백만장자, 대부호	↔ beggar

(5) M → 산 모양 ⛰ → 작다/크다 → 변화 → (작게/크게) 만들다

그림	관련 단어	발음	세분화	의미	연관/확장어
	make	메이크	**m** + ake(하다)	만들다 → 제조하다, 화장하다	
	map	맵	**m** + a + p(누르다)	눌러 작게 만들다 → 지도	
	mark	마크	**m** + a + rk	(표, 기호로 만들어) 표시하다	
	match	멧치	**m** + atch(접촉)	접촉하게 만들다 → 성냥, 경기/시합, 어울리다	= contest
	meal	밀	**m** + e + al	잘게 만든 곡식 → (아침/점심/저녁) 식사	breakfast lunch dinner
	~ ment	먼트	~**m** + ent	만드는 것 → 명사화 끝말	segment
	method	메떠드	**m**et(변하다) + h + od(길)	변하는 길 → 방법	= way
	mirror	미러	**m** + i + rr + or(것)	커졌다 작아졌다 보이게 하는 것 → 신기한 것 → 거울	miracle
	mix	믹스	**m** + i + x(교차→섞다)	섞어 만들다 → 혼합하다	= blend

그림	관련 단어	발음	세분화	의미	연관/확장어
	module	마쥴	m + o + d + ule(작음)	기본단위, 조립단위, 구성단위	= unit
	mold	모울드	m + o + l(선) + d(입체)	작거나 크게 만드는 입체 → 형판, 금형	
	moon	문	m(만들다) + oo(원) + n	작고 크게 만드는 원 → 달	monday
	mother	머더	m(만들다) + other(다른)	또 다른 사람을 만드는 사람 → 어머니	↔ father
	man	맨	m(만들다) + an(사람)	조물주가 만든 사람 → 인간/사람 → 남자	↔ woman
	woman	우먼	w(반복) + o + man(사람)	사람을 반복하여 만드는 사람 → 여자	women (위민)

(6) M → 입 모양 → 소리의 높고 낮음 → 말하다/말하지 않다

그림	관련 단어	발음	세분화	의미	연관/확장어
	comment	카멘트	com + ment	함께 말하다 → 논평/비평(하다)	mentee mentor
	mention	맨션	ment + ion	말하다, 언급하다	
	Mime	마임	M + ime	(말을 하지 않고) 몸짓으로 표현하다	
	Mouth	마우뜨	Mou + th(사람)	사람의 입 → 입	
	Murmur	뭐뭐	Mur + mur	속닥이다, 중얼거리다	
	music	뮤직	m + u + s + ic(~의)	노래의 → 음악, 곡	musician museum
	mute	뮤트	m + u + te	말이 없는, 무언의	↔ talkative
	mutter	머러	mu + tter(반복)	중얼거리다, 투덜거리다	

(7) M → 가운데 움푹 파임 → 가운데(중앙) = C

그림	관련 단어	발음	세분화	의미	연관/확장어
	mean	민	m(중앙) + ean	1) 중앙의, 평균의 2) 의미하다	
	meddle	메들	med + dle(반복)	중앙에서 반복하다 → 간섭하다	= interrupt
	Mediterranean	메디터레이니언	Medi + terr + ane + an	땅 가운데 있는 → 지중해의	
	mid	미드	m(중앙) + i + d	중앙의	
	middle	미들	m(중앙) + id + dle(반복)	중간/중앙의, 가운데의	= central
	midnight	미드나이트	m(중앙) + id + n(밤) + ight	한밤중	
	midway	미드웨이	mid + way(길)	가운데 길의 → 중도의, 중간쯤의	
	milieu	밀류어	mi + lieu(프. lay)	가운데 있다 → (사회적) 환경	= environment
	mustache	머스태쉬	m + u + st + ache	M 모양의 콧수염	

M

그림	관련 단어	발음	세분화	의미	연관/확장어

【N】 → 모양 → 【cobra(코브라)】
　　　　→ 『뱀의 나쁜 의미, 뱀이 지그재그(ZigZag)하게 움직이는 모습』

(1)【N】 → 모양 → 【cobra(코브라)】
　　　→ 『뱀의 나쁜 의미』 ❶ 『nothing無 (암흑, 부존, 부정, 해害』
　　　『뱀의 지그재그 움직이는 모습』 → 【양면성】 →
　　　　　　　　　　　❷ 『being有 (탄생, 인식, 명명, 표시(선)』

(2)【N】 → 모양 → 【뱀의 ZigZag】 → 『선線→수영→배→항해』
(3)【n】 → 모양 → 『아래』 ↔ 『u = 위』
(4)【N】 → 모양 → 【양면성】 → 『무 → 숫자 0, 유 → 숫자 9』

N n 엔

(1) N → 🐍 → ❶ 무(없음) → 암흑, 부존, 부정, 나쁨　　　　　양면성
　　　　　　❷ 유(있음) → 탄생, 인식, 명명, 표시

❶ 무(없음) → 암흑, 부존, 부정, 나쁨

그림	관련 단어	발음	세분화	의미	연관/확장어
ACCESS DENIED	deny	디나이	de + n(부정) + y	부인하다, 인정하지 않는다	denial
🦴	naked	네이키드	n(없음) + a + k + ed(한)	(옷이) 없는 → 나체의	= nude
◤	negative	네거티브	neg + at(e) + ive	부정적인	↔ positive
	never	네버	n(부정) + ever	결코 ~않다	nevertheless
	nihilism	나이얼리즘	nihil(없음) + ism(주의)	아무것도 없다고 생각하는 사고 → 허무주의	↔ realism
🌙	night	나잇	n(어둠) + ight	어둠 → 저녁, 밤	midnight
	no	노우	n(부정) + o	(사람 또는 사물) 없는, 아니다	↔ yes
🕴	noir	느와르	n(검은) + o + ir	검은 → 암울한 → 암흑가 (영화)	
	nobody	노우바디	n(부정) + o + body(사람)	아무도 ~않다	↔ anybody ↔ somebody
	none	넌	n(없음) + one(사람)	(아무도) ~없다/아니다	
	not	낫	n(부정) + ot	아니다, ~않다	
👚	nothing	너띵	n(없음) + o + thing(사물)	(아무것도) ~없다/아니다	↔ anything ↔ something
🦴	nude	누드	n(없는) + u + de	옷이 없는 → 벌거벗은, 나체의	= naked
	null	널	n(없는) + u + ll	아무 가치 없는	nullify

❷ 유(있음) → 탄생, 인식, 명명, 표시

그림	관련 단어	발음	세분화	의미	연관/확장어
	innovate	이너베이트	in + **n**ov(새로운) + ate	내부를 새롭게 만들다 → 혁신/개혁	innovation
	name	네임	**n**(존재) + ame(것)	존재가 있는 것 → 이름	rename
	nation	네이션	**n**(태어남) + ation(하게 함)	태어나게 함 → 국가, 나라	international
	nature	네이처	**n**(존재) + at(e) + ure	존재하는 것 → 자연	natural
	new	뉴	**n**(새로운) + ew	새로운	renewal ↔ old
	news	뉴즈	**n**(새로운) + ew + s(복수)	새로운 것들 → 소식들(뉴스)	newspaper
	nominate	나미네이트	**n**(있음) + o + min + ate(하다)	지명하다	nomination
	note	노우트	**n**(있음) + o + te	메모, 편지	notebook notice
	novel	나블	**n**(새로운) + o + v + el(작음)	새롭게 창작하는 작은 것 → 소설	novelty
	number	넘버	**n**(존재) + um + ber	존재의 개수를 나타내는 것 → 숫자	outnumber

(2) N → 〰 → 연결 → ❶ 선 → 가까운   ❷ 수영 → 배 → 항해

❶ N → 〰 → 연결 → 선 → 선이 연결된 → 가까운

그림	관련 단어	발음	세분화	의미	연관/확장어
	and	앤드	a(처음,하나) + **n**(연결) + d	연결되는 → ~과, ~고, 그리고	↔ or
	bind	바인드	b(2) + i + **n**(연결) + d	(둘을) 연결하다	↔ separate
	combine	컴바인	com(함께) + bi(2) + **n**(연결) + e	둘을 합쳐 하나로 만들다 → 조합/결합하다	combination
	connect	커넥트	con(함께) + **n**(연결) + ect	(함께) 연결하다	= join link ↔ separate
	line	라인	l(선) + i + **n**(연결) + e	선, 줄 그리다, 줄 세우다	deadline outline
	link	링크	l(선) + i + **n**(연결) + k(연결)	연결하다, 결합하다	linkage = connect
	near	니어	**n**(가까운) + e + ar	가까운, 인접한	= proximate
	neighbor	네이버	**n**(가까운) + e + igh + bor	가까이 있는 사람 → 이웃	
	neck	넥	**n**(선) + e + c + k(연결)	얼굴과 몸을 연결하는 신체 부위 → (인간/동물의) 목	necklace necktie
	nerve	너브	**n**(선) + er + v(생명) + e	생명의 선 → (신체의) 신경 → 신경 씀 → 불안, 긴장	nervous = neuron
	net	넷	**n**(선) + et(작음)	작은 선 → 망, 그물	internet network
	next	넥스트	**n**(연결) + e + x(ct → x)t(서다)	이어져 가까운 → 다음의	next-best next-door
	nexus	넥써스	**n**(선) + e + x + us	연결함 → 유대, 결합, 관계	= relation
	noodle	누들	**n**(선) + oo + dle(반복)	반복된 선 → 국수(류)	

N

그림	관련 단어	발음	세분화	의미	연관/확장어
	rain	레인	**r**(선) + ai + **n**(연결)	계속하여 연결된 선 → 비 (내리다)	rainbow
	ring	링	**r**(원/선) + i + **n**(연결) + g	반지, (선이 연결되어) 전화 걸다	
	rink	링크	**r**(원) + i + **n**(연결) + k(연결)	둥글게 이어진 것 → (아이스) 경기장	
	snake	스네이크	s + **n** + a + k + e	**S**자로 움직이는 뱀	
	soon	순	so(그래서) + o**n**(연결→계속)	그래서 연결하여 계속되는 → 곧, 머지않아	
	thin	띤	th(사람/사물) + i + **n**(선)	(사람/사물이) 선인 → 얇은/가는, 마른/여윈	↔ fat

❷ N → ～ → 연결 → 수영 → 배 → 항해

그림	관련 단어	발음	세분화	의미	연관/확장어
	Nautical	노티클	**n**(배→항해) + aut + ical	선박의, 해상의, 항해의	= marine
	Navigate	내비게이트	**n**(항해) + a + v(배) + ig + ate	항해하다 → 길 찾다	navigation
	Naval	네이블	**n**(항해) + a + v + al	해군의	
	Navy	네이비	**n**(항해) + a + v(배) + y	해군, 짙은 감색	navy-seal cf) army

(3) N → n → ↓(아래)

그림	관련 단어	발음	세분화	의미	연관/확장어
	bound	바운드	b + o + u(위) + **n**(아래) + d	(바닥에서) 위아래로 튀어오르다	bounce
	burn	번	b + u(위) + r(선) + **n**(아래)	불이 (위·아래로) 타오르다, 불타다	
	count	카운트	c(손) + o + u(위) + **n**(아래) + t	(손으로) 위아래 오르내리다 → 세다	discount
	down	다운	d(물) + o + w(흐르다) + **n**(아래)	물이 아래로 흐르는 → 아래에, 아래로	↔ up
	found	파운드	f + o + u(위) + **n**(아래) + d	아래에서 위로 만들다 → 기초를 쌓다, 설립하다	founder = construct
	fund	펀드	f + u(위) + **n**(아래)	위·아래로 오르내리는 것 → 자금, 재원, 자본금	= capital
	ground	그라운드	gr(땅) + o + u(위) + **n**(아래) + d	울퉁불퉁한 땅 → 토양, 지면	playground
	junk	정크	j + u(위) + **n**(아래) + k(연결)	갈고리로 위에서 아래로 버리는 것 → 폐물	junker
	mount	마운트	m(산) + o + u(위) + **n**(아래) + t	(산을) 아래에서 위로 오르다 → 올라가다, 오르다	mountain = climb
	pound	파운드	p + o + u(위) + **n**(아래) + d	누르는 힘이 위아래로 → 무게단위	
	punch	펀치	p + u(위) + **n**(아래) + ch(접촉)	아래에서 위로 접촉하여 누르다 → 주먹으로 치다(때리다)	= hit
	round	라운드	r(선) + o(원) + u(위) + **n**(아래) + d	선이 위아래로 → 둥근, 원형의	around surround
	run	런	r(선) + u(위) + **n**(아래)	선을 따라 팔을 위아래로 휘젓다 → 달리다	outrun
	sink	씽크	s(물) + i + **n**(아래) + k	물 아래로 가라앉다 → (배를) 침몰시키다	
	sound	싸운드	s(퍼지다) + o + u(위) + **n**(아래) + d	위아래로 퍼지다 → 소리, 음향	= voice

그림	관련 단어	발음	세분화	의미	연관/확장어
	stun	스턴	st(서다) + u(위) + n(아래)	서 있다가 아래로 떨어지다 → 기절하다	= faint
	Sun	썬	S(퍼지다) + u(위) + n(아래)	위에서 아래로 퍼지는 빛 → 태양	sunny sunrise
	thunder	떤더	th(사물) + u + n(아래) + der	위에서 아래로 떨어지는 것 → 천둥	cf) lightning
	tune	튠	t(접촉) + u(위) + n(아래) + e	위아래로 만지다 → 음 조절하다	tunning
	turn	턴	t(접촉) + u(위) + r(곡선) + n(아래)	위에서 아래로 → 회전하다	= revolve = rotate
	under	언더	u(위) + n(아래) + der	(위에서) 아래로, 아래에서	undergo understand

(4) N → 양면성 (❶ 없음의 수 ⓪, ❷ 최고 많음의 수 ⑨)

❶ 없음의 수 ⓪

	관련 단어	발음	세분화	의미	연관/확장어
	no	노우	n(부정) + o	(사람 또는 사물이) 없는, 아니다	↔ yes
	nobody	노우바디	n(부정) + o + body(사람)	아무도 ~않다	↔ anybody ↔ somebody
	none	넌	n(없음) + one(사람)	(아무도) ~없다/아니다	↔ nothing
	nothing	너띵	n(없음) + o + thing(사물)	(아무것도) ~없다/아니다	↔ anything ↔ something

❷ 최고 많음의 수 ⑨

	관련 단어	발음	세분화	의미	
	nine	나인	n + ine	아라비아 숫자 **9**, 아홉	
	ninety	나인티	**n**ine(9) + ty	**90**	
	nineteen	나인**틴**	**n**ine(9) + teen(10)	**19**	
	noon	눈	n(ine) + oon ⇒ (9 + 3)	**(9 + 3시) → 12시, 정오**	
	November	노우**벰**버	**N**ov(9월) + ember (1월 + 2월)	**(9월 + 2개월) → 11월**	

N

 eye **Mouth**   **nose** ear

그림	관련 단어	발음	세분화	의미	연관/확장어
O o		오우	【O】 → 모양 →『원, 신체 중 동그란 구멍인 눈, 입, 코』 (1)【O】→ 모양 →『원 → 태양, 달』 (2)【O】→ 모양 →『눈』→『보다』 (3)【O】→ 모양 →『입』→『말하다』 (4)【O】→ 모양 →『코』→『냄새 맡다』 (5)【O】→ 모양 →『숫자 1』→ O 두 개 →『숫자 8』		

(1) O → 원 → 태양, 달

그림	관련 단어	발음	세분화	의미	연관/확장어
	coin	코인	c(원) + **o** + i + n(선)	동그란 것 → 동그란 주화, 동전	cf) check
	cone	코운	C(원뿔) + **o**(원) + n(선) + e	원형의 선 → 원뿔	
	corn	콘	C(원뿔) + **o**(원) + r + n(선)	원뿔 → 옥수수 → 곡식	popcorn = cereal grain
	h**o**le	호울	h(아래로 높은) + **o** + l(선) + e	아래로 깊은 둥근 곳 → 구덩이, 구멍	
	h**o**rizon	허라이즌	**h**(높이) + **o**(태양) + r(선) + l + zon	태양이 높이 떠오르는 선 지역 → 수평선, 지평선	
	m**oo**n	문	m(만들다) + **oo**(원) + n(선)	작고 크게 만드는 원 → 달	monday
	Oasis	오우에이시스	**O**(동그란) + a + sis(명사)	동그란 것 → (사막의) 오아시스	
	Orbit	오빗	**O**(동그란) + r(선) + b(입체) + it(계속)	동그랗게 계속 도는 선 → 궤도, (인생) 행로	
	Oval	**오**우블	**O**(동그란) + v(선) + al	동그란 선의 → 타원형의	oval-shaped
	Oven	어븐	**O**(동그란) + v(선) + en	동그란 선으로 만든 → 화덕, 솥	
	r**o**ll	로울	r(선) + **o**(원) + ll(입체)	동그란 선형 입체 → 통, 두루마리	enroll
	r**o**und	라운드	r(선) + **o**(원) + u(위) + n(아래) + d	선이 위아래로 → 둥근, 원형의	around surround solarium parasol
	s**o**lar	쏘울러	s(선) + **o**(원) + l + ar	태양의	

(2) O → 둥근 → 눈 → 보다 = C, V

그림	관련 단어	발음	세분화	의미	연관/확장어
	b**oo**k	북	B(책모양) + **o** + **o** + k(연결)	눈으로 보게 연결된 것 → 책	booklet
	c**oo**k	쿡	c(자르다) + **o** + **o** + k(연결)	보면서 자르다 → 요리하다, 요리사	cookery = chef
	h**o**p	합	h(높은) + **o**(보다) + p(발음상)	보기 위해 높이 뛰다 → 깡충깡충 뛰다	grasshopper
	l**oo**k	룩	l(사람) + **o** + **o** + k(연결)	사람이 두 눈으로 연결하다 → 보다	lookout lookup
	Oculist	**아**큘리스트	**O**cul + ist	눈을 연구하는 사람 → 안과 의사	cf) optician
	Open	**오**우픈	**O**(보다) + p(발음상) + en(만들다, ~한)	보게 만들다 → 열다, 열린	↔ close openly optician optics
	Optic	압틱	**O**(동그란 눈) + p(발음상) + tic	눈의 → 시력의	
	Option	압션	**O**(동그란 눈) + p(발음상) + t(접촉) + ion	눈으로 보고 접촉하는 것 → 선택하는 것 → 선택(권)	optional = select

그림	관련 단어	발음	세분화	의미	연관/확장어
	stop	스탑	st(서다) + O + p(발음상)	보기 위해 서다 → 멈추다, 정지하다	nonstop
	Top	탑	T(높은) + O(보다) + p(발음상)	높이 보는 것 → 꼭대기, 정상	topic / topping

(3) O → 둥근 → 입 → 말하다 = C, D, F, G, M, P, V

그림	관련 단어	발음	세분화	의미	연관/확장어
	Oath	오우뜨	O(둥근 입) + a + th(것)	말한 것 → 맹세, 서약	= vow / cf) swear
	Opera	아프러	O(둥근 입) + p + er + a	노래하는 것 → 오페라, 가극	
	Oral	오럴	O(둥근 입) + r(선) + al	입의 → 말의, 구두의	= vocal
	Orate	오레이트	O(둥근 입) + r(선) + ate	말하다 → 연설하다	oration / oratorio
	Order	오더	Or + der(주다)	말을 건네다 → 명령하다, 주문하다, 순서	ordinal
	melody	멜러디	mel + O(입) + d + y	부드러운 노래 → 아름다운 곡	
	voice	보이스	v(말하다) + O(입) + ice	입으로 말함 → 목소리, 음성	= sound / invoice

(4) O → 둥근 → 콧구멍 → 냄새 맡다 (smell)

그림	관련 단어	발음	세분화	의미	연관/확장어
	odor	오우더	O + d + or	향기	odorous / = scent
	olfactory	올팩토리	Ol + fact + ory	후각의	

(5) O → 원(태양(sol), 달(moon))이 하나 → 1, 원이 두 개 → 8

❶ O → 원 → 태양, 달 → 숫자 1 (one) = S, M

그림	관련 단어	발음	세분화	의미	연관/확장어
	alone	어로운	al + One	완전히 하나인 → 홀로, 외로운, 단독으로	= solitary
	bone	보운	b(입체) + One	하나의 입체/기초 → 뼈	
	lone	로운	l(사람) + One	사람이 한 명인 → 혼자의, 고립된, 유일한	lonesome
	lonely	로운리	l(사람) + One + ly(한)	사람이 한 명인 → 혼자인, 쓸쓸한, 외로운	= solitary
	none	넌	n(o)(부정) + One	아무도/어떤 것도 ~아니다	cf) nothing
	once	원스	On(e) + ce	한 번, 한 때에, 옛날에, 1배, 일단	cf) twice
1	**one**	완	O(동그란 원→1) + n(연결) + e	하나로 연결된 → 숫자 1, 하나(의)	cf) first
	oneself	원셀프	One + self(자신)	자기 자신	
	only	오운리	on(e) + ly(~한, 하게)	하나로 → 오직, 단지, ~뿐, 유일하게 → 유일한	

그림	관련 단어	발음	세분화	의미	연관/확장어
	phone	폰	ph(말하다) + **o**ne	하나의 소리(자음/모음) → 전화기, 전화(하다)	earphone telephone
	sto**ne**	스토운	st(서다) + **o**ne	(한 장소에) 서 있는 하나의 덩어리 → 암석, 돌, 석재	= rock
	thro**ne**	뜨로운	th + r(선) + **o**ne	하나의 동그란 것 → 왕좌/왕위/왕권, 황제	
	zo**ne**	조운	z + **o**ne(하나)	지그재그로 이어진 하나의 선 → 지역, 지대, 지구, 기후대	= area = territory

❷ O → 원 → 원 2개 → 숫자 8 (eight) = E

그림	관련 단어	발음	세분화	의미	연관/확장어
	octagon	악터간	**o**ct + a + gon(각)	각이 8개 → 8각형	
	octave	악티브	**o**ct + ave	옥타브 → 8도 음정(도레미파솔라시도)	
	October	악토우버	**O**ct + o + ber	8월 + {1월(Jan) + 2월(Feb)} → 10월	
	octopus	악터퍼스	**o**ct + o + pus(foot)	8개의 발 → 문어	cf) squid

그림	관련 단어	발음	세분화	의미	연관/확장어
P p		피이	【P】 → 모양 → 『입』 (1)【P】 → 모양 → 『누르다 → 평평하게 하다』 (2)【P】 → 모양 → 『누르다 → (땅을 눌러) 걷다』 (3)【P】 → 모양 → 『누르다 → (아픔을) 느끼다』 (4)【P】 → 모양 → 『눌러 잡다 → 분리하다 → 떠나다, 일부분이 되다』 (5)【P】 → 모양 → 『누르다 → 밀어내다 → 건네다』 (6)【P】 → 모양 → 『뽀족하게 툭 튀어나온 것』 (7)【P】 → 모양 → 『입 → 말하다 → 대중화하다』 (8)【P】 → 【 ph】 → 『태양 → 빛』	

(1) P → 누르다 → 평평하게 하다 → 펼치다, 눌러 채우다

그림	관련 단어	발음	세분화	의미	연관/확장어
	airplane	에어플레인	air(공기) + **pl** + ane	공기 중의 평평한 것 → 비행기	biplane
	apply	어플라이	ap + **pl** + y	~으로 채우다 → 신청하다, 적용하다	application
	complain	컴플레인	com + **pl** + ain	함께 평평하게 하다 → 불평하다	complaint
	complete	컴플리트	com + **p**le + te	함께 채우다 → 완성하다	completion = accomplish
	copy	카피	co + **p** + y	함께 누르다 → 복사하다, 베끼다	copyright = duplicate
	employ	임플로이	em + **p**lo + y	내부에 채우다 → 고용하다	employee = hire
	explain	익스플레인	ex + **pl** + ain	밖으로 평평하게 하다 → 설명하다	explanation
	Hip	힙	H(부착) + i + **p**(누르다)	눌러 부착하는 신체부위 → 엉덩이	= bottom = butt
	map	맵	m(작게 만들다) + a + **p**	눌러 작게 만들다 → 지도	
	Pack	팩	**P** + ack	(짐을) 눌러 넣다 → (짐을) 싸다, 꾸리다	package
	Page	페이지	**P** + age(집합)	눌러 만든 집합 → 페이지, 쪽, 면	
	Paint	페인트	**P** + a + int(연결)	눌러서 연결하다 → (물감을) 칠하다, 채색하다	painting
	Pan	팬	**P** + an	눌러서 만든 것 → 납작한 냄비	pancake
	Paper	페이퍼	**P**ap + er	눌러서 만든 것 → 종이	newspaper
	Park	파크	**P** + ark(하다) **P** + a + r(선) + k(연결)	눌러두다 → 주차하다 선으로 연결하여 두다 → 공원	parking
	Part	파트	**P** + art	누르다 → 골라잡다 → 분리하다 → 헤어지다 부분 / 일부	partner
	Patch	패치	**P** + a + t(접촉) + ch(잡다)	눌러 붙이다 → 덧붙이는 천조각	dispatch
	Pave	페이브	**P** + ave	눌러 만들다 → (아스팔트 등) 포장하다, 깔다	pavement
	Pedal	페달	**P**(발→걷다) + ed + al	발로 누르는 것 → (자동차/자전거) 페달	pedicure
	Pee	피	**P** + ee	오줌을 눌러 내보내다 → 오줌 싸다	= piss

그림	관련 단어	발음	세분화	의미	연관/확장어
	Piano	피애노우	P + i + ano	눌러 치는 악기 → 피아노	pianist
	Pick	픽	P + ick	눌러서 행하다 → 골라잡다, 선택하다, (과일) 따다	picking
	Picture	픽처	P + i + ct + ure	눌러 그린 것 → 그림 → 사진	picturesque depict
	Pizza	피자	P + i + zz(지그재그) + a	누른 후, 재료를 지그재그로 흩뿌린 것 → 피자	
	Place	플레이스	P + l + ace	(공간을) 채운 곳 → 장소(에 두다)	replace
	Plan	플랜	P + l + an	평평하게 펼친 것 → 계획, 설계도	
	Plug	플러그	P + l + u(밖) + g	선으로 밖에서 눌러막다 → 플러그	
	Poll	포울	P + o + ll	손가락으로 눌러 찍다 → 투표하다	= vote
	Pray	프레이	P + r(선) + ay(두다)	(손을) 눌러 선을 두다 → 기도하다	prayer
	Press	프레스	P + r(선) + ess(있다)	눌러 선이 있다 → 눌러 글자 만들다 → 신문, 언론	express suppress
	Print	프린트	Pr + i + n(선) + t(접촉)	눌러 접촉하여 선으로 나오다 → 인쇄/출판하다	printer = publish
	Pull	풀	P + u(밖) + ll	밖에서 반복적으로 누르다 → 당기다	↔ push
	Punch	펀치	P + u(위) + n(아래) + ch(접촉)	아래에서 위로 접촉하여 누르다 → 주먹으로 치다(때리다)	= hit
	purpose	퍼페스	pur(프:위해서) + pose(두다)	~위해서 두다 → 목적	
	Push	푸쉬	P + u + sh(빠름)	빠르게 누르다 → 밀다, 밀치다	↔ pull
	ship	쉽	s(바다) + h(위) + l + p	바다 위에서 누르는 것 → 배(로 운송하다)	airship shipment
	stamp	스탬프	st + am + p	세워서 누르다 → 짓밟다, 날인하다, 우표 붙이다	
	tape	테이프	T(접촉) + a + p + e	눌러 붙이다 → 테이프	
	type	타입	T(접촉) + y + p + e	눌러서 접촉하다 → 활자, 타자하다	typing
	up	업	u(위) + p	위로 누르는 → 위에, 위로	↔ down

(2) P → 🚶누르다 → (땅을 눌러) 걷다

그림	관련 단어	발음	세분화	의미	연관/확장어
	pass	패스	p + ass(있다)	눌러 걷다 → 지나가다, 건네다	passenger passport
	expedition	익스퍼디션	ex + ped + it(go) + ion	밖으로 걸어감 → 탐험	= exploration
	patrol	퍼트로울	p(발→걷다) + at + rol(회전)	걸으며 회전하다 → 순찰(하다)	
	pedal	페달	p(발→걷다) + ed + al	발로 누르는 것 → (자동차/자전거) 페달	
	peddle	페들	p(발→걷다) + ed + dle(반복)	반복하여 걷다 → 행상 다니다	
	pedestrian	퍼데스트리언	ped(발) + e + str + ian	발로 걷는 사람 → 보행자	

그림	관련 단어	발음	세분화	의미	연관/확장어

(3) P → 누르다 → 육체적, 정신적 (아픔을) 느끼다

그림	관련 단어	발음	세분화	의미	연관/확장어
	Pain	페인	P(누름) + ain	누르는 것 → (육체적, 정신적) 고통, 아픔, 고뇌, 비탄	painful
	passion	패션	pass + ion(명사화)	감정이 있음 → 격정, 열정	passionate
	passive	패씨브	pass + ive(~한)	눌러서 느끼는 → 수동적인, 피동의	↔ active
	patient	페이션트	pat + i + ent(~한, 사람)	(아픔을) 견디는 (사람) → 견디는/참는 (환자)	= tolerant
	poison	포이즌	p + o + i + son	육체적 아픔을 주는 독(약)	
	sympathy	심퍼띠	sym(함께) + path(느끼다) + y	같은 마음을 느낌 → 동정, 공감	↔ antipathy
	telepathy	털레퍼띠	tele(멀리) + path + y	멀리서 느낌 → 텔레파시	

(4) P → 눌러 골라잡다 → 분리하다 → 떠나다/일부분이 되다

그림	관련 단어	발음	세분화	의미	연관/확장어
	depart	디파트	de + p + art	(여행을) 떠나다, 출발하다	= leave ↔ arrive
	part	파트	p + art	누르다 → 골라잡다 → 분리하다 → 헤어지다, 부분	part-time
	partake	파테이크	p + art + (t)ake	분리하여 가지다 → 먹다, 참가하다	= join
	participate	파티씨페이트	p + art + i + cip(잡다) + ate	참가하다	= join
	partner	파트너	p + art + n(유음화) + er	일부분인 사람 → 동반자/동업자	
	department	디파트먼트	de + p + art + ment	(분리된 조직의) 부서	
	departure	디파처	de + p + art + ure	분리됨 → (비행기/기차의) 출발	↔ arrival

(5) P → 누르다 → 밀어내다 → 건네다

그림	관련 단어	발음	세분화	의미	연관/확장어
	airport	에어포트	air + port	공기 중으로 떠나는 곳 → 공항	airline
	deport	디포트	de(~로부터) + port	~로부터 밀어내다 → 추방하다	= expel
	export	익스포트	ex(밖) + port	밖으로 밀어내다 → 수출하다	↔ import
	import	임포트	im(안) + port	안으로 밀다 → 수입하다	↔ export
	important	임포턴트	im(안) + port + ant	안으로 수입하는 → 중요한	importance
	parent	패런트	p + ar + ent	아기를 밀어내어 낳는 사람 → 부모	grandparent
	report	리포트	re(다시) + port	다시 건네다 → 알리다, 보고하다	= announce
	transport	트랜스포트	trans(~에서~으로) + port	~에서 ~으로 건네주다 → 운송, 운반, 수송	= transit

그림	관련 단어	발음	세분화	의미	연관/확장어

(6) P → 튀어나옴 → 뾰족함 → 힘 → 가능

그림	관련 단어	발음	세분화	의미	연관/확장어
	cape	케이프	C(각) + a + p(뾰족) + e	뾰족하게 나온 뿔 → 갑, 곶	
	peak	픽	p(뾰족) + ea + k(연결)	뾰족한 봉우리 → 절정, 최고조	peak-time
	pen	펜	p(볼록) + e + n(선)	툭 튀어나온 선 → 펜	
	pencil	펜슬	p(볼록) + e + n(선) + c + il(쉬운)	쉽게 펜을 만든 것 → 연필	
	peninsula	퍼닌설러	p(볼록)en + insul(섬) + a(것)	툭 튀어나온 육지 → 반도	↔ bay gulf
	pierce	피어스	p(뾰족) + i + erce	(사람, 물건을) 꿰찌르다, 꿰뚫다, 관통하다	
	pin	핀	p(뾰족) + i + n(선)	뾰족한 선 → 핀, 침	pinnacle
	pine	파인	p(뾰족) + i + n(선) + e	뾰족한 선 → 소나무	
	pineapple	파인애플	p(뾰족) + i + n(선) + apple(사과)	뾰족한 잎이 있는 사과 → 파인애플	
	point	포인트	p(뾰족) + o + i + n(연결) + t(접촉)	뾰족하게 연결된 것 → 뾰족한 끝 →의견/요점, 가리키다	appoint disappoint
	possible	파써블	p(누르다→힘→가능) + o + ss + ible	힘으로 할 수 있는 → 가능한	impossible
	power	파워	p(누르다 → 튀어나옴) + ow + er(것)	힘	empower powerful

(7) P → 모양 → 입 → 말하다 ▶◀ → 대중화하다 = C/D/F/G/M/V

그림	관련 단어	발음	세분화	의미	연관/확장어
	opera	아프러	o(둥근 입) + p + er + a	노래하는 것 → 오페라, 가극	
	parliament	팔러먼트	parl(말하다) + ia + ment	말하는 곳 → (영국) 의회, 회의, 모임	= congress
	parlor	팔러	parl(말하다) + or	말하는 곳 → 접견실, 거실	
	phone	폰	ph + o + n(연결) + e	연결하여 말하는 것 → 전화기, 전화(하다)	phonics telephone
	people	피플	peo + ple(반복)	여러 명이 말하는 → 사람들	population
	pub	펍	pub(사람들)	사람들이 말하는 곳 → 대중적인 선술집	public
	publish	퍼블리쉬	pub + l(e) + ish(만들다)	사람들에게 말하다 → 출판/발표하다, 게재하다	publication
	symphony	심퍼니	sym(함께) + ph + o + n(연결) + y	함께 소리남 → 교향악	
	telephone	텔러포운	tele + ph + o + n(연결) + e	전화(기)	= phone

(8) P + h(높은) → 높은 곳에서 누르다 → 공포, 빛 ↔ = G, L

그림	관련 단어	발음	세분화	의미	연관/확장어
	acrophobia	애크러포우비어	acro(높은) + ph + ob + ia	높은 곳을 두려워하는 공포증 → 고소 공포증	
	phobia	포우비어	ph(높은 곳에서 밀다 → 공포) + ob + ia	병적 공포증	= fear
	photo	포토	ph(태양 → 빛) + o + to	빛을 이용하여 물체의 모양을 그려내는 것 → 사진	
	photograph	포우터그래프	photo + graph(그리다)	빛을 그리다 → 사진(찍다)	

그림	관련 단어	발음	세분화	의미	연관/확장어
Q q		큐	【Q】 → 모양 → 『사람의 머리』 (1)【Q】 → 모양 → 【사람의 머리 모양】 　　→ 『사람의 궁금함(?), 의문(?), (수/량) 질문(?), 요구/요청』 (2)【Q】 → 【숫자 4】 ※【R】 → 모양 → 【사람의 머리】 　　→ 『사람의 생각이나 논리적인 사고』	Q

(1) Q → 사람의 궁금함 → 의문(수량) → 질문 → 요구/요청

그림	관련 단어	발음	세분화	의미	연관/확장어
	acquire	어콰이어	ac + **q**ui + (i)re	~에게 요구하다 → 획득하다, 얻다	= get
	conquer	캉커	con + **q**uer	함께 요구하다 → 정복하다	conquest
	inquire	인콰이어	in(내부) + **q**u + ire	(내부의 궁금증을) 묻다, 알아보다	= ask ↔ answer
	Qualify	퀄리파이	**Q**ual + ify(만들다)	질적으로 우수하게 만들다 → 자격을 취득하다	
	Quality	퀄러티	**Q**ual + ity	의문 → 질質	
	Quantity	콴터티	**Q**uant + ity	의문 → 양量	
	Query	쿼어리	**Q**u + ery(집합)	궁금한 것의 집합 → 문의, 의문	
	Quest	퀘스트	**Q**u + est	궁금함 → 탐구, 탐색	
	Question	퀘스쳔	**Q**u + est + ion	궁금함 → 탐구 → 질문, 문제	questionnaire
	Quiz	퀴즈	**Q**u + i + z(방황)	의문의 방황 → 퀴즈, 쪽지 시험	
	Quote	쿼우트	**Q**u + ote	(남의 말을) 인용하다, 가격을 제시하다	quotation
	request	리퀘스트	re(다시) + **q**u + est	다시 질문 → 요청, 신청	= application
	require	리콰이어	re + **q**u + ire	다시 요구하다 → 필요하다, 요구하다	requirement

(2) Q → 숫자 4

그림	관련 단어	발음	세분화	의미	연관/확장어
	square	스퀘어	s + **q**u + are	정4각형 (모양의)	
	Quarter	쿼터	**q**uarter	1/4, (시간) 15분, (1년 중) 사분기	
	Quarters	쿼터스	**q**uarter + s	4등분으로 나눈 것 → (군대의) 숙사/막사	headquarter

그림	관련 단어	발음	세분화	의미	연관/확장어
R **r**		알	【R】→ 모양 →『사람의 머리』 (1)【R】→ 모양 →【사람의 머리】 　　　→『이성 → 판단, 흘러나오는 (흐름 따위)』 (2)【R】→ 모양 →『둥근 선(R의 윗부분)이나 직선(R의 선부분)』	

(1) R → 모양 → 머리🧠 → 이성 → 판단

그림	관련 단어	발음	세분화	의미	연관/확장어
	Rate	레이트	R + ate	합리적으로 만든 것 → 비율, 요금, 속도, 등급	
	Ratify	래티파이	R + at(e) + ify(make)	합리적으로 판단하다 → 비준/승인하다	= approve
	Rational	래셔널	R + at + ion + al	합리적인, 이성적인	↔ irrational
	Reason	리즌	R + ea + son	원인, 이유, 사유, 이성	reasonable
	Reckon	레컨	R + eck + on	생각하다	= think

(2) R → ◯ (R의 위쪽 원부분) → 원(회전) = O

그림	관련 단어	발음	세분화	의미	연관/확장어
	arena	어리너	a + r + e + n(선) + e	(원형) 경기장, (원형) 공연장	cf) rink
	circle	써클	cir(round) + (c)le	둥근 작은 것 → 원, 동아리	circular encircle
	Rice	라이스	R(원) + ice	둥근 것 → 쌀, 밥	
	Ring	링	R(원) + ing	둥글게 이어진 것 → 반지, 전화벨 울리다	
	Rink	링크	R(원) + ink	둥글게 이어진 것 → (아이스) 경기장	
	Rock	락	R(원) + o + c + k(연결)	전체적으로 둥근 것 → 바위, 암벽	cf) stone
	Roll	로울	R(원) + o + ll(반복)	원이 반복되다 → 회전하다	enroll
	Rotate	로우테이트	R(원) + o + t + ate(하다)	원으로 돌게 하다 → 회전하다, 교대하다	rotation
	Round	라운드	R(원) + o + u(위) + n(아래) + d	원이 위에서 아래로 → 원형의, 둥근	surround surroundings
	Route	루트	R(원) + out + e	원으로 회전되는 → 길, 노선	routine
	tire	타이어	t(접촉) + i + r + e	(바닥과) 접촉하는 둥근 것 → 바퀴 → 닿게 하다 → 피곤하다	tired retire(ment)
	tornado	토네이도우	tor + n(선) + ado	회전하는 선 → 회오리바람	= twister
	tour	투어	t(접촉) + ou + r(원)	회전하면서 만져 보고 돌아오다 → 여행	tourist = voyage

(3) R → 모양 → R (┃직선, ▷곡선 부분) = L

그림	관련 단어	발음	세분화	의미	연관/확장어
	arrow	애로우	a(호) + r + **r**(선) + ow	활에 사용하는 선 → 화살	↔ Bow
	arrive	어라이브	a + r + **r**iv + e	~으로 선을 따라가다 → 도착하다	arrival ↔ depart
	derive	디라이브	de(~로부터) + **r**iv + e	~로부터 선이 흐르다 → 유래하다	
	Race	레이스	**R**(선) + ace	선을 따라감, 혈연을 이어감 → 경주, 달리기, 인류	racer
	Radio	레이디오우	**R**adi + o	(무선으로 전파를 보내는) 무선 전신 → 라디오	radioactive
	Rail	레일	**R**(선) + a + il	(철도의) 레일	railway
	Rain	레인	**R**(선) + ain	(하늘에서) 직선으로 내리다 → 비 오다	rainbow
	Range	렌지	**R**(원) + ange	동그란 거리 → 범위, 영역, 한계	
	Ray	레이	**R**(선) + a + y	직선의 선 → 빛, 광선	X-ray
	River	리버	**R**(선) + i + v(각) + er	파인 선이 있는 것 → 강	cf) stream
	Road	로드	**R**(선) + o + ad(길)	직선/곡선의 길 → 도로	abroad
	Rope	로우프	**R**(선) + o + p + e	눌러 만든 선 → 밧줄, 로프	
	Rotate	로우테이트	**R**(원) + o + t + ate(만들다)	원으로 만들다 → 회전시키다	rotation
	Row	로우	**R**(선) + o + w(반복)	선이 반복된 것 → 줄, 열 선을 반복하다 → 노를 젓다	arrow
	Rule	룰	**R**(선) + ule(작은 것)	직선인 작은 것 → (길이 재는) 자 →규칙 → 통치하다	= govern
	Run	런	**R**(선) + u(위) + n(아래)	선을 따라 팔을 위아래로 휘젓다 → 달리다	runner running
	straight	스트레이트	st**r**(선) + aight	선이 똑바른 → 똑바른/곧은/직진하는, 솔직한	↔ curved
	stream	스트림	st**r**(선) + e + a + m(물)	선이 흘러가는 것 → 시내	cf) river
	street	스트릿	st**r**(선) + ee + t(접촉)	직(곡)선으로 접촉하는 것 → 거리, 도로	= avenue = way
	throw	뜨로우	th(사물) + **r**(선) + o + w	(사물을 포물선으로) 던지다	= pitch
	train	트레인	t**r**a(~에서~으로) + i + n(선)	~에서 ~으로 선으로 이끄는 것/이끌다 → 기차, 훈련/교육시키다	trailer
	trek	트렉	t**r**a(~에서~으로) + e + k(연결)	~에서 ~으로 연결하여 돌아오는 것 → 여행	trekking = trip tour
	turn	턴	t(접촉) + u(위) + **r**(곡선) + n(아래)	위에서 아래로의 곡선 → 회전하다	= rotate
	write	라이트	w(반복) + **r**(선) + ite(하다)	반복하여 선을 그리다 → 글을 쓰다	= scribe

R

그림	관련 단어	발음	세분화	의미	연관/확장어

【S】 → 모양 → 『나뭇가지』(이중성 : 물 ↔ 태양, 하나 ↔ 분리)

(1) 【S】 → 모양 → 【나무】→『지지(고정) → 서다/세우다』

(2) 【S】 → 모양 → 【나뭇가지】→『퍼지다』

(3) 【S】 → 모양 → 【나무】　　→『높은 곳에서 보인다 → 보다』

(4) 【S】 → 모양 → 【지그재그】→『뒤따르다/뒤쫓다』

(5) 【S】 → 모양 → 【지그재그】→『물결 → 항해 → 바다 → 소금』

(6) 【S】 → 모양 → 【나무 = 태양】→『유일한 존재 → 숫자 1』

(7) 【S】 → 모양 → 【상하좌우 동일】→『동일 여부』

(8) 【S】 → 모양 → 『나뭇가지가 퍼지다🌳』→『분리하다』

S 　 **s** 　 에스

(1) S → 🌳나무 → 서다/세우다

그림	관련 단어	발음	세분화	의미	연관/확장어
	construct	컨스트럭트	con + Str + u(위) + ct(접촉)	함께 위로 접촉하여 세우다 → 건설하다	construction constructive
	destroy	디스트로이	de(아래로) + Stro + y	아래로 쌓다 → 부수다 → 파괴하다, 전멸시키다	destructive ↔ build
	rest	레스트	re(뒤에) + St(서다)	뒤에 서다 → 쉬다, 휴식하다	arrest
	stage	스테이지	St + age(장소)	서는 장소 → 무대, 단계	
	stalk	스톡	St + a + l(선) + k(연결)	서 있는 줄기 → (식물의) 줄기	cf) leaves root
	stand	스탠드	St + and(계속)	계속 서 있다 → 서다, 일어서다	understand outstanding
	star	스타	St + ar(것)	서서 빛을 퍼지게 하는 것 → 별, 인기 배우	starship
	start	스타트	St + art(일하다)	서 있다가 일하다 → 시작/출발하다	restart
	statue	스태추	St + at(e) + ue	서 있는 것 → 동상	
	stay	스테이	St + ay(두다)	서 있다 → 계속 있다, 머물다	= remain
	stem	스템	St + e + m(만듦)	서 있는 집합체 → 줄기, 자루, 혈통, 계통, 가계	system
	step	스텝	St + e + p(누르다)	서서 누르다 → 발을 내딛다 → 발걸음, 계단	footstep = stair
	still	스틸	St + i + ll(반복)	반복하여 서 있는 → 가만히 있는, 아직, 조용한	
	stock	스탁	St + o + ck(연결)	세워둔 것 → 저장해 둔 것 → 재고(품), 저장(품), 증권(주식)	stockholder
	stop	스탑	St(서다) + op(보다)	보기 위해 서다 → 멈추다, 정지하다	nonstop
	store	스토어	St + ore	세워 두는 것 → 비축(저장)하는 곳 → 가게, 상점, 백화점, 저장소	storage
	structure	스트럭처	Str(선) + u(위) + ct(접촉) + ure(것)	선으로 위로 접하게 하는 것 → 구성/구조/조직/기구/체계	structural
	understand	언더스탠드	under(아래) + Stand	아래에 세우다 → (이해를 하기 위해) 기초를 세우다 → 이해하다, 알아듣다	misunderstand

그림	관련 단어	발음	세분화	의미	연관/확장어

(2) S → 🌳 나뭇가지 → (나뭇가지가) 퍼지다 → 소리가 퍼지다 🌙

그림	관련 단어	발음	세분화	의미	연관/확장어
	say	세이	S(퍼지다) + ay	(말소리가) 퍼지다 → 말하다	saying cf) speak talk
	scent	센트	Sc(둥글게 퍼진) + ent	둥글게 퍼지는 것 → 향기, 냄새	= odor
	sing	싱	S(퍼지다) + i + n + g	목소리를 퍼지게 하다 → 노래하다	singer song
	sonar	쏘우나	S(퍼지다) + on + ar	소리가 퍼지는 것 → 수중 음파 탐지기	
	sound	싸운드	S(퍼지다) + o + u(위) + n(아래) + d	위아래로 퍼지다 → 소리, 음향	= voice
	speak	스피크	Sp(퍼지다) + eak	(소리가) 퍼지다 → 말하다	outspoken
	Spread	스프레드	Spr(선) + e + ad(길)	선이 퍼지다 → 뻗다, 펼치다	
	Sun	썬	S(퍼지다) + u(위) + n(아래)	위에서 아래로 퍼지는 빛 → 태양	sunny sunrise sunset

(3) S → 🌳 나무 → 퍼지다 → 시야가 퍼지다 → 보다 = C, O, V

그림	관련 단어	발음	세분화	의미	연관/확장어
	escape	이스케이프	e(밖) + Scape(보다)	시야에서 벗어난 → 탈출하다	= exit
	expect	익스펙트	ex(밖으로) + (S)pect	밖으로 쳐다보다 → 예상(기대)하다	expectation
	prospect	프라스펙트	pro(앞을) + Spect	앞을 보다 → 전망(하다), 가망	prospective
	respect	리스펙트	re + Spect	다시 쳐다보다 → 존경/존중(하다), 고려, 관계/관련	respectable respectful
	scan	스캔	Sc(둥글게 퍼진) + an	둘레를 보다 → 대충 훑어보다, 정밀 검사	scanning
CRIME · SCENE	scene	씬	Sc(둥글게 퍼진) + ene	둘레를 본 것 → 경치, 광경 → 장면, 배경	scenery
	search	서치	Se(e) + arch(아치)	둥근 아치로 퍼져 보다 → 찾다 → 검색(하다)	research = find
	see	씨	S(퍼지다) + e + e	(눈으로 시야를 퍼지게) 보다	sight sightseeing
	seek	씩	See + k	(발견하려고) 찾다 → 추구하다	
	seem	씸	See + m(만들다)	보게 만들다 → ~처럼 보이다, ~인 것 같다	seemingly
	seesaw	시소	See + Saw	보다가 보았다가 하는 놀이기구 → 시소	
SPECIAL OFFER	special	스페셜	Spec + ial	눈에 보이는 → 특별한, 특수한	specialize
SPEC	specific	스퍼시픽	Spec + i + fic(만든)	눈에 보이게 만든 → 구체적인	specify specification
	spectacle	스펙터클	Spect + a + cle(작음)	보이는 작은 것 → 광경, 장관	spectacular spectator
?	suspect	써스펙트	su(b) + Spect	아래로 쳐다보다 → 의심하다, 용의자	suspicion

S

그림	관련 단어	발음	세분화	의미	연관/확장어

(4) S → 모양 → 〰 지그재그 → 뒤따르다/뒤쫓다

그림	관련 단어	발음	세분화	의미	연관/확장어
	pursue	퍼수	pur + **S**ue	향하여 뒤쫓다 → 추적/추격하다	pursuit
	persuade	퍼스웨이드	per + **S**u(e) + ade(길)	완전히 길을 뒤따르다 → 설득하다, 설득하여 ~하게 하다	persuasion
	saw	쏘	**S** + a + w(반복)	톱니가 지그재그로 위아래인 것 → 톱으로 자르다	
	seam	씸	**S** + ea + w(반복)	지그재그 반복함 → 이은 자국, 꿰맨 자국	
	sew	쏘우	**S** + e + w(반복)	지그재그 반복함 → 바느질하다	
	size	싸이즈	**S** + i + z(지그재그) + e	크거나 작거나, 길거나 짧거나 → 크기/대소/치수	sizable
	skate	스키	**S** + k(연결) + ate	지그재그로 이어지는 것 → 스케이트, 스키	skid
	ski		**S** + k(연결) + i		
	skip	스킵	**S** + k(연결) + l + p(누르다)	지그재그로 밀다 → 깡충깡충 뛰다 → 대충 훑어보다	
	snake	스네이크	**S** + n(선) + a + k(연결) + e	S자 선형으로 움직이는 뱀	
	snow	스노우	**S** + n(선) + o + w	S자 지그재그로 반복하여 내리다 → 눈	snowy
	spray	스프레이	**S**pr(선) + ay(하다)	선이 뻗게 두다 → 분무기로 뿌리다, 액체를 퍼붓다	
	straight	스트레이트	**S**tr(선) + aight	선이 똑바른 → 똑바른/곧은/직진하는, 솔직한	↔ curved
	street	스트릿	**S**tr(선) + ee + t(접촉)	접촉되는 똑바른 선 → 거리, 도로	= avenue = way
	stretch	스트레치	**S**tr(선) + etch	(신체를) 펴다, 내밀다, 뻗다	stretching
	sue	수	**S** + ue	(사건 이후에) 뒤따라 하다 → 기소/고소하다	suit

(5) S → 모양 → 〰파도 → 출렁이다 → 항해 → 바다/물 → 소금

그림	관련 단어	발음	세분화	의미	연관/확장어
	fish	피쉬	f(흐름) + i + **S**h(바다/물) f(흐름) + i + sh(속도)	물속에서 빠르게 흘러 다니는 것 → 물고기	fishery fishing
	sail	세일	**S**(바다) + a + il(쉬운)	바다에서 쉽게 흘러다니다 → 항해하다	sailor
	salad	샐러드	**S**(소금) + a + l + a + d	소금에 절인 채소 → 샐러드	salary
	salt	쏠트	**S**(소금) + a + l + t	바다에서 나오는 것 → 소금	salty
	sand	샌드	**S**(바다) + a + n(연결) + d	바다와 연결된 것 → 모래	sandy
	sea	씨	**S**(지그재그→바다) + ea(것)	지그재그 출렁이는 것 → 바다	seasick = marine
	shake	쉐이크	**S**h(바다→물) + ake(하다)	물결처럼 흔들리다 → 흔들리다, 진동하다	shaky = wave
	ship	쉽	**S**h(바다) + i + p(누름)	바다를 누르는 것 → 배	airship starship
	shower	샤우워	**S**h(바다→물) + ow + er	물을 반복하여 주는 것 → 물 뿌리다(샤워), 소나기	

그림	관련 단어	발음	세분화	의미	연관/확장어
	shore	쇼어	**Sh**(바다) + o + r(선) + e	바다와 연결된 선 → 해안	off-shore
	sink	씽크	**S**(바다→물) + i + n(아래) + k	물(바다)에 가라앉히다 → 침몰시키다	sunk
	suck	썩	**S**(물) + u(위) + ck	물을 위로 올리다 → (물을) 흡수하다	suction
	surf	써프	**S**(바다) + u(위) + r(선) + f(흐름)	바다 위에서 선으로 흐르는 것 → 밀려오는 파도	surfing
	sway	스웨이	**S**(물) + w(반복) + ay	물이 반복하여 출렁이다 → 흔들리다	swayable
	swim	스윔	**S**(물) + w(반복) + i + m	물에서 반복하다 → 수영하다	swimming

(6) S → 모양 → 🌳나무 → ☀태양 → 유일 존재 → 숫자 1, 하나 → 단단함

그림	관련 단어	발음	세분화	의미	연관/확장어
	con**s**ole	컨**쏘**울	con(함께) + **s**ol(혼자) + e	혼자가 함께하다 → 위로하다	
	i**s**land	**아**이런드	i(자체) + **s**(o)l(1) + land	자체가 하나인 섬 → 섬	
	i**s**olate	**아**이쎌레이트	i(자체) + **s**ol(1) + ate	(자체가 하나인) 섬을 만들다 → 고립시키다, 격리시키다	isolation
	single	싱글	**S** + ing + le	단 하나의, 단일의 → 독신(혼자)인	
	Solar	**쏘**울러	**S**ol(태양) + ar	유일한 → 태양의, 태양열의	solarium cf) lunar
	sole	**쏘**울	**S**ol(1) + e	혼자인 → (태양처럼) 유일한, 단 하나의	= only
	soldier	**쏘**울저	**S**old + i + er	단단한 사람 → 강한 사람 → 군인, 보병	
	solid	**쌀**리드	**S**ol(1) + id	하나인 → 고체의 → 단단한, 견실한, 견고한	↔ liquid
	solitary	**쌀**리테리	**S**ol(1) + it + ary	혼자 있는 → 고독한	= alone = lonely
	solo	**쏘**울로우	**S**ol(1) + o	혼자 부르는 노래 → 독창곡	cf) duet

(7) S → 모양 ⊕ → 상하좌우 동일 → 동일 여부

그림	관련 단어	발음	세분화	의미	연관/확장어
	as**s**emble	어**쎔**블	as + **s**em + ble(반복)	~으로 같게 반복하다 → (사람, 사물을) 모으다, 집합시키다 → (부품 등을) 조립하다	resemble
	examine	이그**재**민	ex + (**s**)am + ine	밖에서 같게 만들다 → 조사/검사/검토하다	examination
	example	이그**잼**플	ex + (**s**)am + ple	밖으로 같게 만든 것 → 예시, 보기	= sample
	fac**s**imile	팩**씨**멀리	fac + **s**im(동일) + ile(쉬운)	쉽게 똑같게 만드는 → 복사/모사, 팩시밀리	cf) fax
	same	**쎄**임	**S**am + e	같은, 동일한	= similar ↔ different
	sample	**쌤**플	**S**am + ple(반복)	같은 것이 반복됨 → 표본, 견본, 견본을 뽑다, 일부를 시험하다	
	simple	**씸**플	**S**im + ple(반복)	같은 것이 반복되는 → 단순한	simplify
	simulate	**씨**뮬레이트	**S**im + ul + ate	많이 같게 하다 → 가장(위장)하다, 모의실험하다	simulation

S

그림	관련 단어	발음	세분화	의미	연관/확장어

(8) S → 🌳 → 나뭇가지가 퍼지다 → 분리하다

그림	관련 단어	발음	세분화	의미	연관/확장어
	bisect	바이**섹**트	bi + **s**ect(나누다)	2개로 나누다 → 양분하다, 2등분하다	cf) trisect
	insect	**인**섹트	in(내부를) + **s**ect(나누다)	내부를 나누다 → 몸이 나누어진 것 → 곤충	= bug
	save	**쎄**이브	**s**(분리) + ave	분리하여 두다 → 저축하다, 구하다	saving safe
	schedule	스**케**줄	**sch**(분리) + ed + ule(작음)	작게 분리하다 → 일정(을 잡다)	scheme
	second	**쎄**컨드	**s**ec + ond	나눈 숫자 → 두 번째의, 2류의, (시간의) 초	secondary
	secret	**씨**크릿	**s**e(c) + cret(믿다)	분리되어 믿어지는 → 비밀(의)	↔ open
	secure	씨**큐**어	**s**e(분리) + **c**ure(돌보다)	분리하여 돌보다 → 안심하는, 안전한	security
	section	**섹**션	**s**ect + ion	자르는 것 → 절단, 자르기, 잘라낸 부분	
	segment	**쎄**그먼트	**s**eg + ment(생성)	잘라서 만든 것 → 부분	= part
	select	씰**렉**트	**s**e + lect(모으다)	분리하여 모으다 → 선택하다	= choose
	sell	**쎌**	**s**e + ll(반복)	분리하는 것을 반복하다 → 팔다	sale ↔ buy
	send	**쎈**드	**s**e + n(연결) + d	분리하여 연결하다 → (사람, 이메일/우편, 전갈) 보내다	
	separate	**쎄**퍼레이트	**s**e + par(보이다) + ate	분리하여 보여주다 → 분리/구분하다	↔ unite combine
	series	**씨**리즈	**s**e + r(y→i) + es	나눈 것들 → 연속 → (TV, 경기) 시리즈	
	sever	**쎄**버	**s**e + ver	(두 조각으로) 자르다, 절단하다	= clip cut
	sex	**쎅**스	**s**e + x(교차)	교차하여 나누어진 것 → 성(별)	sexual = gender
	share	**쉐**어	**sh** + are(존재)	(전체에서) 분리되다 → 나누다, 분배하다 → 몫, 주권	
	social	**쏘**우셜	**s** + oc + ial	분리되어 있는 → 사회의, 사회적인	society
	sort	**쏘**트	**s** + ort	(전체에서) 분리된 것 → 종류, 분류	= kind

(9) S → 숫자 → ½ 6 7

그림	관련 단어	발음	세분화	의미	연관/확장어
	semester	씨**메**스터	**s**em + e + ster(집합)	6개월 → 학기	cf) term
	semicircle	**쎄**미써클	**s**emi + circ(원) + (c)le(작음)	(작은) 반원, 반원형	
	semicolon	**쎄**미콜론	**s**emi + colon(:)	반만 콜론인 → (;) 세미콜론	
	semifinal	**쎄**미파이널	**s**emi + fin(end) + al(의)	끝의 반 → 준결승전의	
	seminar	**쎄**미나	**s**emi + n + ar	둘로 나눈 것 → 강사와 참가자로 구성된 회의	
	six	**식**스	**s**ix	숫자 6	sixteen sixty
	septangle	**쎕**탱글	**s**ept + angle(각)	7개의 각 → 7각형	sixty
	September	**쎕**템버	**s**ept(로마월력 7월) + em + ber	7월 + (Jan + Feb) → 9월	

 2

그림	관련 단어	발음	세분화	의미	연관/확장어
T t		티	【T】 → 모양 → 『십자가, 샌들의 끈』 (1) 【T】 → 모양 → 【십자가】 → 『높은 → 신』 (2) 【T】 → 모양 → 【십자가】 → 『높음, 악마를 쫓는 상징』 → 『공포』 (3) 【T】 → 모양 → 【지팡이】 → 『접근 → 접촉 → 소유』 (4) 【T】 → 모양 → 【지팡이】 → 『땅에 접촉하다』 (5) 【T】 → 모양 → 【지팡이】 → 『땅에 접촉하다 → 가다 → 접근하다』 (6) 숫자 2, 3, 10	

(1) T → 모양 → 십자가 ✟ → 높은 → 신(神) = H

그림	관련 단어	발음	세분화	의미	연관/확장어
	altar	올터	alt + ar	높은 곳에 있는 것 → 재단	
	altitude	엘티튜드	alt + i + tude	높이, 해발, 고도	
	myth	미뜨	my(stery) + th(eo)(신)	신기한 신 → 신화 (이야기)	
	theology	띠알러지	the(신) + ology(학문)	신에 대해 연구하는 학문 → 신학	
	tree	트리	t(높은) + r(선) + ee	높은 선으로 뻗은 것 → 나무 뿌리/줄기/잎 3가지 → 나무	
	toast	토우스트	t(높은) + o + a + st(세우다)	(잔을 들어 올려) 건배하다	= cheers
	top	탑	t(높은) + o(보다) + p	높이 보는 것 → 꼭대기, 정상	topic
	tower	타워	t(높은) + o + w + er(것)	탑, (탑 모양으로) 치솟은 것	
	utopia	유토피아	u(초월) + top + ia	초월하여 위에 있는 것 → 이상향	

(2) T → 모양 → 십자가 ✟ → 높은, 악마 쫓는 상징 → 공포, 두려움 = H

그림	관련 단어	발음	세분화	의미	연관/확장어
	Terrible	테러블	Ter + r + ible(할 수 있는)	무서운	= horrible
	Terror	테러	Ter + r + or(것)	두려움, 공포 → 테러	= horror
	Timid	티미드	T + i + m + id(~한)	겁 많은, 무서운	= scared
	Trepid	트레피드	Trep + id(~한)	겁 많은, 소심한	= timid

T

(3) T → ☝(만지다) → 접근 → 접촉(붙이다) → 소유(가지다)

❶ T → 방향 → 접근/도달 → 접촉하다, 만지다 ☝ = C, H

그림	관련 단어	발음	세분화	의미	연관/확장어
	attach	어태치	at + **t**ach	~에 붙이다 → ~ 붙이다, 첨부하다	attachment ↔ detach
	attack	어택	at + **t**ack	~으로 만지다 → 습격(하다), 공격(하다)	↔ defend
	attempt	어템프트	at + **t**empt	~으로 시험하다 → 시도하다 → 시도, 도전	= trial
	Bat	벳트	B(입체) + a + **t**(접촉)	접촉하여 (공을) 때리는 것 → 방망이, 배트	battle
	bottle	바틀	b(바닥) + o + **t** + tle(반복)	바닥에 접촉하는 것 → 병	cf) bottom
	button	버튼	b(바닥) + u + **tt** + on	바닥 위를 접촉하는 것 → 단추	
	catch	켓치	c(손) + a**t**ch(접촉)	손으로 잡다 → 붙잡다	= grasp
	contact	칸텍트	con(함께) + **t**act	함께 접촉하다 → 접촉, 연락	
	contest	칸테스트	con(함께) + **t**est	함께 시험하다 → 다툼 → 대회, 시합	= competition
	cut	컷	c(자르다) + u(위) + **t**	위에서 접촉하여 자르다 → 베다, 절단하다	shortcut
	enter	엔터	en(안) + **t**(접촉) + er	안으로 접촉하다 → 들어가다, 가입하다	entry
	hit	힛	h(부착) + i + **t**	(손/발, 물건으로 접촉시켜) 치다, 때리다	= beat
	itch	이치	i(사람) + **t**ch(touch)	사람이 가렵다, 근질거리다	itchy
	meet	밋	m + ee + **t**	접촉하게 만들다 → 만나다	meeting
	into	인투	in(안) + **t**o(접근→방향)	안에서 ~으로 → ~에서 ~으로	
	patch	패치	p(누름) + a**t**ch(접촉)	눌러 붙이다 → 덧붙이는 천조각	dispatch
	put	풋	p(누름) + u(위) + **t**	눌러 위에 접촉하다 → (장소, 위치에) 두다	input output
	set	쎗	s + e + **t**	고정하여 놓아두다 → 놓아두는 작은 것 → 두다, 한 벌	setting
	Table	테이블	**T** + able(할 수 있는)	손으로 만질 수 있는 → (T 모양) 탁자	
	tackle	태클	**t**ack + le	반복적으로 만지다 → (접촉하여) 태클 걸다	
	Tag	태그	**T** + ag	접촉하여 붙이는 것 → 꼬리표	
	tame	테임	**t**(만지다) + a + m(생성) + e	만져서 만든 → 길든	
	tango	탱고우	**t** + an + go(걷다)	손을 잡고 걷는 춤 → (남미의) 탱고	tangible
	tangible	탠저블	**t** + an + g + ible	손으로 만질 수 있는	↔ intangible
	tap	탭	**t**(접촉) + a + p(누르다)	눌러 접촉하다 → 톡톡 두드리다, 수도꼭지	
	tape	테이프	**t**(접촉) + a + p(누르다) + e	눌러 붙이다 → 테이프	
	target	타깃	**t**(접촉) + arg(하다) + (g)et(얻다)	접촉하여 얻는 것 → 목표/대상	= aim = goal

그림	관련 단어	발음	세분화	의미	연관/확장어
	taste	테이스트	t(접촉) + a + ste	입으로 접촉하다 → 맛(보다)	
	tax	택스	t(접촉) + a + x(붙이다)	접촉하여 부착하다 → (이익에) 세금 붙이다	surtax
	taxi	택시	t(접촉) + a + x(부착) + i	(거리에 대한 세금을) 붙이는 것 → 택시	= taxicab
	teach	티치	t(접근) + e + ach(접촉)	다가가서 접촉하다 → 가르쳐 주다	↔ learn
	tennis	테니스	t(접촉) + en(안) + n(선) + is(있다)	선 안에 있게 접촉하다 → 테니스	
	test	테스트	t(접촉) + e + st	접촉하여 해보다 → (지식, 능력 등을) 시험하다	attest
	ticket	티킷	t(접촉) + ick + et(작음)	부착된 작은 것 → 승차/입장권	
	tile	타일	t(접촉) + ile(쉬운)	쉽게 붙이는 것 → 타일, 기와	
	tinkle	팅클	t(접촉) + ink + le(반복)	반복하여 접촉하다 → 딸랑 울리다	
	tire	타이어	t(접촉) + i + r(둥근) + e	(바닥과) 접촉하는 둥근 것 → 바퀴	tired retire
	title	타이틀	t(접촉) + i + t + le(작음)	접촉하여 붙이는 작은 것 → 제목, 표제	entitle
	to	투	t(접근→방향) + o	'~(방향)으로, ~(방향)에게' 전치사 또는 앞말	into toward
	tool	툴	t(접촉) + o + o + l(선)	(손으로) 만지는 긴 것 → 연장, 도구	toolkit = instrument
	tongue	텅	t(접촉) + on(소리나다) + gue	소리나게 하는 것 → (인간, 척추동물의) 혀	
	tooth	투뜨	t(접촉) + oo(입) + th(사물)	입과 접촉하는 것 → 이, 치아	= dental
	Touch	터치	T + o + u + ch(손)	(손으로) 만지다, 접촉하다	= contact
	toward	투워드	to(접근) + ward(방향)	(운동의 방향) ~쪽으로, ~향하여	
	towel	타우얼	t(접촉) + o + w + el(작음)	손을 접촉하는 작은 것 → 수건	
	toy	토이	t(접촉) + o + y(명사)	손으로 만지며 노는 것 → 장난감	cf) doll
	try	트라이	t(접촉) + r + y(동사)	만져 보다 → 시험해 보다 → 시도하다, 입어(신어)보다	trial
	tutor	튜터	t(접촉) + u + t + or(사람)	접근하여 가르치는 사람 → 개인교사, 지도교수	cf) professor teacher
	type	타입	t(접촉) + y + p(누름) + e	눌러서 접촉하다 → 활자, 타자하다, 형태, 유형	prototype

❷ T → 접촉 → 부착 → 소유/보유 = H

그림	관련 단어	발음	세분화	의미	연관/확장어
	container	컨테이너	con + ta + in(안) + er	함께 안에 포함하는 것 → 용기, 컨테이너	contain
	continue	컨티뉴	con + tin + ue	함께 보유하다 → 계속하다	continual continuous
	get	겟	g + e + t(접촉→소유)	접촉하여 가지다 → 얻다	forget target
	take	테이크	t(접촉→소유) + ake(하다)	손대다 → 가지고 데리고 가다	mistake partake

T

그림	관련 단어	발음	세분화	의미	연관/확장어
(4) T → 모양 → 🦯(지팡이) → 땅(에 접촉하다) = G					
	inter	인터	in + **t**er	땅 안으로 → 매장하다, 시체를 묻다	= bury
	Mediterra nean	메디터레이니언	Medi + **t**err + ane + an	땅 가운데 있는 → 지중해의	
	subterran ean	써브터레이니언	sub + **t**err + ane + an	땅 밑의 → 지하의	underground
	terrace	테러스	**t**err + ace	(바닥을 만든) 계단 모양의 뜰, 넓은 베란다	
	terrain	터레인	**t**err + ain	지형, 지세	
	terrestrial	터레스트리얼	**t**err + e + str + ial	땅에 서 있는 → 지구의(earthly), 육상의	
	territory	테리토리	**t**err + it + ory(집합)	땅의 범위 → 영토/지역/지방/영역/분야	= zone
	toe	토우	**t** + o + e	(땅을 밟는) 발가락	↔ finger
(5) T → 모양 → 🦯(지팡이) → 땅에 접촉하다 → 가다 → 이동하다					
	audit	오디트	aud + **it**	듣기 위해 가다 → 회계 감사를 하기 위해 들으러 가다	
	audition	오디션	aud + **it** + ion	(가수, 배우 등의 소리를) 듣기 위해 가다 → 음성 테스트	
	exit	엑씻	ex + **it**	사람이 밖으로 가다 → 출구, 비상구, 나가다, 퇴장하다	
	exploit	익스플로이트	ex + plo + **it**	밖으로 펼쳐 나가다 → 개척/개발/이용하다	cf) explore
	initial	이니셜	in + **it** + ial	안에서 가는 → 시작/초기/최초의	
	loiter	로이터	l + o + **it** + er	반복하여 쳐다보며 가다 → 어슬렁거리다	
	tractor	트랙터	**t**ract + or	~에서 ~로 이끄는 것 → 트랙터	
	transit	트랜씻	**t**rans + **it**	~에서 ~로 가다 → 이동하다 → 수송/운반/운송/송달	= transport
	trailer	트레일러	**t**ra(ns) + il + er	~에서 ~로 쉽게 이끄는 것 → 트레일러	
	train	트레인	**t**ra(ns) + i + n(선)	~에서 ~로 가게 하는 선 → 기차	
	traffic	트래픽	**t**ra(ns) + f + fic(생성)	~에서 ~로 가게 만드는 것 → 교통	
	transfer	트랜스퍼	**t**rans + fer	~에서 ~로 가게 하는 것 → 옮기다, 환승하다	
(6) T → 2획 → 숫자 2, t + h(부착) → 숫자 3, X → 숫자 10, thousand(1000)					
❶ 2 two → 반복 = B, D, W					
	between	비트윈	be(make) + **t**we + en(안에)	둘 사이에 만들다 → 둘 사이에 있는	cf) among
	twelve	트웰브	**t**we + lve	숫자 12	
	twenty	트웬티	**t**we + nty	숫자 20	
	twice	트와이스	**t**w(e) + ice	2번, 2배로	cf) triple

그림	관련 단어	발음	세분화	의미	연관/확장어
	twilight	트와일라이트	**twi** + light	2개의 빛 →(해 뜰 때 or 해 질 때의) 여명, 땅거미	
	twins	트윈스	**twi** + (i)n + s	안에 둘이 있는 → 쌍둥이	
	twine	트와인	**twi** + (i)ne	2개를 꼬아 합치다 → 노끈	
	twinkle	트윙클	**twi** + (i)n + kle	2개가 반복되다 → 반짝반짝 빛나다	
	twirl	트워를	**twi** + (i)rl(회전)	(빙빙) 돌리다, 휘두르다	
	twist	트위스트	**twi** + st	2개가 서다 → 꼬다, 비틀다 → 왜곡하다	= distort
	twister	트위스터	**twi** + st + er	2개가 선 것 → 꼬여 비틀린 것 → 회오리바람	= tornado
	twitter	트위터	**twi** + t + ter(반복화)	새가 지저귀다, 재잘거리다, 킬킬 웃다	

❷ t(2) + h(부착) → 2 + 1=3 three → tri **3**

그림	관련 단어	발음	세분화	의미	연관/확장어
	tree	트리	**t**(h) + r + ee	(뿌리/줄기/잎 3개로 구성된) 나무	
	triangle	트라이앵글	**tri** + ang(각) + le	3개의 각 → 삼각형	cf) square
	tribe	트라이브	**tri** + be	고대 로마의 세 부족 중의 하나 → 부족, 종족	
	tricycle	트라이시클	**tri** + cyc(원) + le	세 개의 원 → 세발자전거	cf) bicycle
	trident	트라이든트	**tri** + dent(tooth)	3개의 이빨 → 삼지창 → 물고기를 찌르는 세 발 작살	
	trillion	트릴리언	**tri** + ll + ion	10억(billion = 1,000,000,000) + 1,000 (1,000 3개 + 1,000) → 1조兆	cf) billion
	trio	트리오	**tri** + o	3인조, 3중창(곡)	cf) duet
	triple	트리플	**tri** + ple(반복)	3개를 겹치는 → 3배의, 3중의	cf) once twice
	trisect	트라이섹트	**tri** + sect	3개로 자르다(나누다) → 삼등분하다	cf) bisect
	trivial	트리비얼	**tri** + via(길) + l	3개 길의→교차로에서 흔히 얘기하는 → 사소한, 하찮은, 시시한	
	troika	트로이카	**tro** + i + ka	말 3마리가 나란히 끄는 러시아의 소형 마차 → 세 명의 집단	

❸ t(2) + en(부착) → 로마자 X → **10** **1000** = D

그림	관련 단어	발음	세분화	의미	연관/확장어
10	ten	텐	**t** + en(만들다)	로마자 X를 만들다 → 10	tenth
	teenager	틴에이저	**teen** + age + (e)r	~teen 으로 끝나는 13~19세의 청소년 → 10대	
1000	thousand	따우즌드	**t**hou + sand	1,000(천), 수많은	

T

그림	관련 단어	발음	세분화	의미	연관/확장어

【U】 → 모양 → 『Upsilon = 저장용 높은 원탑』

(1) 【U】 → 모양 → 【원탑】 → 『위⊥→초과/이상』 ↔ 【n】 → 『아래』

　　　　【U】 → 모양 → 【원탑】 → 『곡식 저장용 파인 공간』
　　　　　　　　　　　　　　　　→ 『공간 내부에 양이 많음』

(2) 【U】 → 모양 → 【원탑】 → 『밖(out)』 ↔ 【n】 → 『안(in)』

(3) 【U + n】 → 『위 + 아래 → 숫자 1』

(1) U → 위↑ → 초과, 저장 공간 ↔ N (아래)

그림	관련 단어	발음	세분화	의미	연관/확장어
	adult	어덜트	ad + u(위) + l + t	위로 큰 사람 → 어른, 성인	↔ kid child
	auction	옥션	auct(높이다) + ion	(가격을) 올리는 것 → 경매	augment
	bounce	바운스	b(바닥) + u(위) + n(아래) + ce	(공이 위아래로) 튀다, 튀어오르다	bound = spring
	bud	버드	b(바닥) + u(위) + d(입체)	바닥에서 위로 자라는 것 → 새싹, 꽃봉오리	
	build	빌드	b(바닥) + u(위) + il + d(입체)	바닥에서 위로 입체를 만들다 → (건물을) 세우다, 건설하다	building = construct
	bush	부쉬	b(바닥) + u(위) + sh	바닥에서 위로 뻗쳐 빠르게 자라는 것 → 관목	= shrub
	Count	카운트	C(손) + o + u(위) + n(아래) + t	(숫자) 위아래로 오르내리다 → 세다	countless discount
	Cup	컵	c(둥근) + u(원통) + p	위가 둥근 원통 → 컵	cupboard = mug
	cut	컷	c(칼) + u(위) + t(접촉)	칼/가위로 위에서 접촉하다 → 베다, 자르다	shortcut = clip
	found	파운드	f + o + u(위) + n(아래) + d	아래에서 위로 만들다 → 기초를 쌓다, 설립하다	foundation = establish
	full	풀	f + u(많음) + ll	가득 찬, 많은	fulfill = enough
	fume	퓸	f + u(위) + me	(연기가 위로) 피어오르다	perfume
	fund	펀드	f + u(위) + n(아래)	위아래로 오르내리는 것 → 자금, 재원, 자본금	= capital refund
	ground	그라운드	gr(땅) + o + u(위) + n(아래) + d	아래위로 울퉁불퉁한 땅 → 토양, 지면 → 운동장, 뜰	playground underground
	jump	점프	j(던지다) + u(위) + m + p(누름)	(두 발로 바닥을 누르며) 위로 뛰다	= hop
	mount	마운트	m(산) + o + u(위) + n(아래) + t	(산을) 아래에서 위로 오르다, 올라가다	= climb
	mountain	마운튼	mount(오르다) + ain	(올랐다가 내려오는) 산	mountaineer = cup
	mug	머그	m + u(원통) + g	(손잡이가 있는) 잔	= glass
	put	풋	p(누름) + u(위) + t(접촉)	위에서 눌러 접촉하다 → (장소에) 두다/넣다	input output
	round	라운드	r(선) + o(원) + u(위) + n(아래) + d	선이 위아래로 → 둥근, 원형의	around surround
	run	런	r(선) + u(위) + n(아래)	선을 따라 팔을 위아래로 휘젓다 → 달리다	outrun

그림	관련 단어	발음	세분화	의미	연관/확장어
	source	쏘스	s + o + **u**(위) + r + ce	위로 솟아오르다 → 원천, 근원	sourcing resource
	stun	스턴	st(서다) + **u**(위) + n(아래)	서 있다가 아래로 넘어지다 → 기절하다	faint
	Sun	썬	S(퍼지다) + **u**(위) + n(아래)	위에서 아래로 퍼지는 빛 → 태양	sunny
	superman	수퍼맨	su**per** + man	(능력이) 초월한 사람 → 슈퍼맨	
	surprise	써프라이즈	su**r**(초과) + prise	예기치 못한 것을 가지다 → 깜짝 놀라다, 놀람, 경악	surprising
	thunder	떤더	th(사물) + **u**(위) + n(아래) + der	위에서 아래로 떨어지는 것 → 천둥	↔ lightning
	tune	튠	t(접촉) + **u**(위) + n(아래) + e	위아래로 만지다 → 음 조절하다	tunning
	Ultra	울트라	**U**(초과) + l(선) + tra	선을 넘어서는 → 초월한, 과격파	ultra-red
	Under	언더	**U**(위) + n(아래) + der	위에서 아래로 → 아래에, 아래로	undergo undermine
	Up	업	**U**(위) + p	위로 누르는 → 위에, 위로	upcoming uptown ↔ down/under
	Upper	어퍼	**U**(위) + p + per	~보다 위에 → 상급의, 상류의	uppish
	Upset	업셋	**U**(위) + p + set	위에 두다 → 뒤집다 → 속상하게 하다	
	Utopia	유토피아	**U**(초월) + top + ia	초월하여 위에 있는 것 → 이상향	

(2) U → 밖(out) ↔ N (안)

그림	관련 단어	발음	세분화	의미	연관/확장어
	burst	버스트	b(입체) + **u**(밖) + r(선) + st	입체가 밖으로 퍼지다 → 터지다	outburst
	oust	아우스트	o + **u**(밖) + st	밖으로 서다 → 내쫓다, 축출하다	= expel
	out	아웃	o + **u**(밖) + t	밖에서, 밖으로	outcome outline output scout
	pull	풀	p + **u**(밖) + ll	밖에서 반복적으로 누르다 → 당기다	pullback ↔ push
	pump	펌프	p + **u**(밖) + m + p	눌러 밖으로 밀어내다 → 펌프로 퍼올리다	
	push	푸쉬	p + **u**(밖) + sh	밖으로 빠르게 누르다 → 밀다	push-up ↔ pull
	scout	스카우트	sc + o + **u**(밖) + t	밖을 보다 → 조사/탐색, 정찰하다	scouter
	shout	샤우트	sh + o + **u**(밖) + t	밖으로 외치다, 고함치다	shouting
	sprout	스프라우트	spr + o**u**t(밖)	밖으로 나와 퍼지다 → 싹이 나다	= bud
	Utter	어터	**u**(밖) + t + ter(반복)	(소리, 말을) 표현하다, 발언하다	= express

(3) U + n → 숫자 1 = M, S, one

그림	관련 단어	발음	세분화	의미	연관/확장어
	unicorn	유니콘	uni + corn(뿔)	그리스 신화의 뿔이 하나인 짐승 → 유니콘	
	unify	유니파이	uni + fy(만들다)	하나로 만들다 → 통일화하다, 통합하다	union unique unison unit
	uniform	유니폼	uni + form(형태)	하나의 형태 → 똑같이 입는 옷 → 유 니폼	

그림	관련 단어	발음	세분화	의미	연관/확장어
V **v**		브이	【V】→ 모양 →『고대 움집을 뒤집은 모양』 →『생존/공간/빈/존재/생명력』 (1) 【V】→ 모양 → 【움집】→『비어 있는 → 살다』 (2) 【V】→ 모양 → 【움집】→【비어 있는 → 살다】→『생존 → 생기』 (3) 【V】→ 모양 → 【움집】→『생존 → 존재 → 가치』 (4) 【V】→ 모양 → 【새】→『새 → 부러워함, 날다』 (5) 【V】→ 모양 → 【각】→『방향(각)을 바꾸는 전환』 (6) 【V】→ 모양 → 90° 회전 → 【〈】→『눈(보다), 입(먹다)』 　　　『입 모양(〈)』관련 단어는 Grimm's law 적용 : p > v (7) 【V】→ 모양 → 180° 회전 → 【∧】→『다리 모양』→ (가다/오다)(∧)』		

(1) V → 180° 회전 → 속이 빈 ∧집 → (살다)

그림	관련 단어	발음	세분화	의미	연관/확장어
	avoid	어**보**이드	a(d)(~으로) + **v**oid	~으로 비우다 → (회)피하다	avoidance
	live	리브	l + i + v(집→살다) + e l + ive(~한)	사람이 살다 → 살다/거주하다, 살아 있는, 생방송의	life living = inhabit
	vacation	베이케이션	**v**ac + at(e) + ion	집을 비우게 하는 것 → 휴가/방학/휴일	cf) vocation
	vacuum	배큐엄	**v**ac + u + um	비어 있음 → 공백, 진공, 진공 청소	
	vain	베인	**v** + ain	비어 있는 → 헛된, 허영적인, 쓸데없는	vanity
	Valley	밸리	**V** + a + l + l + ey	V 모양으로 비어있는 곳 → 계곡, 골짜기	cf) canyon
	Vessel	베슬	**V** + ess(be) + el(작음)	V 모양으로 속 빈 작은 것 → (타는) 배, 용기, 혈관	= ship
	Villa	빌러	**V** + i + l + l + a	∧ 모양으로 속이 비게 만든 것 → 별장, 저택	village
	Village	빌리지	**V** + i + ll + age(집합)	집이 모여 있는 집합 → 마을	
	Void	보이드	**V** + o + id	속이 텅 빈(hollow) → 공허한, (계약 등) 무효인(invalid)	voidance
	Volcano	발케이노우	**V** + o + l + c + ano	∧ 모양의 용암 분출구 → 화산	

(2) V → ∧집 → (살다) → 생기, 의지 → 생존 = B

그림	관련 단어	발음	세분화	의미	연관/확장어
	environment	인**바**이런먼트	en(make) + **v**iron + ment	(주위의) 환경	= surroundings
	survive	써**바**이브	sur(초월) + **v** + ive	초월하여 살다 → 살아남다, 생존하다	revive survival
	valiant	밸리언트	**v** + al + i + ant	의지가 강한 → 용감한	valor = brave
	vegetable	베지터블	**v**eget + able	빨리 키워서 얻을 수 있는 → 식물 → 채소	

그림	관련 단어	발음	세분화	의미	연관/확장어
	victory	빅토리	**v** + i + ct + ory	생존을 위해 싸워서 이기는 것 → 승리	= win
	vie	바이	**v** + i + e	(생존을 위해) 싸우다, → 경쟁하다	vying = compete
	vigor	비거	**v** + i + g + or	활동력, 활력	vigorous
	virus	바이러스	**v** + i + r + us	(사람의 몸에) 기생하는 균 → 바이러스	
	vital	바이탈	**v** + i + t + al	생존을 유지하는 → 필수적인	
	vitamin	바이터민	**v**ita + min(최소)	생기 있게 만드는 작은 것 → 비타민	vital
	vivid	비비드	**v**i + v + id	살아 있는 → 생생한	
	voluntary	발런테리	**v** + o + l + unt + ary(~한)	자발적인, 자유의지의	volunteer ↔ compulsory

(3) V → 모양 → ⋀집 → 🏠(살다) → 존재 → 가치

그림	관련 단어	발음	세분화	의미	연관/확장어
	ambi**v**alent	앰비벌런트	ambi(양쪽) + val + ent	양쪽에 가치 있는 → 양립하는	
	a**v**ail	어베일	a + vail(가치)	~에 가치 있다 → 이용하다	= use utilize
	a**v**ailable	어베일러블	a + vail + able	이용할 수 있는, 쓸모 있는	= useful
	equi**v**alent	이퀴벌런트	e + qui + val + ent	가치가 있는 → 동등한	= equal
	e**v**aluate	이밸류에이트	e + val + u + ate	밖으로 가치 있게 하다 → 가치를 평가하다	
	in**v**alid	인벌리드	in + val + id	가치가 없는 → 무가치한, 쓸모없는	= useless ↔ valid
	in**v**aluable	인밸류어블	in + val + u + able	가치를 평가할 수 없는 → 주의) 매우 귀중한	= precious
	pre**v**ail	프리베일	pre + vail	먼저 가치 있다 → 우세하다	= surpass
	valid	밸리드	val + id(~한)	가치 있는 → 유효한, 효력 있는	= effective
	validate	밸리데이트	val + id + ate(make)	가치 있게 하다 → 유효화하다, 입증하다	
	value	밸류	val + ue	살다 → 존재 → 가치	= worth
	valuable	밸류어블	val + u + able(할 수 있는)	가치 있는 → 값어치가 있는	↔ worthless

V

(4) V → 모양 → 새 ✈ → 날다 → 부러워함

그림	관련 단어	발음	세분화	의미	연관/확장어
	a**v**ian	에이비언	a + **v** + i + an	새(조류)의	aviary = bird
	a**v**iate	애비에이트	a + **v** + i + ate(make)	날게 하다 → 비행하다	= fly
	a**v**id	애비드	a + **v**(새) + id(같은)	새처럼 → (새처럼 날기를) 부러워하는, 열렬한	= envious

그림	관련 단어	발음	세분화	의미	연관/확장어
	avion	아비옹	a + **v**(새) + ion	새 → 비행기	airplane
	envy	엔비	en + **v** + y	새처럼 되게 만들다 → 부러워하다	envious
	prevalent	프레벌런트	pre + **v**al + ent	먼저 날고 있는 → 유행하는	
	volleyball	발리볼	**V**ol + ey + ball	공이 떨어지지 않고 날아다니게 하는 경기 → 배구	

(5) V → 모양 → 방향을 바꾸다 → 전환/회전 → 변화 = C

그림	관련 단어	발음	세분화	의미	연관/확장어
	advertise	애드버타이즈	ad + **v**ert + ise	~으로 (눈을) 돌리게 하다 → 광고/선전하다	advertisement
	convert	컨버트	con + **v**ert	함께 회전하다 → 전환시키다 → 개조하다	conversion
	lever	레버	l(선) + e + **v** + er(것)	올라갔다 내려갔다 하게 하는 선 → 지렛대, 지레	leverage elevate elevator
	revolution	레벌류션	re + **v**olu + tion	다시 회전시킴 → 뒤집어짐 → 혁명	revolve
	revolve	리발브	re + **v**olv + e	다시 회전시키다 → 순환하다, 회전하다	= rotate
	vary	베리	**v**ar + y(하다)	다양하게 하다 → 변하다, 달라지다	variety various
	veer	비어	**v** + ee + r	(차 방향을 갑자기) 바꾸다	
	version	버전	**v**ers + ion	회전한 것 → (이전 것과 약간 다른) ~판, 형태	reversion
	vote	보우트	**v** + o + t(접촉) + e	√ 표시하는 것 → 투표	= poll

(6) V → 모양 → ◀ 입 눈 → 말하다, 보다

❶ V → 90° 회전 → ◀ 입 → 말하다 = C/D/F/G/M/P

그림	관련 단어	발음	세분화	의미	연관/확장어
	advocate	애드버케이트	ad + **v**oc + ate(동/명)	말하게 하다 → 변호하다, 변호사	= attorney / = lawyer
	verbal	버벌	**v**(입 모양) + e + r + b + al	말(언어)의, 구두의, 낱말의	= oral
	vex	벡스	**v**(입 모양) + e + x(부착)	말꼬리를 붙이다 → 짜증 나게 하다	
	vocabulary	보우캐블러리	**v**oc + ab + ul + ary	말의 집합 → 어휘	cf) glossary
	vocal	보우컬	**v**(입 모양) + o + c + al	소리의, 목소리의, 구두의	= sound
	voice	보이스	**v**(입 모양) + o + ice	입으로 말함 → 목소리, 음성	= sound
	vomit	바밋	**v**(입 모양) + o + mit(이동)	입으로 이동하다 → 토하다	
	vow	바우	**v**(입 모양) + o + w(반복)	반복하여 말함 → 맹세, 서약	= oath pledge
	vowel	바우얼	**v**ow(vocal) + el(작음)	작은 말 → 모음, 모음 글자	↔ consonant

그림	관련 단어	발음	세분화	의미	연관/확장어

❷ V → ◄ 눈의 시야 → 보다 Look ◀(·))) = C, O

그림	관련 단어	발음	세분화	의미	연관/확장어
	divide	디바이드	di(apart) + **v**id + e	분리하여 보이다 → 나누다, 분할하다	division ↔ combine
	evidence	에비던스	e(x) + **v**(눈)id + ence	밖에서 보이는 것 → 증거	= proof
	interview	인터뷰	inter(둘 사이) + **v**iew(보다)	두 사람이 보다 → 둘의 의견 → 면접, 인터뷰	
	invite	인바이트	in + **v**(눈) + ite	안에서 보게 하다 → 초대하다	invitation ↔ visit
	review	리뷰	re + **v**(눈) + i + ew	다시 보다 → 검토/복습(하다)	= check
	revise	리바이즈	re + **v**(눈)i + se	다시 보다 → 수정하다	= modify redo
	television	텔러비젼	tele(먼) + **v**i + sion	먼 곳을 볼 수 있는 것 → T.V	
	view	뷰	**v**i + ew	보는 것 → 조망, 관점, 견해	interview review
	visible	비저블	**v**i + s + ible(할 수 있는)	(눈으로) 볼 수 있는	↔ invisible
	vision	비젼	**v**i + s + ion	보는 것 → 시야, 환상, 전망	visionary
	visit	비지트	**v**i + s + it(가다)	보러 가다 → 방문하다	↔ invite
	visual	비쥬얼	**v**i + s + ual(한)	눈으로 보이는 → 시각의, 시각적인	visualize

(7) V → 사람의 다리 모양 (Λ) → 🚶 가다/(나)오다 = G

그림	관련 단어	발음	세분화	의미	연관/확장어
	advance	어드밴스	ad + **v**ance	앞으로 나아가다/나아감 → 전진/발전(하다)	= proceed = progress
	adventure	어드벤처	ad + **v**ent + ure	~으로 다가가는 것 → 모험	
	avenue	애버뉴	a + **v**en + ue	~으로 오는 곳 → (도시) 거리, ~가	= street
	convention	컨벤션	con + **v**en + tion	함께 오는 것 → 집회, 대회, 관습, 협정	
	event	이벤트	e(x) + **v**ent	밖으로 나온 것 → 사건, 행사, 경기	
	invade	인베이드	in + **v** + ad(길) + e	안으로 가다 → 들어오다 → 침입/침략하다	invasion
	invent	인벤트	in + **v**ent	내부에서 나오다 → 생각하여 만들다 → 발명하다	invention
	prevent	프리벤트	pre + **v**ent	앞에 나오다 → 막다, 방해/방지/예방하다	
	revenue	레버뉴	re(반대로) + **v**enu (프 come) + e	반대로 돌아오는 것 → (정기) 수입	= income
	travel	트래블	tra(~에서 ~으로) + **v** + el	~에서 ~으로 갔다오는 선 → 여행	= journey tour = trek voyage
	vagabond	배거본드	**v**ag + a + bond	돌아다니는, 정처 없는, 방랑성의 → 유랑자/방랑자	
	valet	발레	**v**al + et(사람)	왔다 갔다 하는 사람 → 시중드는 사람	
	vanguard	뱅가드	**v**an + guard	경계하며 나아가다 → 선봉, 선구자, 정치 지도자	= pioneer

V

그림	관련 단어	발음	세분화	의미	연관/확장어
W　w		더블유	【W】 → 모양 → 『반복되는 물결』 ← 180° 회전 ← 모양 ← 【M】 (1) 【W】 → 모양 → 『물결 → 물, 바다』 (2) 【W】 → 모양 → 『반복 → 2 이상』 (3) 【W】 → 모양 → 【반복】 → 『궁금함 → 의문 → 질문』		

(1) W → w → (물, 바다) = D, M

그림	관련 단어	발음	세분화	의미	연관/확장어
	sway	스웨이	s(물) + **W**(물) + ay	물이 반복하여 좌우로 출렁이다 → 흔들리다	= shake = wave
	sweat	스웨트	s(물) + **W**(물) + eat	물처럼 흐르는 것 → (진)땀	
	swill	스윌	s(물) + **W**(물) + i + ll	물을 부어 씻다, 물을 마시다	
	swim	스윔	s(물) + **W**(물) + im	물에서 반복하다 → 수영하다	swimming
	wade	웨이드	**W**(물) + ade(길)	물길을 헤치며 가다	
	wash	와쉬	**W**(물, 반복) + a + sh(속도)	(물에 비누로) 씻다	= lave
	water	워러	**W**(물, 반복) + ate + (e)r	반복적으로 출렁이게 하는 것 → 물	waterfall
	wave	웨이브	**W**(물, 반복) + ave	(물이) 출렁이다 → 파도, 물결	cf) surf
	weep	윕	**W**(물) + ee + p	눈물을 흘리다	= cry shed
	well	웰	**W**(물) + e + ll(반복)	반복하여 위로 물이 나오다 → 우물	
	wet	웻	**W**(물) + e + t(접촉)	물이 닿은 → 젖은, 축축한, 습기 있는	= humid ↔ dry

(2) W → 2 (반복) = B, D, T

그림	관련 단어	발음	세분화	의미	연관/확장어
	between	비트윈	be(있다) + t**W**e(2) + en(~한)	둘 사이에 있는	cf) among
	chew	츄	ch(자르다) + e + **W**	반복하여 자르다 → 씹다	
	grow	그로우	gr(땅에서 커짐) + o + **W**	반복하여 커지다 → (동·식물/사람) 성장하다	growth
	row	로우	r(선) + o + **W**(반복)	선으로 반복하는 것 → 줄, 열, 노 젓다	cf) arrow
	saw	쏘	s(지그재그) + a + **W**(반복)	톱니가 지그재그로 위아래인 것 → 톱으로 자르다	
	sew	쏘우	s(지그재그) + e + **W**(반복)	지그재그 반복함 → 바느질하다	

그림	관련 단어	발음	세분화	의미	연관/확장어
	sow	쏘우	s + o + **w**(반복)	지그재그로 반복함 → 씨를 뿌리다	
	sweep	스위프	s**w** + ee + p	반복적으로 청소하다 → 깨끗이 하다	
	swell	스웰	s**w** + e + ll(선)	반복하여 선이 퍼지다 → 부풀다 → 팽창하다	
	swing	스윙	s**w** + ing	전후, 좌우로 반복하여 흔들리다	
	switch	스위치	s**w** + itch(접촉)	왔다 갔다 반복하다 → 바꾸다, 전환/변경하다	= convert
	twins	트윈스	t**w** + in + s(복수)	(배) 안에 둘이 있는 것 → 쌍둥이	
	twist	트위스트	t**w** + i + st(서다)	두 개가 서다 → 꼬다, (서로) 감다	twister
	twitter	**트**위터	t**w** + it + ter(반복)	(새가) 반복하여 지저귀다	
2	**two**	투	t**w** + o	숫자 2, 둘, 이	cf) second
	wait	웨이트	**w**(반복) + a + it(계속)	반복하여 계속하다 → 기다리다	waiter
	wake	웨이크	**w**(반복) + ake(하다)	반복적인 행위로 잠 깨다	awake
	walk	워크	**w**(반복) + a + l(선) + k(연결)	반복하다 → 걷다	walking
	wander	완더	**w**(반복) + and(계속) + er	반복하여 계속하다 →정처 없이 배회하다	
	watch	와치	**w**(반복) + atch	반복하여 접촉하다 → 반복하여 보다 → 감시/주시하다, 시계	cf) look
	wax	왁스	**w**(반복) + a + x(부착)	반복하여 (유약을) 붙이다 → 광을 내다	waxing
	we	위	**w**(반복) + e	(사람이) 반복된 → 우리들은	wed
	weather	웨더	**w**(반복) + ea + (o)ther	반복하여 다르게 변하는 것 → 날씨	
	weave	위브	**w**(반복) + e + ave	반복하여 짜다, 엮다	web
	web	웹	**w**(반복) + e + b	반복해서 짠 입체 → (반복된) 망	website
	wed	웨드	**w**(2) + ed	둘이 되다 → 결혼하다(marry)	wedding
	week	위크	**w**(반복) + ee + k(연결)	(반복하여 연결되는) 주간(월~일요일)	weekend weekly
	wind	윈드	**w**(반복) + ind	반복하여 바람불다	window
	window	윈도우	**w**(반복) + ind + (d)ow(주다)	반복하여 바람을 주는 것 → 창(문)	
	wing	윙	**w**(반복) + ing(계속)	(새가) 반복하여 날갯짓하다 → 날다 → 날개	winery
	wink	윙크	**w**(반복) + ink	(눈을) 깜박거리다 → 윙크하다, 빛이 깜박거리다	
	wipe	와이프	**w**(반복) + l + p(누르다) + e	반복하여 누르다 → 닦다, 문지르다	= rub
WISH LIST	**wish**	위쉬	**w**(반복) + i + sh(속도)	(반복하여 빠르게 되기를) 바라다, 기원하다	= hope want

W

그림	관련 단어	발음	세분화	의미	연관/확장어
	with	위드	W(반복) + i + th(사람/사물)	(사람, 사물이) 둘 이상인 → 함께, ~과	↔ without
	within	위딘	W(반복) + i + th + in(안)	함께 안에 있는 → 내부에, 안쪽에, 이내에	↔ out
	without	위드아웃	W(반복) + i + th + out(밖)	함께 벗어난 → 함께하지 않는 → ~없이	↔ with
	wool	울	W(반복) + oo(둥근) + l(선)	반복하여 둥글둥글한 선 → 양털, 양모	
	woman	우먼	W(반복) + o + man	사람을 반복하여 만드는 사람 → 여자	pl) women
	work	월	W(반복) + ork(하다)	반복하여 행하다 → 일하다	worker workshop
	wrap	랩	W(반복) + r(선) + a + p(누름)	반복하여 눌러 감싸다 → 포장하다	= pack
	wrinkle	링클	W(반복) + r(선) + ink + le(반복)	반복되는 선을 만들다 → 주름잡다	
	write	라이트	W(반복) + r(선) + ite(하다)	반복하여 선을 그리다 → 글을 쓰다	= scribe

(3) W → 2(반복) → ?(궁금, 의문) → 조심/주의 → 보호

그림	관련 단어	발음	세분화	의미	연관/확장어
?	what	왓트	Wh + at	(의문) 무엇을, 무엇이	
?	when	웬	Wh + en	(의문) 언제	
?	where	웨어	Wh + ere	(의문) 어디(에, ~로, ~에서)	anywhere
?	which	위치	Wh + ich	(의문) 어떤 사람, 어느 것	
?	who	후	Wh + o	(의문) 누가, 누구	
?	why	와이	Wh + y	(의문) 왜	
	warn	원	W + arn	조심/주의하게 하다 → 경고/경계하다	= caution
	warranty	워런티	War + r + ant + y	보호함 → 보증함 → 품질보증서	= guarantee
	wary	웨리	W + ary	조심/경계하는	beware = careful
	watch	와치	W + atch	반복해서 보다 → 지켜보다, 시계 → 조심하다	watchful
	wonder	원더	Won + der	반복해서 생각하다 → 궁금하다, 놀라다	wonderful
	worry	워리	Wor + r + y	반복적으로 궁금해하다 → 걱정하다	

그림	관련 단어	발음	세분화	의미	연관/확장어
X	X	엑스	【X】 → 모양 →『교차 → 섞음, 고정(축), 부착』 (1)【X】 → 모양 →『교차』 (2)【X】 → 모양 →【교차】→『혼합, 고정, 부착』 (3) G's law =『ct → x』		

(1) X →  → 교차

그림	관련 단어	발음	세분화	의미	연관/확장어
	a**x**	엑스	a + **X**(교차)	교차하여 만든 것 → 도끼	
	a**x**le	엑슬	a(땅) + **X**(교차) + le	가로세로 교차되는 (바퀴의) 차축	
	bo**x**	박스	b(바닥 있는 입체) + o + **X**(교차)	교차하여 만든 바닥 있는 입체 → 상자	= case
	clima**x**	클라이맥스	clim(기울어진) + a + **X**(교차)	최고로 각진 것 → 최고조, 절정	
	cru**x**	크럭스	c(각) + r(선) + u + **X**(교차)	'+' 처럼 교차되는 것 → 중요 부분/핵심	
	ma**x**i ~	맥씨멈	m(만들다) + a + **X**(교차) + i	교차되게 만드는 → 꼭대기의 → (수나 양이) 최대의, 최고의	maximize maximum
	ne**x**us	넥써스	n(연결) + e + **X**(교차) + us	연결하여 교차함 → 결합, 관계	
	te**x**tile	텍스타일	t + e + **X**(교차) + ile	교차하여 짜기 쉬운 → 직물, 옷감	
	te**x**ture	텍스쳐	t + e + **X**(교차) + ture	조직, 구성, 감촉, 재질	
	X-ray	엑스레이	**X** - r(선) + a + y	교차하여 찍는 것 → **X**선, 엑스레이	

(2) X → 모양 → 교차 → ❶ 혼합 ❷ 고정(고치다) ❸ 부착(붙이다)

❶ X → 모양 → 교차 → 혼합

그림	관련 단어	발음	세분화	의미	연관/확장어
	ne**x**us	넥써스	n(선) + e + **X**(교차) + us	연결하여 교차함 → 유대, 결합, 관계	
	mi**x**	믹스	m(만들다) + i + **X**(교차)	섞어 만들다 → 혼합하다	= blend

❷ X → 모양 → 교차 → 고정(고치다)

그림	관련 단어	발음	세분화	의미	연관/확장어
	a**x**is	액씨스	a(땅) + **X**(교차) + is	고정하여 교차한 것 → (회전의) 축, 중심선	
	fi**x**	픽스	f(고정) + i + **X**(교차)	교차하여 고정하다 → 고정시키다, 고치다	= repair

X

그림	관련 단어	발음	세분화	의미	연관/확장어
❸ X → 모양 → 교차 → 고정 → ▨부착(붙이다)				= H, T	
	affix	어픽스	af(~에) + f + i + **X**(부착)	~에 첨부하다, 추가하다, 붙이다	= append
	next	넥스트	**n**(연결) + e + **X**(c t →x) + t(서다)	이어져 붙는 → 다음의	= following
	oxygen	악씨즌	o + **X**(부착) + y + gen	**O를 부착하여 만든 것** → 산소(O_2)	
	prefix	프리픽스	pre(앞) + f + i + **X**(부착)	앞에 붙이다 → 접두사	↔ suffix
	proximity	프락**씨**머티	pro(앞) + **X**(부착) + im + ity(것)	앞에 붙어 있는 것 → (시간, 거리상) 가까움	cf) near
	sox	싹스	s(지그재그로) + o + **X**(부착)	지그재그로 올려 부착하다 → 양말	
	suffix	써픽스	suf(뒤) + f + i + **X**(부착)	뒤에 붙이다 → 접미사	↔ prefix
	tax	택스	t(접촉) + a + **X**	접촉하여 부착하다 → (이익에) 세금 붙이다	surtax
	taxi	택시	t(접촉) + a + **X**(부착) + i	(이동 거리에) 세금을 붙이다 → 택시	= (taxi)cab
	vex	벡스	v(말하다) + e + **X**(부착)	말꼬리를 붙이다 → 짜증나게 하다	
	wax	왁스	w(반복) + a + **X**(부착)	반복하여 (유약을) 붙이다 → 광을 내다	
(3) Grimm's law : ct → x					
	fax	팩스	fac + sim(동일) + ile(쉬운) → fa**X**	쉽게 똑같게 만드는 → 복사/모사, 팩시밀리(=팩스)	facsimile
	flexible	플렉서블	flection → fle**x**ible	잘 구부러지는 → 신축성 있는	flexibility
	pixel	픽슬	picture → pi**x**el	**picture의 복수** → 화소(화상의 최소단위)	
	sex	쎅스	section → se**x**	분리된 것 → 성性	= gender
(4) 명사를 만드는 X					
	flux	플럭스	fl(흐름) + u**x**	흘러가는 것 → 유동, 흐름	
	prix	프리	pri**ce** → pri**x**	가격, 요금, 가치, 상	grand-prix

time 접미사(동사/명사/형용사, 모음 역할)

그림	관련 단어	발음	세분화	의미	연관/확장어
Y y		유	고대 이집트시대부터 사용되었던 『모래시계』로 추정된다. 또한, 모래시계는 인간 삶이 끝이 있다는 것을 비유하여 『접미사』로 사용되는 것으로 추정된다. (1) 【Y】 → 모양 → 【모래시계】 → 『시간』 (2) 【Y】 → 『모음 역할』 (3) 【Y】 → 【삶의 끝】 → 『동사/명사/형용사/부사의 접미사』		

(1) Y → 모양 → ⧗(모래시계) → 시간

그림	관련 단어	발음	세분화	의미	연관/확장어
	day	데이	da + **y**	시간을 준 것 → 하루, 낮, 주간	daily
	journey	저니	journ(Fr. day) + e**y**	하루의 시간 → (육상) 긴 여행	journal = tour trek = voyage
2013 2014 **2015**	**year**	이어	**y** + ear	해, 년	yearly
	yield	일드	**y** + ield	시간을 두다 → (순서를) 양보하다, 산출하다	
	yesterday	예스터데이	**y** + ester + day	어제	↔ today
	yet	옛	**y** + et	아직	↔ already
	young	영	**y** + o + ung	어린, 젊은	= juvenile ↔ old
	youth	유뜨	**y** + o + u + th	젊음, 청춘 → 젊은이, 청년	↔ old

(2) Y → 모음 역할

그림	관련 단어	발음	세분화	의미	연관/확장어
	bye	바이	b**y**(2) + e	둘이 되는 → (헤어질 때) 안녕	good-bye
	cyber	싸이버	c**y**ber	컴퓨터 네트워크상의	
	dye	다이	d(물) + **y** + e	물에 염색하다	
	dynamite	다이너마이트	d**y**n + am + ite(것)	폭발하게 하는 것 → 다이너마이트	
	eye	아이	e(양쪽) + **y** + e	양쪽에 있는 신체 부위 → 눈	eyebrow
	gymnasium	짐네이지엄	g**y**mn + as + ium(장소)	운동을 하는 장소 → 체육관	abbr) gym.
	hybrid	하이브리드	h(i → **y**) + br + id	초월하여 낳은 → 잡종/혼혈의	
	hydro	하이드로	h(i → **y**) + d(물) + ro	물이 높은 곳에서 떨어지는 → 수력 발전소	hydrogen

Y

그림	관련 단어	발음	세분화	의미	연관/확장어
	myth	미뜨	m**y**(stery) + th(사람)	신비한 신 → 신화神話	mythology
	oyster	**오**이스터	o**y** + ster	(먹는 해산물) 굴	
	psycho	**싸**이코	ps**y**cho	정신~, 정신병자	psychology
	syn/sym	씬/씸	s**y**n / s**y**m	**same** 변형 (sam → sym)	sympathy
	system	**시**스템	s**y**s + (s)tem	같은 줄기 → 체계, 제도, 장치	systematic
	type	타입	t(접촉) + **y** + p(누름) + e	눌러서 접촉하다 → 활자, 타자하다	typing
	vying	바이잉	v + **y** + ing	vie(다투다) + ing → 경쟁하는	= competitive
	why	와이	wh + **y**	(의문문) 왜	

(3) Y → '❶ 동사 ❷ 형용사 ❸ 명사 ❹ 부사'를 만드는 접미사

❶ 동사화 접미사

그림	관련 단어	발음	세분화	의미	연관/확장어
	buy	바이	b + u(위) + **y**(하다)	바닥 위에 쌓아 두다 → 사다, 구매하다	buyer ↔ sell = purchase
	cry	크라이	cr + **y**(하다)	(소리가) 원처럼 퍼지다 → 울다	= shed weep
	fly	플라이	fl + **y**(하다)	선으로 흐르다 → 날다	flight = aviate
	fry	프라이	fr + **y**(하다)	f(i)r(e) + y → 불에 튀기다	frizzle
	lay	레이	l(사람) + a**y**(하다)	(사람을) 눕히다, 재우다	
	may	메이	ma**y**(하다)	(가능) ~일지 모른다	
	pay	페이	p + a**y**(하다)	지불하다	payment
	play	플레이	pl + a**y**(하다)	놀다, 연극하다, (피아노, 기타) 치다	
	pray	프레이	p + r(선) + a**y**(하다)	(손을) 눌러 선을 두다 → 기도하다	prayer
	rely	릴라이	re + l(사람) + **y**(하다)	lie(거짓말하다) ↔ re(반대) + lie → '거짓말하다'의 반대 → 신뢰하다/믿다	= trust reliability
	say	세이	s(퍼지다) + a**y**(하다)	(말소리가) 퍼지다 → 말하다	saying
	stay	스테이	st + a**y**(하다)	서 있다 → 계속 있다, 머물다	= remain
	study	스터디	st + u + d + **y**(하다)	공부하다	cf) learn
	sway	스웨이	**s**(물) + **w**(반복) + a**y**(하다)	물이 반복하여 출렁이다 → 흔들리다	swayable
	try	트라이	t(접촉) + r + **y**(하다)	만져보다 → 노력하다, 시도하다, 시험해 보다	trial = test
	vary	베리	**v**ar + y(하다)	다양하게 하다 → 변하다, 달라지다	variety various

그림	관련 단어	발음	세분화	의미	연관/확장어
❷ 형용사화(~한, ~의) 접미사					
	an**y**	애니	a(하나) + n + **y**(~의)	(불특정한) 어떤/어느 하나의	anyway anywhere
	bus**y**	비지	bus + **y**(~한)	바쁜	business
	b**y**	바이	b(둘) + **y**(있는)	둘이 있는, 간접의 → 옆의(부수적인), ~에 의해	
	cost**l**y	코스트리	cost(비용 들다) + ly	비용이 많이 드는 → 값비싼	= expensive ↔ cheap
	cos**y** coz**y**	코우지	co(함께) + s(z) + **y**(~한)	함께하는 → 친밀한, 편안한, 아늑한	= comfortable (comfy)
	craz**y**	크레이지	cr + a + z + **y**	행동이 오락가락하는 → 미친	= insane ↔ sane
	dirt**y**	더티	dirt + **y**	더러운, 지저분한	↔ clean
	dr**y**	드라이	d(물) + r(선) + **y**(~한)	물이 선을 따라 보낸 → (물이) 마른	drought ↔ wet
	health**y**	헬띠	heal + th + **y**(~한)	건강한	healthful
	ic**y**	아이씨	i + c(각) + (e) + **y**(~한)	얼음처럼 찬	
	laz**y**	레이지	l + a + z(왔다 갔다) + **y**	(사람이 왔다 갔다) 게으른	= idle
	love**l**y	러브리	love + l**y**(~한)	사랑스러운, 어여쁜	= lovable
	man**l**y	맨리	man + l**y**	남자다운	
	man**y**	메니	m(만들다) + an**y**(~한)	(수가) 많은	= lot cf) much
	m**y**	마이	m + **y**(~의)	나의	cf) your
	read**y**	레디	re + ad(길) + **y**(~한)	다시 길에 있는 → (사람이) 준비된	already
	sh**y**	샤이	sh + **y**(~한)	수줍어하는, 부끄러워하는	= shameful
	sl**y**	슬라이	s + l + **y**(~한)	교활한	= cunning
	sorr**y**	쏘리	sor(e)(아픈) + r + **y**(~한)	아픈, 마음 상한 → 미안한, 유감스러운	sorrow
	spic**y**	스파이시	spic + **y**(~한)	양념 맛이 강한 (짠, 매운)	
	tin**y**	타이니	tin + **y**(~한)	아주 작은	= small minute
	ugl**y**	어글리	ugl + **y**(~한)	못생긴, 추한	↔ handsome
	war**y**	웨리	war + **y**(~한)	조심하는, 경계하는	= careful = cautious
	wr**y**	라이	wr + **y**(~한)	비꼬는, 풍자적인	
	yumm**y**	여미	yum + m + **y**(~한)	의성어) 냠냠 맛있는	= delicious tasty

Y

그림	관련 단어	발음	세분화	의미	연관/확장어

❸ 명사화 접미사 or 명사형

그림	관련 단어	발음	세분화	의미	연관/확장어
	army	아미	arm(팔) + **y**(명사)	팔 → 무기(arms) → 군대 → 육군	arms disarm cf) navy
	boy	보이	bo**y**	소년	↔ girl
	clay	클레이	da + **y**	진흙, 찰흙, 점토	
	difficulty	디피컬티	di + f + fic(만듦) + ult + **y**	만들기가 어려움 → 곤경, 곤란	difficult
	discovery	디스커버리	dis + cover + **y**(것)	덮은 것을 분리하는 것 → 발견	cover discover
	entry	엔트리	ent(e)r + **y**	들어가다 + 것 → 들어감 → 입장	enter
	fury	퓨리	fur + **y**	fur(fire 변형) + y → 화남 → 분노	furious
	guy	가이	gu + **y**	비격식) 남자, 녀석, 사내	
	joy	조이	j + o + **y**	재미, 즐거움	enjoy joyful
	mystery	미스터리	myster + **y**	불가사의, 신비	mysterious
	navy	네이비	n(항해) + a + v(배) + **y**	해군, 짙은 감색	navy-seal cf) army
	party	파티	p(누르다) + art + **y**	누르다 → 골라잡다 → 분리하다 → 헤어지다 부분/일부 → 정당, 단체, 파티	
	pity	피티	pit + **y**	연민, 동정	
	quay	퀴	qu + a**y**	부두	dock pier wharf
	ray	레이	r(선) + a + **y**	광선, 열선/방사선	X-ray
	sky	스카이	sk + **y**	하늘	= heaven
	toy	토이	t(접촉) + o + **y**	손으로 만지며 노는 것 → 장난감	cf) doll
	victory	빅토리	v(살다) + i + ct + or**y**	생존을 위해 싸워서 이기는 것 → 승리	= win
	way	웨이	w + a**y**	반복하도록 하다 → 방법/방식, 길/도로	thruway = road

❹ 부사화 접미사 (~게)

그림	관련 단어	발음	세분화	의미	연관/확장어
	busily	비저리	bus + (y→i) + l**y**	바쁘게	
	easily	이지리	eas + (y→i) + l**y**	쉽게	
	happily	해피리	hap + p + (y→i) + l**y**	행복하게	
	very	베리	ver(진실) + **y**	매우, 잘	

그림	관련 단어	발음	세분화	의미	연관/확장어
Z z		지	【Z】 → 모양 → 【코브라】 → 【지그재그】 90° 회전시 → 【N】 【Z】 → 모양 → 【지그재그 선 → 상반되는 반복 행위】 【Z】 → 모양 → 【정신적 오락가락】 → 『혼란/당황』 【Z】 → 모양 → 【반복되는 의성어】		

Z = 【N】 → 양면성 → 지그재그(왔다 갔다=반복) → 정신적 혼란

그림	관련 단어	발음	세분화	의미	연관/확장어
	amaze	어메이즈	a + ma**z**e(미로)	미로 → 당황하게 하다 → 놀라게 하다	amazing
	buzz	버즈	b(ee) + u + **zz**	(벌이 날개를 상하로 퍼덕이며) 윙윙거리다	
	crazy	크레이지	cr + a + **z** + y	행동이 오락가락하는 → 미친	= insane ↔ sane
	daze	데이즈	d + a + **z**(왔다 갔다) + e	(정신이 오락가락) 멍하게 하다	
	dizzy	디지	d + i + **zz** + y	(정신이 오락가락) 현기증 나는 → 어지러운	
	doze	도우즈	d + o + **z**(왔다 갔다) + y	(자다가 깨다가) 꾸벅꾸벅 졸다	
	faze	페이즈	f + a + **z** + e	남을 곤란하게 하다, 당황하게 하다	
	freeze	프리즈	fr + ee + **z**(왔다 갔다) + e	녹았다 얼었다 반복하다 → 얼다, 동결하다	frozen ↔ melt
	lazy	레이지	l + a + **z**(왔다 갔다) + y	(사람이 왔다 갔다) 게으른	= idle
	lizard	리저드	l + l + **z**(왔다 갔다) + ard	지그재그로 가는 동물 → 도마뱀	
	maze	메이즈	m(만들다) + a + **z** + e	왔다 갔다 하게 만든 것 → 미로	amazing
	nozzle	나즐	n + o + **z** + zle	넣었다 뺐다 하는 것 → 노즐, 분사구	
	puzzle	퍼즐	p + u + **z** + zle(반복)	왔다 갔다 반복하여 누르는 것 → 퍼즐, 수수께끼	
	quiz	퀴즈	qui(묻다) + **z**	이것저것 질문하는 것 → 질문/조사, 간단한 구두시험	
	zebra	지브라	**z** + e + bra	(무늬가 있다 없다한) 얼룩말	
	zigzag	지그재그	**z** + ig + **z** + ag(하다)	왔다 갔다 나아가다	
	zip	집	**z** + i + p(누르다)	지그재그로 눌러 잠그다	zipper
	zone	조운	**z** + one	지그재그선으로 이어진 하나의 것 → 지역/지대/지구/기후대	= area = territory
	zoo	주우	**z** + oo(원)	지그재그로 연결한 원 → 동물원	zoology
	zoom	줌	**z** + oo(원) + m	왔다 갔다 하여 보게 만들다 → 확대/급등하다	= magnify
	zzz	지지지	**z** + **z** + **z**	(의성어) 코고는 소리, 벌/파리가 내는 윙윙 소리	

Z

숫자(digit, figure, number) 및 기타 접두사

숫자	숫자 및 기타	어원	예시
¼	Quart	L. quartus : four	**quard**rate, **quar**ter
	Demi	Fr. demi	**demi**god
½	Half	E. half	**half**time, **half**way
	Hemi	Gr. hemi	**hemi**sphere **hemi**algia
	Semi	L. semi	**semi**circle, **semi**final
	Mono	Gr. monos	**mono**polize **mono**logue
1	On(e), Uni	E. an L. unus	**on**ce, **on**ly, **uni**form, **uni**t
	Sol	L. solus	**sol**e, **sol**o, **sol**id, **sol**itary
	Bi(n)	L. bi	**bi**cycle, **bi**llion, **bi**nary
	By	secondary	**by**-product, **by**-present
2	Di (d > t)	Gr. di	**di**vide, **di**lemma
	Deu, Dou, Du(o)	L. du	**deu**ce, **dou**ble, **du**et
	Twe, Twi	E. twe	be**twe**en, **twi**ce, **twi**ns, **twi**st
3	Three	E. threo	**three**-dimensional(3D)
	Tri	Gr./L./Fr. troi	**tri**angle, **tri**llion
4	Fo(u)r	E. feower	**for**tnight, **for**ty, **four**teen
	Quadr, Quart	L. quartus	**quadr**angle, **quar**terly, **quar**tet, **squar**e
	Tetra	Gr. tettares	**tetra**gon
5	Five	E. fif (f>v)	hi-**five**, **fif**teen
	Pent (f > p)	Gr. pente	**pent**agon **pent**athlon
	Quint	L. quintus	**quint**essence
6	Hex	Gr. hex	**hex**agon
	Se(x)	L. sex	**se**mester, **sex**foil
	Six	E. sex	**six**teen **six**ty
7	Hept	Gr. hepta	**hept**agon
	Sept	L. septem	**sept**angle
	Seven	E. sefon (f>v)	**seven**teen
8	Eight	E. eahta	**eight**een **eight**y
	Octo	Gr. octa, L. octo	**octo**pus **oct**agon
9	Nine	E. nigon	**nine**teen, **nine**ty
	Nona	L. nona	**nona**genarian, **nona**gon
10	Dec (d > t)	Gr. deka (k>c)	**dec**ade, **Dec**ember
	Te(e)n	E. t(i)en	**ten**th, **teen**age
100	Cent	L. centum	**cent**imeter, **cent**ury
	Hundred	E. hundred	**hundred**
	Kilo	Gr. chilioi (k>c)	**kilo**meter
1000	Mill	L. mille	**mill**ennium **milli**meter
	Thousand	E. thusand	**thousand**
1,000,000	million	mill : 1,000 1개	**mill**(1,000) + **ion**(000)
1,000,000,000	billion	bill : 1,000 2개	**bill** (1,000,000) + **ion**(000)
1,000,000,000,000	trillion	trill : 1,000 3개	**trill** (1,000,000,000) + **ion**(000)
many	multi	L. multus	**multi**media, **multi**ply
	poly	Gr. poly	**poly**gon, **poly**glot
	all	E. eal	**al**together, **al**ways
whole (all)	holo	Gr. holos	**holo**caust, **holo**gram
	integ(e)r	L. integer	**integr**ate, **integr**al
	omni	L. omnis	**omni**bus, **omni**potent
	pan(to)	Gr. pan	**pan**acea, **pan**demic

신체	부위	의미	관련 단어
	hair	머리카락	haircut hairstyle
		머리카락이 서다 → 공포	horrible horror
	head	머리	forehead headache headphone
		머리 → 우두머리	headoffice headquarters
		1) feel 느끼다	sense sympathy
		2) know 알다	ignore science sophomore
		3) think 생각하다	reasonable
		4) will 의지	volunteer
		5) memory 기억	remember
		6) nerve 신경	neutron
		7) mind 마음	mental psychology remind
		8) compute 계산하다	calculate
		9) decide 결정하다	judge
		10) learn 배우다	study
	face	얼굴 → 앞면	facial front surface
	eye	눈 → 보다(look, see)	open optics prospect
	nose	코 → 냄새(smell)	odor nuzzle sneeze sniff snore
	ear	귀 → 듣다(hear)	audio audition listen
	tooth	이 → 씹다(chew)	dental dentist
	mouth	입	oral vocal
		입 → 먹다(eat), 마시다	eat edible drink
		입 → 호흡하다, 숨 쉬다	breathe conspire inspire
		입 → 말하다(say)	say tell talk speak confess dictionary telephone pronounce
		입 → 명령하다	order command
		입 → 노래하다(sing)	accent chant melody
	neck	목 → 머리와 몸을 연결	connect join necktie next nexus
	arm	팔 → 때리다 → 무기	armistice armor arms army disarm
	finger	손가락 → 숫자	digital
	hand	손	backhand handbag handball handcraft handle handsome
		손 → 잡다(catch)	grab grasp capture cop receive
		손 → 가리키다(point)	direct indicate
		손 → 누르다(press)	interpret
		손 → 밀다(push)	compel
		손 → 당기다(pull)	draw
		손 → 던지다(cast, throw)	broadcast project
		손 → 때리다/싸우다	bat battle beat combat fight
		손 → 만들다(make)	factory manufacture fiction
		손 → 만지다(touch)	contact tangible
		손 → 묶다(bind, tie)	bandage texture
		손 → 부수다(break)	corrupt
		손 → 손뼉 치다(clap)	applaud
		손 → 글 쓰다(write)	graph postscript
		손 → 일하다(work)	labor laboratory operate
		손 → 자르다(cut)	decide suicide section
		손 → 조작하다(handle)	manipulate
		손 → 채우다(fill)	complete fulfill refill
		손 → 주다(give)	contribute donate window

ear
nose
mouth
arm
hand
leg
toe

eye
tooth
neck
chest
hip
knee
foot

신체	부위	의미	관련 단어
	heart	심장 → 핵심	heartache heart-attack
		심장 → 용기	brave courage
		심장 → 사랑(love)	amateur erotic philosophy
		심장 → 질투, 증오	avid jealous hate hatred
		심장 → 열정(passion)	ardent passionate
	back	등 → 뒷면	backache backhand background
	hip	엉덩이 → 앉다(sit)	seat consider
	lap	무릎	knee kneel
	leg foot	다리/발	hike step trip walk
		발(foot)	octopus pedal footprint
		발가락(toe)	tiptoe
		가다(go)	graduate proceed progress
		오다(come)	overcome welcome
		달리다(run)	current
		서다(stop)	stand nonstop
		오르다(climb)	mount mountain
		이동하다(move)	transport transit
		위치하다(locate)	local postpone
		회전하다(turn)	roll rotate tour revolve
	body	신체	corporal physical
		피부(skin)	dermal flesh
		피(blood)	hemo~
		눕다(lie)	
		자다(sleep)	coma hypnosis
		행하다(do)	act actor agent
		자라다(grow)	grocery growth vegetable
	people	사람들	human mankind population
			citizen netizen public
		혈연	kindred kingdom mankind relatives
		가족	brother daughter mother maternal
			father paternal parent sister son
		무리(flock herd)	group school society
		주인(host)	owner landlord master
		손님(guest)	client customer visitor

hair

head

shoulder

back

elbow

waist

bottom

finger

heel

ankle

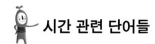 시간 관련 단어들

(1) 요일(the day of week) 유래

요일명	로마어	독일어	현대어
태양日의 날	Solis dies	Sol → Sun (태양의 날)	Sunday
달月의 날	Lunae dies	Lune → Mon (달의 날)	Monday
화성火의 날	Martes dies	Tiw → Tues (전쟁의 로마신)	Tuesday
수성水의 날	Mercurii dies	odin → Wednes (예술/전쟁/죽음의 신)	Wednesday
목성木의 날	Jovis dies	Thor → Thurs (천둥의 신)	Thursday
금성金의 날	Veneris dies	Freya → Fri (사랑/미의 신)	Friday
토성土의 날	Saturni dies	Saturn → Satur (농업의 신)	Saturday

(2) 계절(season) 유래

계절명	단어	발음	의미	단어 유래
봄	spring	스프링	(새싹이) 솟아오르다	새싹이 돋아 오르는 계절 → 봄
여름	summer	써머	Sun(태양) 변형	태양이 뜨거운 계절 → 여름
가을	fall	폴	(나뭇잎이) 떨어지다	나뭇잎이 떨어지는 계절 → 가을
겨울	winter	윈터	wind(바람) 변형	바람이 부는 추운 계절 → 겨울

(3) 시간(time) 관련어

단어	발음	세분화	의미	확장어
second	쎄컨드	sec(나눈) + ond	나눈 것 → 초秒	secondary
minute	미니트	min(작은) + ute	작은 것 → 분分	minutely
hour	아우워	hour	시時	
yesterday	예스터데이	yester + day	어제	
dawn	돈	dawn	새벽	
day	데이	day	낮, 일	↔ night
today	투데이	to + day	오늘	
morning	모닝	mor + n + ing	아침	
afternoon	에프터눈	after + noon(정오)	12시 이후 → 오후	
evening	이브닝	eve + n + ing	저녁	↔ morning
night	나잇	n(검은) + ight	밤	↔ day
tonight	투나잇	to + night(밤)	오늘 밤	
tomorrow	터마로우	to + mor + row	내일	↔ yesterday
week	위크	w + ee + k	반복되는 기간 → 주간	
weekend	위크엔드	week + end	주간의 끝 → 주말	
fortnight	포트나이트	fort(een) + night	14일 밤 → 2주간(14일간)	
month	만뜨	mo(o)n + th	달 → 월	
season	씨즌	season	계절	
year	이어	y(시간) + ear	년	
annual	애뉴얼	ann(년) + ual	매년의	
decade	데케이드	dec(10) + ade	10년	
generation	제너레이션	gen + er + ation	세대 = 30년	
century	쎈츄리	cent(100) + ury	세기 = 100년	
millennium	밀레니엄	mill(1000) + enn(년) + ium	1,000년	
past	패스트	pass의 변형 → 지나간	과거	
present	프레즌트	pre(앞) + sent(있는) → 앞에 있는	현재	
future	퓨처	fu + ture	미래	
era	이러	era	시대	= period
already	올레디	al + re + ad + y	이미, 벌써	
now	나우	n(연결) + ow	지금	
yet	옛	y(시간) + et	아직	
later	레이터	l(선→긴) + ate + (e)r	나중에, 후에	

알파벳 의미 또는 유래로도 알 수 없는 주요 단어들 – 유럽국가어/차용어

단어	발음	의미	단어	발음	의미
▸ 영국어 유래어					
among	어망	셋 이상 사이에	follow	팔로우	따르다
ask	에스크	묻다, 질문하다	fun	펀	재미
bad	배드	나쁜	game	게임	경기
bark	바크	(개 등이) 짖다	ghost	고스트	유령, 귀신
bear	베어	낳다, 견디다, 부담하다	glad	글래드	기쁜
beat	비트	(게임/시합을) 이기다	god	갓	신神
black	블랙	검은	good	굿	좋은, 기쁜
bleed	블리드	피를 흘리다	greet	그리트	인사하다
blind	블라인드	눈이 먼	guess	게스	추측하다
blow	블로우	(입으로) 불다	guilt	길드	유죄
bring	브링	가져오다	hate	헤이트	싫어하다
busy	비지	바쁜	heal	힐	치료하다
clean	클린	깨끗한	help	헬프	돕다
cough	코프	기침하다	hope	호프	바라다, 희망하다
deal	딜	분배하다, (카드) 돌리다	horse	호스	말
do	듀	하다	iron	아이언	철
dull	덜	지루한	keep	킵	지키다, 유지하다
dumb	덤	벙어리의	laugh	래프	웃다
dwell	드웰	살다, 거주하다	lose	루즈	잃다, 지다
enough	이너프	충분한	lot	랏	(수, 양이) 많은, 추첨
evil	이블	사악한	mad	매드	미친
fair	페어	공정한, 공평한	melt	멜트	녹다
far	파	멀리	milk	밀크	우유
feed	피드	먹이다	need	니드	필요로 하다
feel	필	느끼다	now	나우	지금
few	퓨	(수가) 적은, 약간의	owe	오	빚지고 있다→ 덕분이다
field	필드	들판, 분야	play	플레이	놀다, 연극/연주하다
foe	포	적	pool	풀	수영장
fold	포울드	접다	quake	퀘이크	진동하다

105

단어	발음	의미	단어	발음	의미
quick	퀵	빠른, 신속한	speed	스피드	속도
raw	로	날것의	spin	스핀	돌다, 회전하다
red	레드	붉은, 빨간색의	starve	스타브	굶주리다
rot	랏	썩다	steal	스틸	훔치다
rough	러프	거친	strip	스트립	옷 벗다, 벗기다
sad	쌔드	슬픈	strong	스트롱	강한, 튼튼한
say	쎄이	말하다	sweet	스위트	달콤한
seed	씨드	씨, 종자	sword	스워드	칼, 검
shape	쉐이프	모양, 형태	talk	톡	말하다
share	쉐어	나누다 → 몫	tall	톨	키가 큰
sharp	샤프	날카로운	tear	테어/티어	찢다, 눈물
shed	쉐드	눈물 흘리다	thank	땡크	감사하다
shell	쉘	껍데기	think	띵크	생각하다
shoe	슈	구두	warm	웜	따뜻한
short	쇼트	짧은, 부족한	weigh	웨이	무게 달다
sick	씩	아픈	waste	웨이스트	(돈, 시간을) 낭비하다
sigh	사이	한숨 쉬다	wear	웨어	옷 입다
sleep	슬립	잠자다	weird	위어드	이상한
slow	슬로우	느린	wild	와일드	야생의
small	스몰	작은	yell	옐	외치다
smart	스마트	영리한, 똑똑한			
smoke	스모우크	담배 피우다			
soft	소프트	부드러운			
some	썸	약간, 어떤			
soul	쏘울	정신, 혼			
sour	싸우어	맛이 신			
south	싸우뜨	남쪽, 남방			
soothe	수드	달래다			
spare	스페어	남는, 여분의			
speak	스피크	말하다			

단어	발음	의미	단어	발음	의미
프랑스어 유래어					
abandon	어밴던	포기하다	frank	프랭크	솔직한
ambassador	앰배서더	(외교직) 대사	gain	게인	얻다
ballad	밸러드	춤추는 노래 → 발라드	gallop	갤럽	전속력으로 달리다
ballet	밸레이	춤추는 것 → 발레	garage	거라지	차고
bargain	바긴	싸게 파는 것 → 특가품	gazette	거제트	관보
bouquet	부케이	꽃다발	genre	장르	(예술 작품의) 장르
buffet	버페이	간이 식당 → 뷔페	gourmet	구어메이	미식가
bureau	뷰로우	(관공서의) 사무실, 국	guard	가드	보초, 경비
cafe	캐페이	커피점 → 카페	havoc	해벅	대파괴, 대혼란
chanson	섄선	(프랑스) 노래	hazard	해저드	위험
chassis	섀시	차체	herald	헤럴드	예고하다, 알리다
check	체크	확인(검사)하다	hurt	허트	다치게 하다
chivalry	쉬벌리	기사도, 친절	journey	저니	여행
cigarette	씨거레트	담배	menu	메뉴	(작고 자세한) 메뉴
coat	코우트	상의, 외투	milieu	밀류어	환경
cope	코우프	대처하다	mock	막	놀리다
couch	카우치	긴 의자	niche	니치	틈새
coup	쿠	쿠데타	noir	느와르	암울한, 암흑가 영화
coupon	쿠폰	할인권	parrot	패럿	앵무새
crush	크러쉬	부수다	perform	퍼폼	행하다, 공연하다
cuisine	퀴진	요리(법)	pioneer	파이어니어	개척자, 선구자
dance	댄스	춤추다	pivot	피벗	중심(점)
debut	데뷰	첫 출연	purchase	퍼처스	pour + chase = (위해) 찾다 → 사다
develop	디벨럽	성장하다, 개발하다	puppy	퍼피	강아지
embassy	엠버시	(외교) 대사관	random	랜덤	무작위의
endow	인다우	기부하다	range	레인지	범위
ensemble	앙상블	합주단	rank	랭크	지위, 계급
fiance	피앙세이	약혼자	regret	리그렛	후회하다
fiasco	피에스코	대실패	rendezvous	란디뷰	만남

단어	발음	의미	단어	발음	의미
resort	리조트	다시 나가다 → 휴양지	soup	수프	걸쭉한 것
revenue	레버뉴	다시 들어오는 것 → 수입	survey	써베이	위에서 보다 → 조사
reward	리워드	보상	taste	테이스트	맛(보다)
rich	리치	부자인, 부유한	ticket	티킷	표, 승차권, 입장권
riot	라이어트	폭동	tour	투어	회전하는 것 → 여행
rob	랍	훔치다	trick	트릭	속임수
rush	러쉬	서두르다	trip	트립	짧은 여행
scarf	스카프	목도리	tunnel	터널	터널, 굴
screw	스크루	나사	umpire	엄파이어	심판, 중재자
shock	샤크	충격	vanguard	뱅가드	선봉자, 선구자

‣ 이탈리아어 유래어

단어	발음	의미	단어	발음	의미
balcony	밸커니	(극장의) 이층석	company	컴퍼니	함께 빵을 먹음 → 회사
balloon	벌룬	풍선	gala	게일러	축제
ballot	밸럿	투표하다	romance	로우맨스	짧은 연애
brave	브레이브	용감한			

‣ 스페인어 유래어

단어	발음	의미	단어	발음	의미
bonanza	버낸저	노다지	tobacco	터배코우	담배
cigar	씨가	여송연			

‣ 네덜란드어 유래어

단어	발음	의미
yacht	요트	요트

‣ 아랍어 유래어

단어	발음	의미	단어	발음	의미
coffee	카피	커피	tariff	태리프	관세
emirate	에머럿	(이슬람국가의) 왕	turban	터번	(머리에 두르는) 두건
magazine	매거진	서점 → 잡지			

단어	발음	의미	단어	발음	의미
▸ 노르웨이어 유래어 - 바이킹족					
Nordic	노르딕	북유럽 국가의	**skirt**	스커트	치마
Norman	노르먼	노르만족의	**sky**	스카이	하늘
North	노뜨	북쪽, 북부	**sly**	슬라이	간사한, 교활한
raft	래프트	뗏목	**spike**	스파이크	(눈위) 발을 고정시키는
raise	레이즈	들어 올리다	**trust**	트러스트	믿다, 신뢰하다
score	스코어	점수, 20	**ugly**	어글리	추한, 못생긴
seat	씨트	자리, 좌석	**wreck**	렉	난파선
ski	스키	스키	**wrong**	롱	잘못된
skid	스키드	미끄러지다			
▸ 기타 국가어 유래어					
· 아프리카어 유래어					
cola	코울러	콜라			
· 중국어 유래어					
ginseng	진셍	인삼			
tea	티	차			
· 인도어 유래어					
yoga	요가	심신단련법			
· 벨기에어 유래어					
spa	스파	온천, 광천			
· 말레이반도 토속어 유래어					
bamboo	뱀부	대나무			
· 통가어 유래어					
taboo	터부	금기			
· 남태평양 타히티어 유래어					
tattoo	태투	문신, 북소리			

알파벳 의미 또는 유래로도 알 수 없는 단어들 - 의성/인명/동물어

단어	발음	의미	단어	발음	의미
▸ 의성어 - 소리를 단어화			wow	와우	(놀라움, 감탄) 우아, 와
bang	뱅	꽝 소리나다	yummy	여미	냠냠 맛있는
beep	빕	삑 경적 울리다	zzz	지지지	드르렁드르렁, 윙윙
bomb	밤	펑 터지다, 폭발하다			
boom	붐	붕 큰 소리나다	**▸ 인명어 - 사람의 이름을 단어화**		
cackle	캐클	암탉이 꼬꼬 울다	academy	어캐더미	(플라톤의) 학원/학교
coo	구	비둘기가 구구 울다	America	어메리카	미국 최초 발견자 Amerigo Vespucci
chatter	채터	재잘재잘 지껄이다	bountiful	바운티풀	(소설 주인공에서 유래) 돈 많고 자비로운 부인
chipper	치퍼	참새가 짹짹 울다	boycott	보이콧	(영국 Charles boycott 유래) 참가 거부하다
cuckoo	쿠쿠	뻐꾸기가 뻐꾹뻐꾹 울다	cardigan	카디건	영국 백작이 즐겨 입은 옷
dingdong	딩동	종이 땡땡 울리다	epicure	에퍼큐어	미식가 epicure에서 유래
giggle	기글	킬킬 웃다	etiquette	에티킷	프랑스 정원사에서 유래 - 예의, 예절
gurgle	거글	물이 콸콸 흐르다	machine	머쉰	그리스 도르래 고안자 - 기계
hiccup	히컵	딸꾹질하다	martinet	마르티네트	프랑스 엄격한 보병교관
hiss	히스	쉿 소리하다	mesmerize	메즈머라이즈	오스트리아 내과의사 - 최면을 걸다
hoot	훗	'우우'라고 야유하다	ohm	옴	물리학자 - 저항단위
howl	하울	윙윙거리다	platonism	플레이트니즘	플라톤 철학 숭배자
hum	흠	중얼거리다	pullman	풀먼	철도 설계자 - 침대용 특별 객차
hurry	허리	헉헉거리다 → 서두르다	sandwich	샌드위치	샌드위치 백작에서 유래
hush	허쉬	쉿 조용히 하게 하다	saxophone	쌕써포운	벨기에 Sax 개발자
jangle	쟁글	땡그랑거리다	silhouette	실루엣	프랑스 초상화가 - 외곽선, 윤곽
jingle	징글	딸랑딸랑거리다	valentine	밸런타인	순교자 - 애인에게 보내는 선물
ping	핑	핑 소리나다	watt	와트	증기기관차 발명자 - 전력단위
pop	팝	펑 터지다	**▸ 지명어 - 지명을 단어화**		
quack	꽥	오리가 꽥꽥 울다	bible	바이블	(종이수출항 biblos 유래) 성서
sizzle	씨즐	지글지글 튀기다			
squawk	스꽥	크게 꽥꽥 울다	**▸ 동물어**		
titter	티터	킥킥거리다	cat	캣	고양이
whiz	휘즈	윙윙 소리나다	dog	도그	개
whoop	훕	우아, 환호성 지르다	owl	아울	부엉이

알파벳 의미 또는 유래로도 알 수 없는 단어들 - Just memorize

단어	발음	의미	단어	발음	의미
ache	에이크	아프다, 통증	tender	텐더	상냥한, 부드러운
aid	에이드	돕다	term	텀	용어, 학기, 기간
argue	아규	논쟁하다	tough	터프	단단한, 강한
beg	베그	간청하다	urge	어지	충고/설득/재촉하다
cute	큐트	귀여운	use	유즈	사용하다
dark	다크	어두운	vend	벤드	팔다
dear	디어	사랑하는, 값비싼	wood	우드	나무, 목재
deft	데프트	재빠른	yard	야드	마당, 뜰, 3feet
dim	딤	(빛이) 흐릿한			
dream	드림	꿈(꾸다)			
fine	파인	좋은, 괜찮은, 벌금			
kill	킬	죽이다			
kind	카인드	친절한			
mind	마인드	마음, 정신			
murder	머더	살인(하다)			
nice	나이스	(기분, 사람) 좋은			
odd	아드	이상한			
old	오울드	나이 많은, 오래된			
ox	악쓰	황소			
peel	필	껍질을 벗기다			
peer	피어	또래, 응시하다			
poet	포우잇트	시인			
poor	푸어	가난한, 서투른			
proud	프라우드	자랑스러워하는			
prove	푸루브	증명하다			
pure	퓨어	순수한, 깨끗한			
rare	레어	드문, 희귀한			
rude	루드	무례한			
shy	샤이	부끄러워하는			
such	써치	그런			

Night
deny
Negative
Never
No
Not
Nude

New(s)
Name
Nation
Nature
Novel

 Moon **M**onth
Monday
Monologue
Make **M**in/**M**ax
Mega/**M**ulti

 Flame
Flash
Line **L**ight
Lightning

 Sun **S**hine **S**olar
Sunday **S**ole **S**olid

 Year
Yesterday
Yet
Young

a**V**iate a**v**id
a**v**ion **B**et
Bike **B**ind
Both **B**ull
Bird **W**ing

 **S**tar
Stay
Stop
Store

 Rain **R**ail
River (ab)**R**oad
Ray **R**ow **R**ule

 Rainbow
elbow
 Bay **B**end
Bow **B**owl

 Cloth(ing)
Cloud(y)
Club
include

s**U**per **H**igh/up ↔ sub under down
bound count found mount run round sound

 Circle **O**ne **O**il
Round **R**oll

 Square quarter

Cube Cubic

Ball Balloon Bulb

Mount(ain)
Mobile **M**ove
Middle **M**eddle
Memory

Labor **L**ave **L**ay **L**earn
Leave **L**ie **L**ive **L**ove

Idol
Idiot
Identify

 Why **W**onder
Quality **Q**uantity
Question **Q**uiz

Open **O**ptic
View **O**ral **O**rder
Gag Call Cry
Voice **V**ow

Hang **H**ook
Have **H**old
High **H**ill
History **H**oist
Hop **H**ot
Horrible
Hall **H**ut

Fact
Factory
Fiction
Force
Feast **F**ight
First **F**low
Fury **F**ry

Pinnacle
Pen/Pin
Climb
incline
escalate

Valley
Vessel
Join
connect
and Net

a**X** box
fix mix
ox tax
textile

 Touch

 House

 Arc
Arch
Arm(s)
cap
hat

 Fire

 Corner **S**tand **T**ree

Base
Baseball
Bed
Board
Boat
Box
Bottom
Build

Gender
begin origin
grain
grass green
grand great
grocery
group
grow

Ground
age
cargo gate
go golf
good
geology
geography
global

Table take
tag tap tip
taste tennis
test try to
toy torch
towel treat
type

Cut
chef chop
clip cook
cuisine
decide
suicide

li**V**e
survive
vacation
vain
village

Agriculture
Area
road

Marine **m**ere **m**ermaid sub**m**arine **n**aval **n**avy **n**avigate
Sail **s**alad **s**alt **s**ea **s**urf **s**way **s**wim
Wash **w**ater **w**ave **w**ell **w**et
 bet**w**een t**w**ins t**w**ist t**w**o **w**alk **w**e **w**ed **w**eek **w**ith **w**ork

 Bread
bake(ry)
big
bubble
bug

 Cover
camp
cap
chief
close
cloth

 Catch
care cure
chase
choose
cop count
receive
secure

 Dish **D**am
Deep
Dental
Dig **D**ip
Door **D**rink

 Equal
eight
either
end
even
eye

book
knee
knit
know
llink
neck

 Kid
kin
kind
king
kite
key

  Join
jail
jam
jewel
judge

Push
pull
pack
paint
piano
power
press
print

 altar
Terror
Top
Tower

Rate
Rational
Reason

 c**U**p
bound count
found fund
jump mount
out run
ultra upper
utopia

 snake
line link
Net next
noodle
Zebra zigzag
zip zone
zoo

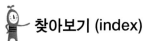

찾아보기 (index)

단어	발음	의미	page	단어	발음	의미	page
A(n)	어 / 언	(불특정한) 하나의	16	again	어겐	다시 (한 번)	16
abandon	어밴던	포기하다	43, 107	age	에이지	나이, 연령, 수명	16, 43
abhor	업호어	싫어하다	46	agent	에이전트	대리인, 대리점	12, 102
abroad	어브로우드	해외로의	15, 29, 73	aging	에이징	나이 먹음, 늙어 가는	16, 43
abyss	어비스	심연	17	ago	어고우	(지금으로부터) 전에	43, 44
academy	어캐더미	(플라톤의) 학원/학교	110	agora	애거러	(고대 그리스) 둥근 광장	14
accent	액쎈트	강조하다	101	Agrarian	어그레리언	토지의, 농경의	14
accomplish	어캄플리쉬	완성하다, 달성하다	20, 67	agree	어그리	찬성/동의하다	43
ace	에이스	(카드의) 에이스=1	16	agreement	어그리먼트	찬성, 동의, 일치	43
ache	에이크	아프다, 통증	111	agriculture	애그리컬처	농업	14, 42
achieve	어치브	성취하다, 도달하다	20	agronomy	어그라너미	농경제학, 작물학	14
acquire	어콰이어	획득하다, 얻다	71	aid	에이드	돕다, 도움주다	3, 111
acrophobia	애크러포우비어	고소 공포증	8, 70	aim	에임	목표(로 하다), 겨누다	14, 44, 80
act	액트	행동(하다), 법률	3, 12, 102	air	에어	공기 요정	11, 13
active	액티브	활동적인	69	airline	에어라인	(항공) 직행의, 정기항로	69
actor	액터	배우	102	airplane	에어플레인	비행기	11, 67, 88
adballoon	애드벌룬	광고풍선	18	airport	에어포트	공항	69
add	애드	더하다	16	airship	에어쉽	비행선	68, 76
additional	어디셔널	추가적인, 보충하는	16	all	올	모든, 전부/전체의	16, 100
adhere	어드히어	달라붙다, 부착되다	46	alliance	얼라이언스	연맹, 동맹	16
adhesive	애드히씨브	집착하는, 접착제	46	ally	앨라이	동맹하다, 동맹국	16
adjourn	어전	늦추다, 연기하다	50	almost	올모우스트	거의, 대부분	16
adult	어덜트	어른, 성인	40, 84	alone	어로운	홀로, 단독으로	16, 55, 65, 77
advance	어드밴스	전진/발전(하다)	89	already	올레디	이미, 벌써	3, 16, 95, 97, 104
adventure	어드벤처	모험	89	also	올쏘우	또한, 역시	16
advertise	애드버타이즈	광고/선전하다	88	altar	올터	재단	79
advertisement	애드버타이즈먼트	광고, 선전	88	altitude	엘티튜드	높이, 해발, 고도	79
advocate	애드버케이트	변호하다, 변호사	88	altogether	올터게더	(부정적) 전혀, 아주	100
aeriel	에어리얼	공기의 요정	11	always	올웨이즈	항상, 늘, 반드시	16, 100
affix	어픽스	첨부하다, 붙이다	3, 38, 94	am/are	엠 / 아	(존재) ~이다, ~있다	15
afraid	어프레이드	두려워하는, 겁내는	34	amateur	애머추어	아마추어	10, 102
afternoon	에프터눈	오후	3, 104	amaze	어메이즈	놀라게 하다	99

113

단어	발음	의미	page	단어	발음	의미	page
Amazon	애머전	여전사	11	append	어팬드	첨부/첨가하다	38, 94
ambassador	앰배서더	(외교직) 대사	107	applaud	어플로드	박수 치다	101
ambient	앰비언트	둘러싸여 있는	15, 19	application	애플리케이션	지원, 적용	67, 71
ambivalent	앰비벌런트	양립하는	15, 19, 87	apply	어플라이	신청하다, 적용하다	67
amble	앰블	느긋하게 걷다	12	appoint	어포인트	임명하다	70
America	어메리카	미국, 미합중국	56, 110	approach	어프로우치	접근하다	20
American	어메리칸	미국(인의), (남북)아메리카의	56	approve	어프루브	승인/인가하다	72
amid	어미드	한복판에, 중간에	15	arc	아크	(원)호	3, 14, 25
amnesia	앰니지어	기억상실증	10	arcade	아케이드	아치형길(통로)	14, 25, 29
among	어멍	셋 이상 사이에서	82, 90, 105	arch	아치	아치	14, 25
Amor	아모르	사랑의 여신	10	archer	아처	궁수	3, 14, 25
amorphous	어모퍼스	형체가 없는	10	archery	아처리	궁도, 활 쏘기	14, 25
ample	앰플	충분한	15	architecture	아키텍처	건축(학)	14, 25
ancestor	앤세스터	조상	16	arctic	아크틱	북극의(northpole)	14, 25
ancient	에인션트	고대의, 오래된	16	ardent	아던트	열정적인, 열광적인	12, 102
and	앤드	그리고	16, 61	area	에리어	지역	15, 66, 99
anniversary	애니버써리	기념일	16	arena	어리너	(원형) 경기장	27, 52, 72
announce	어나운스	발표하다, 알리다	69	Ares	아레스	전쟁신	8, 10
annual	애뉴얼	매년의	104	argue	아규	논쟁하다	3, 111
another	어너더	또 하나의	3	arid	애리드	(땅이) 건조한, 마른	15
answer	앤서	대답하다	52, 71	ark	아크	노아의 방주, 궤, 상자	14
ant	앤트	개미	13	arm	암	(사람의) 팔 → arms (무기)	14, 101
antarctic	앤타크틱	남극의	25	armistice	아미스티스	휴전	14, 101
antipathy	앤티파띠	반감	69	armor	아머	갑옷, 철갑	101
any	애니	(불특정) 어느 하나의	16, 97	arms	암즈	(군대) 무기	98, 101
anybody	애니바디	(긍정문) 누구든지	16, 60, 63	army	아미	육군	14, 56, 62, 98, 101
anything	애니띵	(긍정문) 무엇이든	16, 60, 63	around	어라운드	약, 쯤, 사방에	15, 62, 64, 84
anyway	애니웨이	그런데	16, 97	arrest	어레스트	체포하다	20, 74
anywhere	애니훼어	어디든	92, 97	arrival	어라이벌	도착	69, 73
Aphrodite	애프로다이티	미, 사랑의 여신	10	arrive	어라이브	도착하다	69, 73
Apollo(n)	아폴로/론	태양신	10	arrogant	애러건트	거만한, 오만한	45
apologize	어팔러자이즈	사과하다	54	arrow	애로우	화살	14, 18, 73, 90

단어	발음	의미	page	단어	발음	의미	page
article	아티클	기사, (계약)조항	12	aviary	에이비에리	조류 사육장	87
ask	에스크	묻다, 질문하다	52, 71, 105	aviate	애비에이트	비행하다	87, 96
ass	애쓰	엉덩이, 멍청이, 나귀	14	aviation	에비에이션	비행	39
assassinate	어쎄써네이트	암살하다	22	avid	애비드	부러워하는, 열렬한	87, 102
assemble	어쎔블	조립하다	77	avion	아비옹	비행기	88
Asteria	아스트리아	별신	10	avoid	어보이드	(회)피하다	86
asterisk	애스터리스크	별표(를 달다)	9	avoidance	어보이던스	회피	86
Astria	아스트리아	별신	9	awake	어웨이크	깨우다	91
astronaut	애스트러노트	우주비행사	10	ax	엑스	도끼	93
at	엣	(장소/시간) ~에 위치하는	15	axis	액씨스	(회전의) 축, 중심선	93
Athena	아테네	도시/기예신	8, 10	axle	엑슬	(바퀴의) 차축	15, 93
athens	에띤즈	(도시) 아테네	8	Bacchus	바쿠스	술의 신	10
athlete	애뜨리트	운동선수	8, 10	back	백	등, 뒤쪽에	12, 36, 102
attach	어태치	붙이다, 첨부하다	80	backache	배케이크	등의 통증	102
attachment	어태치먼트	부착(물)	80	backdrop	백드랍	배경	28
attack	어택	공격(하다)	38, 80	background	백그라운드	배경	102
attempt	어템프트	시도, 도전	80	backhand	백핸드	백핸드	101, 102
attention	어텐션	집중, 차렷	18	backward	백워드	뒤로, 퇴보하는	36
attest	어테스트	증명하다	81	bad	배드	나쁜	105
attorney	어터니	변호사	88	bag	백	가방	18
auction	옥션	경매	84	baggage	배기지	수화물	18
audio	오디오우	음성(의)	101	Bake	베이크	빵을 굽다	18
audit	오디트	들으러 가다	82	Bakery	베이커리	빵집, 제과점	18
audition	오디션	음성 테스트	82, 101	balcony	밸커니	(극장의) 이층석	3, 108
augment	오그멘트	증가시키다	84	ball	볼	공	18
automotive	오토모우티브	자동차의	57	ballad	밸러드	발라드	107
autonomy	오타너미	질서의 신	11	ballet	밸레이	발레	107
autumn	오텀	가을	35	balloon	벌룬	(열기구) 풍선	18, 108
avail	어베일	이용하다	87	ballot	밸럿	투표하다	108
available	어베일러블	이용할 수 있는	87	bamboo	뱀부	대나무	3, 109
avenue	애버뉴	(도시) 거리, ~가	73, 76, 89	band	밴드	묶는 것, (악단) 밴드, 끈	19
vian	에이비언	새(조류)의	19, 87	bandage	밴디지	붕대	19, 101

단어	발음	의미	page	단어	발음	의미	page
bang	뱅	의성어) 꽝 소리나다	3, 110	begin	비긴	시작되다, 시작하다	42
bargain	바건	특가품	107	believe	빌리브	믿다, 신뢰하다	55
bark	바크	(개가) 짖다	105	belong	비롱	속하다, 속해 있다	53
barricade	배러케이드	장벽, 장애	15, 29	bench	벤치	긴 의자	17, 21
base	베이스	바닥/기초, 기지를 두다	3, 13, 17	bend	벤드	구부리다, 굽히다, 휘다	18
baseball	베이스볼	야구	3, 17, 18	bending	벤딩	구부림, 굽힘	18
basement	베이스먼트	지하층	3, 17	bet	벳	2개 중 내기 걸다	13, 19
basin	베이슨	(bowl보다 얕은) 대야	17	between	비트윈	둘 사이에 있는	82, 90, 100
basketball	배스킷볼	농구	17, 18	beware	비웨어	조심하다	92
bass	베이스	저음의, (악기) 베이스의	17	beyond	비얀드	넘어서, ~이상의	32
bat	벳트	방망이, 배트, 박쥐	13, 17, 80, 101	biannual	바이애뉴얼	년 2회의	16
bath	배뜨	(목욕하는) 욕조	13, 17	bible	바이블	성서	3, 110
bathe	베이드	씻다	17	bicycle	바이시클	자전거	7, 19, 25, 83, 100
bathroom	배뜨룸	욕실	3, 17	big	빅	(치수, 정도, 양이) 큰	18, 42
batman	배트맨	배트맨	17	bike	바이크	자전거	19
battle	배틀	싸움, 전투	80, 101	bill	빌	청구서/영수증	13, 19
bay	베이	만(灣)	42, 70	billion	빌리언	10억	19, 83, 100
be	비	존재하다, 있다, 되다	32	bimonthly	바이먼뜨리	한 달에 두 번씩, 두 달에 한 번씩	19
beach	비치	바닷가, 해변, 해안	25	binary	바이너리	(수학의) 2진법의(0or1)	19, 100
bear	베어	낳다, 견디다, 부담하다	13, 105	bind	바인드	묶다	19, 61, 101
beat	비트	(게임/시합을) 이기다	46, 80, 101, 105	binder	바인더	(종이 묶는) 바인더	19
beautiful	뷰러플	아름다운	11	biologist	바이알러지스트	생물학자	54
beauty	뷰티	아름다움, 미	10	biology	바이알러지	생물학	54
become	비컴	되다	24, 32	biplane	바이플레인	복엽 비행기	67
bed	베드	침대	17	bird	버드	새	19, 87
bedroom	베드룸	침실	17	birth	버뜨	출생	13
beep	빕	의성어) 삡 울리다	110	birthday	버뜨데이	생일	3
beetle	비틀	딱정벌레	18	bisect	바이섹트	양분하다, 2등분하다	19, 78, 83
before	비포어	(공간) 앞에, (시간) 전에	36	bit	비트	0과1의 정보 최소단위	19
beforehand	비포핸드	사전에, 미리	36	bite	바이트	(이빨로) 물다, 물어뜯다	19
beg	베그	간청하다	3, 111	black	블랙	검은	105
beggar	베거	거지	58	bleed	블리드	피를 흘리다	105

117

단어	발음	의미	page	단어	발음	의미	page
business	비즈니스	사업, 업무	97	capsule	캡슐	캡슐	24
busy	비지	바쁜	97, 105	captain	캡틴	선장, 함장, (계급) 대위	14, 24
but	벗	그러나	16	capture	캡처	체포, 포획	20, 101
butt	벗	밑동, 엉덩이	17, 46, 67	car	카	자동차	21, 24, 57
button	버튼	단추	17, 80	card	카드	카드	21
buy	바이	사다, 구매하다	17, 20, 78, 96	cardigan	카디건	인명어) 카디건 옷	110
buzz	버즈	(벌이) 윙윙거리다	99	care	케어	돌봄, 조심, 걱정	12, 20
by	바이	옆의 (부수적인), ~에 의해	19, 97, 100	career	커리어	경력, 직업	24
bye	바이	안녕	19, 95	careful	케어풀	조심하는	3, 20, 92, 97
by-present	바이프레즌트	부통령	100	careless	케어리스	부주의한	20
by-product	바이프라덕트	부산물	100	cargo	카고우	화물	3, 21, 24, 43, 44
Cab	캡	택시	18, 25	carriage	캐리지	마차, 운반(비)	24
cable	케이블	전선, 케이블	21, 25	carry	캐리	운반하다	21, 24
cache	캐쉬	은닉하다, 저장하다	23	cart	카트	손수레	24
cackle	캐클	암탉이 꼬꼬 울다	110	cartoon	카툰	종이 만화	21
Caelus	카엘루스	하늘 신	10	carve	카브	조각하다, 새기다	21, 23, 42
cafe	캐페이	카페, 작은 가게	3, 107	cascade	캐스케이드	폭포	21
cake	케이크	케이크	24	case	케이스	상자, 용기	13, 17, 21, 93
calculate	캘큘레이트	계산하다	101	cash	캐쉬	현금	21
call	콜	부르다, 전화 걸다	13, 25	cast	캐스트	던지다, 쳐올리다	25, 101
calligraphy	컬리그러피	서예	9, 11	casual	캐주얼	평상시의	13
Calliope	컬라이어피	서사시의 신	9, 11	cat	캣	고양이	3, 13, 110
camera	캐머러	사진기	26	catch	켓치	붙잡다	3, 20, 80, 101
camp	캠프	야영(지), 텐트	15, 21, 23	catcher	켓쳐	포수	20
camping	캠핑	야영	15, 21	caution	코션	조심	92
can	캔	~할 수 있다, 가능하다, 깡통	20, 24	cautious	코셔쓰	조심스러운	20, 97
canal	커낼	운하, 수로	23	cave	케이브	동굴	21, 23
canyon	캐니언	깊은 협곡	23, 86	cavern	캐번	(큰) 동굴	21
cap	캡	모자	14, 24	celestial	썰레스철	하늘의	10
capable	케이퍼블	능력 있는, 유능한	20	cent	센트	(1/100달러) 센트	13
cape	케이프	갑, 곶	21, 70	centennial	센테니얼	100년의	26
capital	캐피털	수도, 자본금	62, 84	center	센터	중심	26

단어	발음	의미	page	단어	발음	의미	page
centigrade	**쎈**터그레이드	100분도의, 섭씨의(C)	26	chef	셰프	요리사	22, 64
centimeter	**쎈**터미터	길이 1cm	26, 100	**ch**emistry	**케**미스트리	화학	11, 24
centipede	**쎈**터피드	지네	26	cherish	**체**리쉬	소중히 여기다	12
central	**쎈**트럴	가운데의	26, 59	chew	츄	씹다	13, 90, 101
centralize	**쎈**트럴라이즈	중앙집권화하다	26	chide	차이드	꾸짖다, 비난/질책하다	22
century	**쎈**처리	세기(100년)	26, 58, 100, 104	child	차일드	아이	13, 84
cereal	**씨**리얼	곡물	8, 10, 24, 64	Chimera	**키**메라	그리스 신화 속 괴물	11
Ceres	**케**레스	곡식의 신	8, 10	chin	친	(얼굴에서 호인) 턱	25
chair	체어	의장(직)	21	chip	칩	얇게 썬 조각	13, 22
chairman	**체**어먼	의장	21	chipper	**치**퍼	참새가 짹짹 울다	110
challenge	**첼**린지	도전	24	chirognomy	카이**라**그너미	손금 보기	7
chamber	**체**임버	(공공건물의) 회의실	21	chirography	카이**라**그러피	서체	7, 11
chance	챤스	기회, 가능성	13, 20	chivalry	**쉬**벌리	기사도, 친절	107
change	체인지	변경하다, 바꾸다	11, 24	choice	초이스	선택	13, 20
channel	**채**널	(TV, 라디오) 채널	24	choke	초크	질식시키다	21
chanson	**샌**선	(프랑스) 노래	107	choose	**추**즈	고르다, 선택하다	13, 20, 78
chant	챈트	노래하다	101	chop	챱	자르다, 썰다	22
Chaos	**케**이아스	혼돈신	7, 12	chopsticks	**챱**스틱스	젓가락	22
chapel	**채**펄	예배당	21	chronic	**크**라닉	만성의	8
charge	챠지	요금, 수수료	21, 24	chronicle	크**라**니클	연대기	8
chariot	**채**리엇	1인승 이륜마차, 전차	21, 24	church	처치	교회, 성당, 예배당	21
chart	챠트	도표/그래프	21, 42	chute	슈트	낙하산(para)chute	24
chase	체이스	뒤쫓다, 추격하다	20	cigar	씨**가**	여송연	108
chassis	**섀**시	차체	107	cigarette	**씨**거레트	담배	107
chat	챗	잡담하다	25, 41	circle	**써**클	원(형), 동그라미	24, 72
chatter	**채**터	재잘재잘 지껄이다	110	circular	**써**큘러	원형의, 순환적인	72
chatting	**채**팅	(컴퓨터상) 대화하기	25	circus	**써**커스	서커스	24
cheap	칩	(값)싼	97	citizen	**씨**티즌	시민	102
check	체크	검토/점검하다, 수표	21, 52, 64, 89, 107	city	**씨**티	도시	23
cheek	칙	볼, 뺨	25	claim	클레임	요구/청구하다	13, 25
cheer	치어	환호	13	clap	클랩	박수 치다	101
cheers	치어즈	환호하다	79	clay	클레이	진흙, 찰흙, 점토	98

단어	발음	의미	page	단어	발음	의미	page
clean	클린	깨끗한	97, 105	comedy	카머디	희극	29
clear	클리어	분명한, 확실한	13	comfortable	컴포터블	편안한	37, 97
cleave	클리브	쪼개다	23	comfy	컴피	편안한	37
client	클라이언트	고객	102	command	커맨드	명령하다	101
cliff	클리프	벼랑, 낭떠러지	21	comment	카멘트	논평/비평(하다)	59
cliffy	클리피	낭떠러지의	21	commerce	커머스	무역, 상업	8, 10, 15, 29
climax	클라이맥스	최고조, 절정	93	commercial	커머셜	상업의	8
climb	클라임	오르다	21, 57, 62, 84, 102	company	컴퍼니	회사	108
climbing	클라이밍	등산	21	compare	컴페어	비교하다	13
clip	클립	자르다	22, 78, 84	compel	컴펠	강요하다	101
clipper	클리퍼	가위	22	compete	컴피트	생각하다	87
close	클로즈	닫다, 휴업하다	13, 25, 64	competent	캄피턴트	능숙한	20
cloth	클로뜨	옷	13, 23, 25	competition	캄퍼티션	경쟁	80
clothe	클로우드	옷 입히다	23, 25	competitive	컴페터티브	경쟁하는, 경쟁력 있는	96
clothing	클로우딩	옷	23, 25	complain	컴플레인	불평하다	67
cloud(y)	클라우드(디)	구름, 흐린	13, 25	complaint	컴플레인트	불평	67
coach	코우치	코치	24	complete	컴플리트	완성하다	40, 67, 101
coast	코우스트	해안	25	completion	컴플리션	완성	67
coat	코우트	상의, 외투	107	complicated	컴플리케이티드	복잡한	58
coffee	카피	커피	3, 108	compulsory	컴펄서리	강제적인, 의무적인	87
coil	코일	감다	24	compute	컴퓨트	계산하다	101
coin	코인	동그란 주화, 동전	21, 64	concentrate	칸썬트레이트	집중하다	26
cola	코울러	콜라	3, 109	concert	칸써트	연주회, 콘서트	20
cold	코울드	추운	46	cone	코운	원뿔	24, 64
collar	칼러	옷깃, 개 목걸이	24	confess	컨페스	고백/자백하다	12, 40, 101
college	칼리지	2년제 대학	54	confide	컨파이드	털어놓다, 신뢰하다	39
coma	코마	혼수상태	102	confidence	칸피던스	신뢰	39
combat	컴뱃	싸우다, 전투	101	confirm	컨펌	확정하다	38
combination	캄버네이션	조합	61	conflagration	칸플러그레이션	대화재	33
combine	컴바인	조합/결합하다	19, 61, 78	conflict	컨플릭트	상반되다, 충돌(하다)	34
combo	캄보	섞어 제공하는 음식	19	congress	캉그리스	회의, 의회	70
come	컴	오다	13, 24, 102	connect	커넥트	연결하다	12, 49, 61, 101

단어	발음	의미	page	단어	발음	의미	page
conquer	캉커	정복하다	71	corn	콘	옥수수	24, 64
conquest	칸퀘스트	정복	71	corner	코너	모서리, 구석	21
consider	컨씨더	고려하다	102	corporal	코퍼럴	신체의	102
console	컨쏘울	위로하다	77	corrupt	커럽트	부패한	101
consonant	칸써넌트	자음	13, 88	costly	코스트리	값비싼	97
conspire	컨스파이어	공모하다	101	cosy cozy	코우지	편안한, 아늑한	97
construct	컨스트럭트	건설하다	62, 74, 84	cottage	카티지	작은 집	21, 46
construction	컨스트럭션	건설	74	couch	카우치	소파, 긴 의자	17, 21, 107
constructive	컨스트럭티브	건설적인	74	cough	코프	기침하다	105
contact	칸텍트	접촉, 연락	12, 80, 81, 101	count	카운트	세다	20, 62, 84
contagion	컨테이전	전염	12	counterfeit	카운터피트	위조(하다)	38
contain	컨테인	들어 있다	81	countless	카운트리스	무수한	20, 84
container	컨테이너	용기, 컨테이너	81	country	컨트리	국가, 지역	13, 23
contest	칸테스트	대회, 시합	58, 80	coup	쿠	쿠데타	107
continual	컨티뉴얼	부단한	81	coupon	쿠폰	할인권	107
continue	컨티뉴	계속하다	81	courage	커리지	용기	102
continuous	컨티뉴어스	계속되는	81	cover	커버	숨기다, 덮다, 포함하다	8, 25, 98
contract	칸트랙트	계약, 축소(하다)	22	covet	커비트	탐내다	10
contribute	컨트리뷰트	기부하다	101	cow	카우	위협/협박하다, 젖소	13, 22
convention	컨벤션	집회, 대회, 관습, 협정	89	coward	카우어드	겁쟁이	22
conversation	칸버쎄이션	대화	30, 54	coy	코이	수줍어하는	13
conversion	컨버전	전환, 개조	88	crash	크래쉬	충돌하다, 부딪히다	47
convert	컨버트	전환하다	88, 91	crazy	크레이지	미친	97, 99
convoy	칸보이	호송	12	create	크리에이트	창조하다	21
coo	구	의성어) 비둘기가 구구 울다	110	creative	크리에이티브	창조적인	21
cook	쿡	요리하다, 요리사	13, 22, 64	criticize	크리티사이즈	비평하다, 비판하다	22
cookery	쿠커리	요리(법)	22, 64	Cronos	크로노스	농경/시간신	8, 10
cop	캅	경찰관	20, 101	crook	크룩	굴곡, 갈고리	25
cope	코우프	대처하다	107	crop	크랍	수확물, 농작물	8, 10, 22
copy	카피	복사하다, 베끼다	30, 67	cross	크로스	교차로	11
copyright	카피라이트	저작권, 판권	67	crown	크라운	왕관, 화관	24
core	코어	핵심, 중심부	26, 47	cruise	크루즈	항행하다	25

단어	발음	의미	page	단어	발음	의미	page
crush	크러쉬	부수다	107	damp	댐프	축축한, 습기찬	15, 28
crux	크럭스	중요 부분/핵심	93	dampen	댐픈	축축해지다	15, 28
cry	크라이	울다, 외치다	25, 90, 96	dance	댄스	춤추다	107
cube	큐브	입방체, 정육면체	18, 21, 27	dare	데어	감히~하다	13
cubic	큐빅	정육면체의	18, 21	dark	다크	어두운	111
cubicle	큐비클	좁은 방	21	dash	대쉬	맹렬히 움직이다, 돌진	47
cuckoo	쿠쿠	의성어) 뻐꾸기가 울다	110	daughter	도터	여자 자녀(딸)	102
cuff	커프	수갑	20	dawn	돈	새벽	104
cuisine	퀴진	부엌	22, 107	day	데이	하루, 낮, 주간	10, 95, 104
cultivate	컬티베이트	경작하다	23	daze	데이즈	(정신이) 멍하게 하다	99
cunning	커닝	교활한	97	dead	데드	죽은	27
cup	컵	컵	25, 84	deadline	데드라인	(일의) 마감기한	3, 53, 61
cupboard	커버드	천장	17, 84	deal	딜	분배하다, (카드) 돌리다	105
Cupid	큐피드	사랑의 전령사	3, 10	dear	디어	사랑하는, 값비싼	3, 111
curator	큐레이터	전시 책임자	20	death	데쓰	죽음 신	10
cure	큐어	치료하다, 관리하다	13, 20	debug	디버그	오류 제거하다	17
curfew	커퓨	만종, 야간통행금지	33	debut	데뷰	첫 출연	107
curious	큐리어스	호기심 많은	20	decade	데케이드	10년간, 10명, 10개	30, 100, 104
curl	컬	꼬다/감다, 비틀다	26	decalogue	데컬로그	십계명+誡命	34
current	커런트	현재의, 통용되는	102	Decameron	디케머런	10일간의 이야기	30
curse	커스	저주(하다)	22	decapod	데커파드	십각류(게, 새우 등)	30
curtail	커테일	축소/단축/삭감하다	22	decease	디씨스	사망(하다)	27
curve	커브	굽히다, 만곡시키다	26, 73, 76	December	디쎔버	(달력의) 12월	30, 100
customer	커스터머	손님, 고객	23, 102	decide	디싸이드	판단/결심/결정하다	22, 101
customs	커스텀즈	관습, 세관, 관세	23	decision	디씨즌	결정, 결심	22
cut	컷	베다, 자르다, 절단하다	13, 22, 78, 80, 84, 101	decline	디클라인	거절하다, 사퇴하다	21
cute	큐트	귀여운, 사랑스러운	3, 10	decrease	디크리스	줄이다	12
cyber	싸이버	컴퓨터 네트워크상의	95	deep	딥	물이 깊은	28
cycle	싸이클	자전거	7, 11, 25	deepen	디픈	깊게 하다	28
Cyclops	키클롭스	눈 하나인 신	7	defend	디펜드	방어하다	38, 80
Daily	데이리	매일의	95	deft	데프트	재빠른	37, 111
dam	댐	댐, 둑	3, 15, 28	defy	디파이	대항하다, 반항하다	13, 39

단어	발음	의미	page	단어	발음	의미	page
degree	디그리	정도, (각도, 온도)도	43	diagnosis	다이어그노우시스	진단, 진찰	52
delay	딜레이	연기하다	50, 55	diagram	다이어그램	도형/도표	21
delete	딜리트	지우다, 삭제하다	54	dialogue	다이얼로그	대화	13, 30, 54, 58
deletion	딜리션	삭제, 지움	54	dice	다이스	주사위	27
delicious	딜리셔스	맛있는	97	dictate	딕테이트	받아쓰게 하다	29
Delta	델타	삼각주, 삼각형 물건	27	dictator	딕테이터	독재자	29
demerit	디메리트	단점	38	dictionary	딕셔네리	사전	29, 41, 101
Demeter	데메테르	대지의 신	8, 10	Die	다이	죽다	13, 27
demigod	데미가드	반신반인	100	differ	디퍼	(2개가) 다르다	30
Dental	덴탈	치아의, 이의	3, 12, 27, 81, 101	difference	디퍼런스	차이, 다름	30
dentist	덴티스트	치과의사	27, 101	different	디퍼런트	다른	13, 30, 77
deny	디나이	부인하다, 인정하지 않다	60	difficult	디피컬트	어려운, 힘든	40, 45, 98
depart	디파트	(여행을) 떠나다, 출발하다	12, 69, 73	difficulty	디피컬티	곤경, 곤란	40, 98
department	디파트먼트	(분리된 조직의) 부서	69	Dig	디그	(땅을) 파다	27
departure	디파처	(비행기/기차의) 출발	69	digital	디지털	전자식의	101
depict	디픽트	묘사/서술하다	23, 68	dilemma	딜레머	진퇴양난, 궁지	100
deport	디포트	추방하다	69	dim	딤	(빛이) 흐릿한	3, 111
depth	뎁뜨	깊이, 심도	28	dingdong	딩동	의성어) 종이 땡땡 울리다	110
derive	디라이브	유래하다	73	dinner	디너	저녁 식사	58
dermal	더말	피부의	102	Dionysus	디오니소스	술 신	10
descendant	디쎈던트	후손	16	dip	딥	물에 적시다	28, 56
describe	디스크라이브	서술/표현/묘사하다, 도형 그리다	23	diplomat	디플러메트	외교관	30
design	디자인	도면을 아래에 그리다	43, 52	dipsomaniac	딥써메이니액	알코올 중독자	10
desk	데스크	책상	27	direct	디렉트	직접의, 가리키다	101
destine	데스틴	운명에 있다	40	dirty	더티	더러운, 지저분한	97
destroy	디스트로이	파괴하다, 전멸시키다	74	disagree	디써그리	불일치, 의견 차이	43
destructive	디스트럭티브	파괴적인	74	disappoint	디써포인트	실망시키다	70
detach	디태치	분리되다, 떼어내다	80	disarm	디스암	무장 해제하다	98, 101
deuce	듀스	동점시 2점 연속 얻으면 승리	30, 100	discount	디스카운트	할인하다	20, 62, 84
develop	디벨럽	성장하다, 개발하다	107	discover	디스커버	발견하다	25, 98
dew	듀	이슬	28	discovery	디스커버리	발견	98
diagnose	다이어그노우스	진단/진찰하다	52	discus	디스커스	(육상 종목) 원반	27

단어	발음	의미	page	단어	발음	의미	page
Dish	디쉬	접시	18, 27	dozen	**더**즌	12의, 1다스의	30
disk	디스크	원반, (컴퓨터) 디스크	27	draw	드로우	그리다, 잡아당기다	101
diskette	디스**켓**	얇고 둥근 작은 것	27	dream	드림	꿈꾸다	3, 10, 111
dismiss	디스**미**스	해고시키다, 분산시키다	35	drench	드랜치	(물에) 흠뻑 적시다	28
dispatch	디스**패**치	신속처리하다	67, 80	drink	드링크	마시다	28
disperse	디스**퍼**스	흩뿌리다	11	drip	드립	방울방울 흘리다	28
distort	디스**토**트	비틀다	83	drizzle	드**리**즐	이슬비	28
ditch	디치	수로, 배수구	28	drop	드랍	떨어지다/떨어뜨리다	28
dive	다이브	잠수하다	28	drought	드라우트	가뭄	28, 37, 97
divide	디**바**이드	나누다	19, 89, 100	drown	드라운	익사하다	28
diving	**다**이빙	다이빙	28	drum	드럼	북, 드럼통	27
division	디**비**전	분할, 분리	89	dry	드라이	마른	15, 28, 90, 97
dizzy	디지	어지러운	99	dual	듀얼	2중의, 2원적인	13, 19, 30
do	듀	하다	3, 12, 13, 102, 105	duck	덕	오리	28
dock	닥	부두, 선창	28, 98	duckling	**덕**클링	오리 새끼	28
doctor	**닥**터	의사, 박사	13, 29	duct	덕트	(물 흐르게 하는) 배관	28
document	**다**큐먼트	서류, 문서, 기록	29	duet	듀**엣**	2중주, 2중창	30, 77, 83, 100
documentary	다큐**멘**터리	기록물, 다큐멘터리	29	dull	덜	지루한, 둔한	105
dog	독	개	3, 13, 110	dumb	덤	벙어리의	105
doll	달	인형	27, 81, 98	dunk	덩크	담그다/적시다	28
Dome	도움	반구형 지붕(돔)	27	duplicate	**듀**플리케이트	복사하다	30, 67
domestic	더**메**스틱	가정의, 내수의	36, 42	dwell	드웰	살다, 거주하다	12, 46, 105
donate	도우**네**이트	기부/기증하다	101	dye	다이	물에 염색하다	28, 95
doom	둠	운명 짓다	10, 40	dynamite	**다**이너마이트	다이너마이트	95
Door	도어	문	27, 43	**E**ach	이치	(둘 이상의) 각자의, 각각의	31
Dot	닷	점을 찍다	27	**E**ar	이어	귀	31, 101
double	**더**블	2배의	30, 100	early	**얼**리	일찍, 이른	53
Dough	도우	밀가루 반죽	27	earphone	이어폰	이어폰	31, 66
doughnut	도우넛	도우넛	27	**E**arth	어뜨	지구	10, 31
down	다운	아래에, 아래로	62, 68	easily	**이**지리	쉽게	98
down/under	다운/언더	아래에	85	easy	이지	쉬운	40
doze	도우즈	꾸벅꾸벅 졸다	99	eat	잍	먹다	32, 101

단어	발음	의미	page	단어	발음	의미	page
echo	에코	메아리	11, 31	endow	인다우	기부하다	107
ecology	이칼러지	생태학	31	enemy	에너미	적	7, 10
economy	이카너미	경제	11, 31	engine	엔진	엔진, 발동기, 기관	42, 43
edge	에지	양쪽의 끝, 가장자리	13, 31	engineer	엔지니어	공학자, 기술자, 기사	42
edible	에더블	먹을 수 있는	32, 101	engineering	엔지니어링	공학	42, 54
educate	에쥬케이트	교육하다	29	enginery	엔제너리	기계류	42
education	에쥬케이션	교육	29	enhance	인핸스	(가치/지위를) 높이다	45
effective	이펙티브	효과적인	87	enjoy	인조이	즐기다, 즐거워하다	50, 98
eight	에이트	숫자 팔(8)	31, 32, 100	enjoyment	인조이먼트	기쁨, 즐거움	50
eighteen	에잇틴	숫자 18	31, 32, 100	enlarge	인라지	확대하다	53
eighty	에잇티	숫자 80	31, 32, 100	enlighten	인라이튼	계몽하다	54
either	이더	둘 중의 하나	13, 31	enough	이너프	충분한	15, 39, 84, 105
eject	이젝트	쫓아내다, 내쫓다	49	enroll	인로울	가입시키다	64, 72
elbow	엘보우	팔꿈치	18, 31	ensemble	앙상블	합주단	107
electric	일렉트릭	전기의	31	enter	엔터	들어가다, 가입하다	80, 98
electronic	일렉트라닉	전자의	31	entitle	인타이틀	권리를 주다	81
elevate	엘리베이트	들어 올리다	31, 53, 88	entry	엔트리	입장	80, 98
elevator	엘리베이러	엘리베이터	31, 53, 88	envious	엔비어스	부러워하는	87, 88
eleven	일레븐	숫자 11	31	environment	인바이런먼트	(주위의) 환경	59, 86
embargo	임바고우	입출항 금지	43	envy	엔비	부러워하다	88
embassy	엠버시	(외교) 대사관	30, 107	ephemeral	이페머럴	수명 짧은	7, 10
emigrate	에미그레이트	(타국으로) 이민 가다	43, 57	epicure	에피큐어	인명어) 미식가	110
emigration	에미그레이션	(타국으로의) 이주	57	epilog	에필로그	끝맺는 말	31
emirate	에머럿	(이슬람국가의) 왕	3, 108	epilogue	에필로그	맺음말	9, 54
employ	임플로이	고용하다	67	Epimethus	에피메테우스	나중에 생각하는 신	9
employee	임플로이	종업원, 고용인	67	Equal	이퀄	동등한, 평등한	3, 31, 87
empower	임파우워	권한을 주다	70	equality	이콸러티	평등	31
empty	엠프티	비어 있는, 공허한	32	equalize	이퀄라이즈	동등하게 하다	3, 31
encamp	인캠프	야영하다	15, 21, 23	equivalent	이퀴벌런트	동등한	87
encircle	인써클	둘러싸다	24, 72	era	에라	시대	32, 104
nd	엔드	끝, 종말, 종료	31	Eris	에리스	불화신	10
ndless	엔드리스	끝없는	31	Eros	에로스	사랑신	3, 7, 10

단어	발음	의미	page	단어	발음	의미	page
erotic	이라릭	성적인 = 에로틱한	7, 10, 102	exodus	엑서더스	탈출, 이동	29
errand	에런드	심부름신	11	expect	익스펙트	예상(기대)하다	75
escalate	에스컬레이트	확대되다	21	expectation	엑스펙테이션	기대	75
escape	이스케이프	탈출하다	39, 75	expedition	엑스퍼디션	탐험	68
essential	이쎈셜	필수적인, 기본의	32	expel	익스펠	내쫓다	49, 69, 85
establish	이스태블리쉬	설립하다	84	expensive	익스펜씨브	값비싼	97
estimate	에스티메이트	개산/평가/견적하다	31	explain	익스플레인	설명하다	67
eternal	이터널	영원한, 끊임없는	32	explanation	엑스플러네이션	설명	67
eternally	이터널리	영원히	32, 36	exploit	익스플로이트	개척/개발/이용하다	82
etiquette	에티킷	인명어) 예의, 예절	110	exploration	엑스플러레이션	탐험	68
eulogy	율러지	칭찬	9, 11	explore	익스플로어	탐험하다	82
Eunomia	에우노미아	질서의 여신	11	explorer	익스플로러	탐험가	36
Europe	유럽	유럽	9	export	익스포트	수출하다	69
Euterpe	유터페	서정시의 여신	9, 11	express	익스프레스	급행의, 표현하다	68, 85
evaluate	이밸류에이트	가치를 평가하다	87	extend	익스텐드	연장하다	12
eve	이브	전날 밤	32	eye	아이	눈	31, 95, 101
even	이븐	짝수의	31	eyebrow	아이브라우	눈썹	18, 31, 95
evening	이브닝	저녁, 밤, 야간	32, 104	Fable	페이블	우화	40
event	이벤트	사건, 행사, 경기	89	fabric	패브릭	직물/편물, 천	37
ever	에버	언제나, 항상, 지금까지	32	fabulous	패뷸러스	전설적인	40
evergreen	에버그린	상록수	32, 42, 43	face	페이스	얼굴	101
every	에브리	모든, ~마다	32	facial	페이셜	얼굴의, 표면의	101
everybody	에브리바디	모든 사람	3, 32	facsimile	팩씨멀리	복사/모사, 팩시밀리	77, 94
everything	에브리띵	모든 것	32	fact	팩트	사실, 실제	38, 39
evidence	에비던스	증거	89	factor	팩터	요인, 인자	40
evil	이블	사악한	105	factory	팩터리	공장, 제작소	40, 101
examination	이그재미네이션	시험, 검사	77	factual	팩추얼	사실의	39
examine	이그재민	조사/검사/검토하다	77	fade	페이드	시들다	35
example	이그잼플	예시, 보기	77	fail	페일	실패하다, 망하다	13, 35
exchange	익쓰체인지	교환(하다)	24	failure	페일류어	실패	35
exclaim	익스클레임	외치다	25	faint	페인트	기절하다	35, 63, 85
exit	엑씻	출구, 비상구, 나가다	12, 13, 75, 82	fair	페어	공정한, 올바른	105

단어	발음	의미	page	단어	발음	의미	page
faith	페이뜨	신뢰, 믿음	39	feast	피스트	축제, 잔치	8, 33
faithful	페이뜨풀	충실한	39	feather	페더	(새의) 깃털	37
fake	페이크	위조하다, 위조의	38, 40	fee	피	요금, 수수료	24, 35
fakery	페이커리	위조	38, 40	feed	피드	먹이다	13, 105
fall	폴	가을	21, 35, 103	feel	필	느끼다	101, 105
false	폴스	옳지 않은, 그릇된	35, 38	felon	펠런	중죄인	35
fame	페임	명성	12, 40	fence	펜스	울타리	38
famous	페이머스	유명한	40	fend	펜드	막아내다	38
fan	팬	열을 내는 사람, 열을 식히는 것	34	fender	펜더	완충기	38
fan(atic)	팬	열성팬, 선풍기	34	ferry	페리	나룻배 (건네주다)	37, 39
fantasy	팬터시	공상	12	fervent	퍼번트	열렬한, 강렬한	34
far	파	멀리	105	fervid	퍼비드	열있는	34
fare	페어	승차 요금	12	Festa	페스타	화로신	8
farewell	페어웰	작별 인사하다	19	fester	페스터	(상처) 곪다, 부패하다	35
farm	팜	농장, 가축/양식장	38	festival	페스티벌	축제, 잔치	8, 33
farmer	파머	농부	38	fever	피버	열(병), 이상 고열	34
fart	파트	방귀 뀌다	35	few	퓨	(수가) 적은, 약간의	57, 105
fashion	패션	패션	37, 39	fiance	피안세이	약혼자	39, 107
fast	패스트	(시간, 행동이) 빠른	37	fiancee	피앙세이	약혼녀	39
fasten	패슨	매다, 고정시키다	38	fiasco	피에스코우	대실패, 큰 실수	35, 107
fat	팻	살찐, 뚱뚱한	37, 62	fiber	파이버	섬유질, 섬유(조직)	37
fate	페이트	운명, 숙명	10, 40	fiction	픽션	소설	38, 39, 40, 101
Fates	페이츠	운명의 여신	10	fidelity	피델러티	충실함, 신의	39
father	파더	아버지, 아빠	8, 10, 12, 56, 59, 102	field	필드	들판, 분야	105
fatigue	퍼티크	피로, 피곤	35	fiery	파이어리	불의, 불같은	33
fault	폴트	단점, 결점, 실수, 잘못	35, 38	fifteen	피프틴	숫자 15	11, 100
fax	팩스	복사/모사, 팩스	77, 94	fight	파이트	싸우다	34, 101
faze	페이즈	당황하게 하다	35, 99	fighter	파이터	싸우는 사람, 전투기	34
fear	피어	공포	13, 34, 70	fighting	파이팅	싸우는, 전투	34
fearful	피어풀	두려워하는, 무서운	34	fill	필	채우다, 기입하다	13, 39, 101
feasibility	피저빌러티	실현 가능성	40	find	파인드	(횃불을 밝혀) 찾다	26, 33, 75
feasible	피저블	실현 가능한	40	finder	파인더	발견자	33

단어	발음	의미	page	단어	발음	의미	page
fine	파인	좋은, 괜찮은, 벌금	35, 111	flourish	플러리쉬	번영/번창하다	34
finger	핑거	(다섯) 손가락	40, 82, 101	flow	플로우	(강물이) 흐르다, 흐름	13, 37, 39
fire	파이어	불, 화재 → 해고하다	3, 33, 35, 47	flower	플라워	불꽃 → 꽃	11, 34
fireman	파이어맨	소방수	33	flu	플루	유행성 감기, 독감	39
firm	펌	강한, 튼튼한, 회사	13, 38	fluid	플루이드	유동적	37, 39
first	퍼스트	처음에, 첫째	33, 36, 65	flush	플러쉬	(얼굴이) 붉어지다	34
firsthand	퍼스트핸드	직접의	33	flux	플럭스	유동, 흐름	39, 87, 94, 96
firstly	퍼스트리	첫째로	33	fly	플라이	날다, 파리	39, 87, 96
fish	피쉬	물고기	12, 37, 39, 47, 76	foam	포움	거품 일다	18
fishery	피셔리	어장	37, 39, 47, 76	focus	포우커스	초점 맞추다, 집중하다	26
fishing	피싱	낚시	37, 39, 47, 76	foe	포	적	105
fist	피스트	주먹	40	foil	포일	좌절시키다, 실패시키다	35
five	파이브	숫자 오(5)	100	fold	포울드	접다	105
fix	픽스	고정시키다, 고치다	38, 93	follow	팔로우	따르다	105
flag	플래그	기, 깃발	39	following	팔로윙	그다음의	94
flagship	플래그쉽	해군기함	39	folly	폴리	어리석음	35
flame	플레임	불꽃(같은), 번쩍임	34	food	푸드	음식	27
flash	플래쉬	비치다, 비추다	34	fool	풀	바보	35, 43, 48
flashlight	플래쉬라이트	손전등	34	foot	풋	발	13, 102
flat	플랫	평평한	12	footprint	풋프린트	발자국	102
flatter	플래터	아첨하다	35	footstep	풋스텝	걸음걸이	74
flee	플리	(빨리) 도망가다	20, 39	force	포스	군대	38
flesh	플레쉬	살, 고기	102	forecast	포캐스트	예측/전망/예상하다	25, 29, 36
flexibility	플렉써빌러티	유연성	94	forego	포고우	앞서다, 선행하다	12, 36, 43
flexible	플렉서블	신축성 있는	37, 94	forehead	포헤드	이마	101
flight	플라잇	비행	39, 96	foreign	포린	외국의	36, 42
flock	플락	무리, 떼	102	foresee	포씨	예견하다	36
flood	플러드	홍수, 범람	28, 37, 39	foretell	포텔	예언하다	29, 36
flop	플랍	(사업) 실패하다	35	forever	포레버	영원히	32, 36
Flora	플로라	꽃의 여신	3, 11	forge	포지	(불로) 단조하다	33
floral	플로럴	꽃의	34	forget	퍼겟	잊다	57, 81
florist	플로리스트	화초 재배자, 꽃장수	34	forgive	퍼기브	용서하다	54

단어	발음	의미	page	단어	발음	의미	page
forgo	포**고**우	포기하다	43	front	프런트	앞(면), 표면, 전면	36, 101
form	폼	유형, 형성, 양식	38	frontier	프런**티**어	국경/경계(의), 개척자	36
formal	**포**멀	공식적인	38	frozen	**프**로우즌	얼린	99
fort	포트	요새, 성채, 보루	38	frustrate	**프**러스트레이트	좌절시키다	35
forth	포뜨	밖으로, 앞으로	36	fry	프라이	불에 튀기다	33, 96
fortify	**포**터파이	강화하다	38	fuel	**퓨**얼	연료	33, 39
fortnight	**포**트나이트	2주일간	40, 100, 104	fulfill	풀**필**	완성하다	39, 84, 101
fortress	**포**트리스	요새	38	full	풀	가득찬, 충분한	32, 39, 84
Fortuna	포르투나	운명의 여신	10	fume	퓸	(연기가) 피어오르다	84
fortune	**포**춘	행운 신	10	fun	펀	재미	105
forty	**포**티	숫자 40	40	fund	펀드	자금, 재원, 자본금	62, 84
forum	**포**럼	법정, 공개 토론장	36	fur	퍼	모피, 털가죽	37
forward	**포**워드	앞으로	36	Furies	**퓨**어리즈	복수의 여신	10
foul	파울	더럽히다, 더러운, 반칙	35	furious	**퓨**리어스	화난	34, 98
found	파운드	기초를 쌓다, 설립하다	62, 84	fury	**퓨**리	화가 남 → 분노, 격분	3, 10, 34, 98
foundation	파운**데**이션	재단, 협회	84	fuse	퓨즈	도화선, 신관	34
founder	**파**운더	창설자	62	fuss	퍼스	소란, 혼동	35
fourteen	포**틴**	숫자 14	40	future	**퓨**처	미래	104
frank	프랭크	솔직한	107	**G**ag	개그	익살	13, 41
fraternal	프러**터**널	형제간의	12	Gaia	가이아	대지 신	7, 10
fraud	프로드	사기(꾼), 가짜	38	gain	게인	얻다	16, 107
free	프리	자유로운, ~이 없는, 무료인	37, 39	gala	**게**일러	축제	3, 108
freedom	**프**리덤	자유, 해방	37, 39	gallop	**갤**럽	전속력으로 달리다	107
freeze	프리즈	얼다, 동결하다	38, 99	game	게임	경기	105
freight	프레잇	화물(운송)	24, 43	garage	거**라**지	차고	107
fret	프렛	안달나다	35	gargle	**가**글	양치질하다	41
Friday	**프**라이데이	금요일	103	garrulous	**개**럴러스	수다스러운	41
fright	프라이트	(갑작스러운) 공포, 경악	34	gas	개스	기체, 가스	7
frighten	**프**라이튼	무섭게 하다	34	gasp	개스프	헐떡이다, 숨차다	41
frightful	**프**라이트풀	무서운	34	gate	게이트	대문, (출)입구, 관문	43
frizzle	**프**리즐	곱슬곱슬하게 지지다, 지글지글 튀기다	33, 96	gather	**개**더	모으다	12
from	프럼	~(에서)부터, ~에게로부터	37	gazette	거**제**트	관보	107

단어	발음	의미	page	단어	발음	의미	page
gear	기어	기어	43	glide	글라이드	미끄러지듯 가다	43
gem	젬	보석	13	glimmer	글리머	반짝이다	44
gender	젠더	성(별)	42, 78, 94	global	글로우벌	세계적인, 전 세계의	18, 42
gene	진	유전자	42	globalize	글로우벌라이즈	국제화하다	18, 42
general	제너럴	일반/보편적인	42	globe	글로우브	구체	31
generate	제너레이트	발생시키다, 만들어내다	12, 42	glossary	글로써리	용어/어휘 사전	29, 41, 88
generation	제너레이션	세대 = 30년	42, 104	glow	글로우	빛나다, 발개지다	44
generator	제너레이러	발전기	42	glut	글럿	게걸스럽게 먹다	41
genesis	제니시스	발생, 기원	42	gnaw	노	(치아로) 갉작거리다, 갉아먹다,	41
genetic	저네틱	유전의	42	go	고우	가다	3, 12, 13, 44, 102
genius	지니어스	천재	35, 43	goad	고우드	부추기다, 선동하다	44
genre	장르	(예술 작품의) 장르	107	goal	고울	목적, 목표, 득점	3, 44, 80
gentle	젠틀	순한	12	goat	고우트	목양 신	11
geography	지아그러피	지리학	7, 10, 42	god	갓	신神	105
geology	지알러지	지질학	7, 42	golf	골프	골프	44
geometry	지아머트리	기하학	42	good	굿	좋은, 기쁜	11, 13, 105
get	겟	얻다	71, 81	good-bye	굿바이	안녕	95
ghost	고스트	유령, 귀신	3, 13, 105	gorge	고즈	게걸스럽게 먹다	41
giant	자이언트	거인	3, 7, 11, 43	gossip	가십	잡담하다, 수다 떨다	41
gift	기프트	선물	43	gourmet	구어메이	미식가	107
Gigantes	기간테스	거인족	7, 11	govern	거번	다스리다	73
gigantic	자이젠틱	거대한	7	grab	그랩	갑자기 잡다	12, 101
giggle	기글	의성어) 킬킬 웃다	41, 110	grade	그레이드	단계, 계급, 등급	15, 29, 43, 44
ginseng	진셍	인삼	3, 109	graduate	그래쥬에이트	졸업하다	29, 43, 102
girl	걸	여자/여성	41, 98	grain	그레인	낱알, 곡물, 곡식	8, 10, 14, 24, 43, 64
give	기브	주다	43, 101	granary	그래너리	곡물 창고	14, 43
glacial	글레이셜	얼음의	44	grand	그랜드	위대한, 웅장한	43
glacier	글레이셔	빙하	44, 48	grandeur	그랜져	위대함, 웅장함	43
glad	글래드	기쁜	105	grandparent	그랜드패어런트	조부모	69
glare	글레어	번쩍번쩍 빛나다	44	grand-prix	그랑프리	대상	94
glareless	글레어리스	반짝이지 않는	44	granule	그래뉼	작은 알갱이	43
glass	글라스	유리(잔), 컵, 거울	44, 84	graph	그래프	그래프, 도표	21, 42, 101

단어	발음	의미	page	단어	발음	의미	page
graphic	그래픽	그래픽, 생생한	42	**g**ymnasium	짐네이지엄	체육관	95
grasp	그래스프	붙잡다, 이해하다	80, 101	**H**abit	**해**빗	버릇, 습관	47
grass	그래스	풀, 잔디	42, 43	habitat	**해**비탯	거주지, 서식지	45, 46
grasshopper	그래스하퍼	메뚜기	42, 43, 46, 64	habitual	허**비**추얼	습관적인	47
grave	그래이브	무덤, 묘, 산소	21, 23, 42	Hades	하데스	지옥신	3, 8, 10
gravity	그래버티	중력	42	**h**air(y)	헤어	머리카락	46, 101
great	그레이트	거대한, 다수/다량의	43, 46	haircut	**헤**어컷	이발	101
green	그린	(초목이) 푸른	42, 43	hairstyle	**헤**어스타일	머리 모양	101
greenhouse	그**린**하우스	온실	43, 46	**h**alf	하프	반(1/2), 절반, 30분, (한 쌍 중) 한쪽	47, 100
greet	그리트	인사하다	105	**h**alf-time	하프타임	반 시간	47, 100
grind	그라인드	(칼, 이로) 갈다, 빻다	43	**h**alfway	하프**웨**이	중도	100
grip	그랩	꽉 잡음	12	**h**all	홀	높고 넓은 현관, 복도	13, 45
grocery	그**로**우써리	채소 가게	43, 102	**h**allway	**홀**웨이	복도	45
grotto	그**라**토우	작은 동굴	21	**h**and	핸드	손	11, 46, 101
ground	그라운드	토양, 지면	42, 62, 84	handbag	**핸**드백	핸드백	18, 101
group	그룹	단체	102	handball	**핸**드볼	핸드볼	101
grow	그로우	성장하다, 자라다	13, 43, 90, 102	handcraft	**핸**드크래프트	수공하다	101
growth	그로우뜨	성장	10, 43, 90, 102	handcuff	**핸**드커프	수갑	20
guarantee	개런**티**	피보증인, 보증	92	handkerchief	**행**커치프	손수건	46
guaranty	**개**런티	보증	12	handle	**핸**들	다루다	46, 101
guard	가드	보초, 경비	12, 107	handsome	**핸**섬	잘생긴	97, 101
guess	게스	추측하다	105	handy	**핸**디	편리한	46
guest	게스트	손님	23, 102	**h**ang	행	매달다	13, 45
guidance	**가**이던스	안내	29, 44	hanger	**행**어	옷걸이	45
guide	가이드	인도/안내하다, 안내자	29, 44	hanging	**행**잉	벽걸이	45
guideline	**가**이드라인	지침	53	**h**appen	**해**펀	우연히 일어나다	45
guilt	길트	유죄	105	**h**appy	**해**피	행복한	45
guest	게스트	손님	23, 102	**h**ard	하드	어려운/힘든, 단단한	37, 45
gulf	걸프	만	42, 70	hardware	**하**드웨어	하드웨어	45
gulp	걸프	급히 삼키다	41	**h**arm	함	해치다, 손해	3
gurgle	**거**글	물이 콸콸 흐르다	110	Harmonia	하르모니아	조화신	10
gut	것	소화관, 내장	41	**h**armony	**하**머니	조화, 화합	10
guy	가이	비격식) 남자, 녀석, 사내	98				

단어	발음	의미	page	단어	발음	의미	page
harvest	**하**비스트	수확	22	height	하이트	높이, 키	13, 45
hat	햇	모자	14	heliocentric	힐리어**센**트릭	태양 중심인	9
hatch	해치	부화하다	45	heliolatry	힐리**알**러트리	태양 숭배	10
hate	헤이트	싫어하다	46, 102, 105	Helios	**헬**리아스	태양신	9, 10
hatred	**헤**이트리드	증오	102	hell	헬	지옥	10
haughty	**호**티	오만한, 거만한	45	help	헬프	돕다	105
have	헤브	가지다	32, 47	Hemera	헤메라	낮여신	7, 10
havoc	**해**벅	대파괴, 대혼란	107	hemialgia	헤미**앨**지어	편두통	100
hazard	**해**저드	위험	107	hemisphere	**헤**미스피어	(지구의) 반구	47, 100
head	헤드	머리	27, 46, 101, 102	Hephaestus	헤파이스토스	대장장이신	10
headache	**헤**드에이크	두통	27, 46, 101	heptagon	**헵**터간	7각형	100
headhunter	**헤**드헌터	인재 채용가	47	Hera	헤라	Zeus 아내	10
headline	**헤**드라인	표제	27, 46	herald	**헤**럴드	예고하다, 알리다	10, 107
headoffice	헤드오피스	본사	101	herd	허드	무리, 떼	102
headphone	**헤**드포운	헤드폰	101	here	히어	여기, 지금	32
headquarter	**헤**드쿼터	본사	71, 101	heritage	**헤**리티지	유산	47
heal	힐	치료하다	105	Hermes	헤르메스	상업의 신	10
healthful	**헬**뜨풀	건강에 좋은	97	Heroine	헤로우인	여장부	10
healthy	**헬**띠	건강한	97	hexagon	**헥**써간	6각형	47, 100
heap	힙	쌓아올리다	45	hexapod	**헥**써파드	6각류	47
heapy	**히**피	산더미같은	45	hiccup	**히**컵	딸꾹질하다	110
hear	히어	듣다	46, 101	hide	하이드	숨기다	8, 10, 23
heart	하트	마음	46, 102	hi-five	하이파이브	하이 파이브	45, 100
heartache	**하**트에이크	심적 고통	102	high	하이	높은	3, 13, 45
heart-attack	하트어택	심장마비	46, 102	hijack	**하**이잭	고공 납치, 차 납치	49
heat	히트	열(기)	45	hike	하이크	도보여행하다	102
heater	**히**터	난방기	45	hill	힐	언덕, 경사로	13, 45
heave	히브	들어 올리다	45	hilltop	**힐**탑	언덕꼭대기	45
heaven	**헤**븐	천국, 하늘	45, 98	hip	힙	엉덩이	14, 17, 46, 67, 102
heavy	**헤**비	무거운	45	hire	하이어	고용하다, 빌리다	47, 67
Hecatonchires	헤카톤케이레스	거인족	7, 11	hiss	히스	쉿 소리하다	110
hedge	헤지	산울타리, 경계(선)	45	historic	히스**토**릭	역사에 남는	45

단어	발음	의미	page	단어	발음	의미	page
historical	히스**토**리컬	역사적인	45	hug	허그	포옹하다, 껴안다	47
history	**히**스토리	역사, 연혁	45	huge(ly)	휴지	거대한, 거대하게	46
hit	힛	치다, 때리다	46, 62, 68, 80	hum	흠	중얼거리다	110
hoard	호오드	비축/저장하다	45	human	**휴**먼	인간	102
hobby	**하**비	취미	45	humid	**휴**미드	축축한	90
hoist	호이스트	들어 올리다	45	hundred	**헌**드레드	숫자 백(100)	47, 100
hold	호울드	붙잡다, 유지하다	47	hunt	헌트	사냥하다	11, 47
hole	호울	구덩이, 구멍	46, 64	hurdle	**허**들	장애(물), 뛰어넘다	46
holiday	**할**러데이	공휴일	3	hurry	**허**리	의성어) 서두르다	3, 110
holocaust	**호**울러코스트	대화재	100	hurt	허트	다치게 하다	107
hologram	**호**울러그램	입체영상	100	hush	허쉬	의성어)쉿, 조용히 하게 하다	110
home	호움	가정	46	hut	헛	오두막	21, 46
homesick	**홈**씩	향수병의	46	hybrid	**하**이브리드	잡종/혼혈의	3, 95
homework	**홈**웍	숙제	3, 46	hydra	하이드러	머리 9개인 물뱀	7, 11
hook	후크	갈고리, 낚싯바늘	46, 51	hydrate	**하**이드레이트	수화시키다	11
hoot	훗	야유하다	110	hydro	하이드로	수력 발전소	28, 46, 95
hop	합	깡충깡충 뛰다	46, 64, 84	hydrogen	**하**이드러즌	수소(H)	7, 11, 28, 46, 95
hope	호우프	희망하다, 바라다	47, 91, 105	hymn	힘	찬가	9, 11
horizon	허**라**이즌	수평선, 지평선	46, 64	hyperbole	하이**퍼**벌리	과장	9
horn	혼	(소, 양의) 뿔	46	hyperion	하이**피**어리언	높이 있는	9
horrible	**호**러블	무서운	46, 79, 101	hypertension	하이퍼**텐**션	초긴장	9
horrid	**호**리드	무서운	46	Hypnos	히프노스	잠 신	10
horrify	**호**리파이	무섭게 하다	46	hypnosis	힙**노**우시스	최면	7, 102
horror	**호**러	무서움, 공포, 혐오	46, 79, 101	hypnotize	**히**프너타이즈	최면 걸다	7, 10
horse	호스	말	105	Hypnus	히프노스	잠신	7
host	호우스트	주인	102	Ice	아이스	얼음	48
hot	핫	뜨거운, 더운	46	icicle	**아**이씨클	고드름	44, 48
hour	아우워	시時	104	icon	**아**이칸	우상, 아이콘	48
house	하우스	위로 높은 집	46	icy	아이씨	얼음처럼 찬	48, 97
housewife	**하**우스와이프	주부	46	idea	아이**디**어	개념, 착안, 생각	3, 48
howl	하울	윙윙거리다	110	ideal	아이**디**얼	이상적인	48
hub	허브	중심지, 중추	26, 47	ideate	**아**이디에이트	개념화하다	48

단어	발음	의미	page	단어	발음	의미	page
identification	아이**덴**티피케이션	증명	48	infinite	**인**피니트	무한한	48
identify	아이**덴**티파이	(신원을) 확인하다	3, 48	infirm	인**펌**	허약한	38
idiom	**이**디엄	관용구, 숙어	48	influenza	인플루**엔**저	유행성 감기	39
idiot	**이**디엇	바보, 멍청이	43, 48	information	인포**메**이션	정보	38
idle	**아**이들	게으른	48, 97, 99	inhabit	인**해**빗	거주하다	12, 46, 55, 86
idol	**아**이들	우상, (대중의) 스타	48	initial	이**니**셜	시작/초기/최초의	82
ignoble	이그**노우**블	(신분이) 낮은, 비천한	52	inject	인**젝**트	주사/주입하다	49
ignorance	**이**그너런스	무지	52	injection	인**젝**션	주사, 주입	49
ignore	이그**노**어	무시하다	12, 52, 101	injure	**인**저	부상 입다, 해치다	50
ill	일	병든, 아픈	48	injury	**인**저리	부상	50
illness	**일**니스	병	48	innovate	**이**너베이트	혁신/개혁	61
illuminate	일**루**미네이트	비추다, 밝히다	54	innovation	이너**베**이션	혁신	61
image	**이**미지	이미지, 상, 영상	48	input	**인**풋	입력, 투입	80, 84
imagine	이**매**진	상상하다	48	inquire	인**콰**이어	묻다, 알아보다	71
immerse	이**머**스	(액체에) 담그다	56	insane	인**쎄**인	미친	48, 97, 99
immigrate	**이**미그레이트	이민 오다	43, 57	insect	**인**쎅트	곤충	78
immigration	이미그**레**이션	이민 가다	57	insomnia	인**쌈**니어	불면증	10
immobile	이**모**우블	움직이지 않는	57	inspire	인스**파**이어	영감 주다	101
immortal	이**모**털	불사의	7	instrument	**인**스트루먼트	도구, 악기	53, 81
import	임**포**트	수입하다	69	intangible	인**탠**저블	만질 수 없는	12, 80
importance	임**포**턴스	중요성	69	integral	**인**터그럴	완전한	100
important	임**포**턴트	중요한	69	integrate	**인**터그레이트	전체로 합치다	100
impossible	임**파**서블	불가능한	70	inter	인**터**	매장하다	82
inapt	인**앱**트	부적절한	48	international	인터**내**셔널	국제적인	61
incline	인클**라**인	경사지다, 경향이 있다	21	internet	**인**터넷	인터넷	61
income	**인**컴	수입, 소득	89	interpret	인**터**프리트	통역하다	54, 101
increase	인크**리**스	증가하다	21	interrupt	인터**럽**트	방해하다	59
indicate	**인**디케이트	가리키다	101	interview	**인**터뷰	면접, 인터뷰	89
individual	인디**비**쥬얼	개인적인, 각각의	30	into	**인**투	안에서 ~으로	80, 81
indoor	**인**도어	건물 안의	27	introduce	인트러**듀**스	소개하다	29
infamous	**인**퍼머스	악명 높은	40	invade	인**베**이드	침입/침략하다	89
infant	**인**펀트	유아, 아기	40	invalid	인**밸**리드	무가치한, 쓸모없는	87

단어	발음	의미	page	단어	발음	의미	page
invaluable	인밸류어블	매우 귀중한	87	jellyfish	젤리피쉬	해파리	49
invasion	인베이전	침략/침입	89	jet	제트	제트기	13, 49
invent	인벤트	발명하다	89	jewel	주얼	보석	49
invention	인벤션	발명	89	jewelry	주얼리	보석류	49
invisible	인비저블	볼 수 없는	89	jingle	징글	딸랑딸랑거리다	110
invitation	인비테이션	초대/초청	89	jog	자그	흔들거리며 나아가다	44
invite	인바이트	초대하다	48, 89	jogging	조깅	조깅	44
Iris	아이리스	무지개 여신	3, 11	join	조인	가입/참여/동참하다	3, 49, 61, 69, 101
iron	아이언	철, 쇠	105	joint	조인트	공동/합동의	49
irrational	이래셔널	비이성적인	72	joke	조크	익살, 농담	50
irritate	이리테이트	화나게 하다	10	journal	저널	일기(diary), 정기간행물	50, 95
is	이즈	있다, ~이다	15	journalist	저널리스트	기자	50
island	아일런드	섬	48, 77	journey	저니	긴 여행	50, 89, 95, 107
islet	아이럿	작은섬	48	joy	조이	즐거움, 재미	13, 50, 98
isolate	아이썰레이트	고립/격리시키다	48, 77	joyful	조이풀	즐거운	50, 98
isolation	아이썰레이션	고립, 분리	48, 77	judge	저지	판사	3, 50, 101
it	잍	그것은, 그것이	48	judgement	저지먼트	심판/심사/평가/감정	50
itch	이치	가렵다, 근질거리다	48, 80	jump	점프	위로 뛰다	49, 84
itchy	이취	가려운	48, 80	jumping	점핑	도약(하는)	49
item	아이텀	항목, 품목	48	junction	정션	교차로, 연합, 접합	49
itemize	아이터마이즈	항목별로 적다	48	junior	주니어	나이 어린, 연하의	11, 50
itself	잇쎌프	그 자체	48	junk	정크	폐물	49, 62
Jail	제일	투옥하다	49	junker	정커	고물자동차	49, 62
jam	잼	교통 체증/혼잡	15, 49	Jupiter(Jov)	주피터	신 중의 신	8, 10
jangle	쟁글	땡그랑거리다	110	juror	주러	배심원	50
janitor	재너터	문지기	11	jury	주어리	배심원단	50
January	재뉴어리	1월	11	justice	저스티스	정의	50
Janus	제니어스	문지기 신	11	justification	저스티피케이션	타당한 이유	50
jazz	재즈	재즈/신바람/열광	50	justify	저스티파이	정당화하다	50
jealous	젤러스	질투하는	11, 102	juvenile	쥬버나일	청소년의, 나이 어린	11, 50, 95
jell	젤	액체가 굳어지다	49	Juventas	유벤타스	청춘의 여신	3, 11
jelly	젤리	젤리	49	Keep	킵	지키다, 유지하다	47, 105

단어	발음	의미	page	단어	발음	의미	page
key	키	열쇠	51	Labor	레이버	일하다	55, 101
keynote	키노우트	요지	51	laboratory	래버러토리	실험실	55, 101
kick	킥	차다	13	ladder	래더	사다리	53
kid	키드	아이, 풋내기, 놀리다	51, 84	lake	레이크	호수	51, 53
kidnap	키드냅	납치하다	51	lamp	램프	전등	15, 54
Kiklopes	키클로페스	거인족	11	land	랜드	육지, 땅	51, 53
kill	킬	죽이다	13, 111	landlord	랜드로드	주인	102
kilogram	킬러그램	무게 1kg	52	landscape	랜드스케이프	풍경	26
kilometer	킬러미터	거리 1km	52, 100	lane	레인	통로, 차선	53
kilowatt	킬러와트	전력 1kw	52	language	랭귀지	언어, 말, 말씨	41, 54
kin	킨	친척, 친족	3, 12, 51	lap	랩	무릎	53, 102
kind	카인드	유사한 종류, 친절한	12, 51, 78, 111	laptop	랩탑	휴대용 컴퓨터	53
kindred	킨드리드	친척	51, 102	large	라지	규모가 큰, 양 많은	18, 42, 43, 53
king	킹	왕	51	laser	레이저	광선	54
kingdom	킹덤	왕국	3, 51, 102	last	래스트	마지막의	36
kinship	킨쉽	친족	51	late	레이트	늦은	53
kiss	키스	입맞춤하다	51	lately	레이트리	최근에	53
kit	키트	한 세트	51	later	레이터	나중에, 후에	104
kitchen	키친	부엌	22	laugh	래프	(사람이) 웃다	13, 55, 105
kite	카이트	연	51	launder	론더	물(돈)세탁하다	28, 55
knee	니	무릎	51, 102	laundry	론드리	세탁물	28, 55
kneel	닐	무릎 꿇다	51, 102	lavatory	래버토리	화장실	55
knight	나이트	(중세) 기사	51	lave	레이브	씻다, 물에 담그다	47, 55, 90
knit	니트	뜨개질하다, 결합시키다	51	law	로	법(률)	54
knitwear	니트웨어	뜨개질한 옷	51	lawyer	로이어	변호사	54, 88
knob	납	손잡이	51	lay	레이	(사람을) 놓다, 두다	55, 96
knock	나크	두드리다, 노크하다	51	layoff	레이오프	일시해고	55
knockdown	낙다운	때려눕히기	51	layout	레이아웃	설계	55
knot	나트	매듭	13, 51	laze	레이즈	빈둥거리다	55
know	노우	알다	12, 13, 52, 101	lazy	레이지	게으른	48, 55, 97, 99
know-how	노우하우	노하우	52	lead	리드	이끌다, 납	15, 29, 55
knowledge	날리지	지식	52	leader	리더	지도자	29, 55

단어	발음	의미	page	단어	발음	의미	page
leader(ship)	리더쉽	지도력	15	linkage	링키지	연결, 결합	51, 61
lean	린	기대다, 기울다	55	liquid	리퀴드	액체	77
learn	런	배우다	54, 55, 81, 96, 101	liquor	리쿼	술	10
leave	리브	떠나다, 남기다	55, 69	listen	리슨	듣다	101
leaves	리브즈	(식물의) 잎	12, 74	literacy	리터러씨	읽고 쓸 줄 아는 능력	54
lecture	렉처	강의, 강연	54	literal	리터럴	문자의, 원문 그대로의	54
ledge	레지	선반	31, 53	literature	리터레처	문학	54
leg	레그	다리	44, 53, 102	live	리브	살다/거주하다, 살아 있는, 생방송의	12, 46, 55, 86
legal	리갈	법률상의	41, 54	living	리빙	살아 있는, 생활비	55
legality	리갤러티	합법성	41, 54	lizard	리저드	도마뱀	99
legalize	리걸라이즈	합법화하다	41, 54	load(ing)	로우드	짐, 적재량	55
legend	레전드	전설	41, 54	local	로우컬	지역의, 현지의	53, 102
legendary	레전데리	전설적인	54	localization	로우컬리제이션	지방화	53
lend	렌드	빌려주다, 대출하다	55	locate	로우케이트	두다, 위치하다	53, 102
length	렝뜨	길이	53	lock	락	잠그다	51, 53
let	렛	시키다, 허용하다	55	logic	라직	논리	54
Letho	레토	망각신	9	logics	라직스	논리(학)	54
letter	레터	편지, 글자, 문자	54	logical	라지칼	타당한, 논리적인	54
lever	레버	지렛대, 지레	53, 88	loiter	로이터	어슬렁거리다	82
leverage	레버리지	지레 효과	53, 88	loll	랄	늘어지다	13
library	라이브레리	도서관	54	lone	로운	혼자의, 고독한	55, 65
lie	라이	거짓말하다, 눕다	55, 102	lonely	로운리	혼자인, 쓸쓸한	16, 55, 65, 77
life	라이프	삶, 생명	55, 86	lonesome	로운썸	외로운	65
lift	리프트	들어 올리다	45	long	롱	(시간/거리/선) 긴	13, 53
light	라잇	빛, 광선	10, 45, 54	longevity	란제버티	장수, 수명, 장기근속	32
lightning	라이트닝	번개/벼락	54, 63, 85	look	룩	보다	12, 55, 64, 91
like	라이크	좋아하다, ~처럼	46, 55	loose	루스	느슨한, 풀린	53
limit	리밋	한계, 제한	11, 53	loosen	루슨	느슨하게 하다	53
line	라인	선 그리다, 줄 세우다	3, 53, 61	lose	루즈	잃다, 지다	105
lineage	리니지	혈통	3	lot	랏	많은, 추첨	97, 105
lingual	링궐	혀의, 말의	41	lovable	러버블	사랑스러운	97
link	링크	연결하다, 동맹 맺다	3, 51, 61	love	러브	사랑하다	10, 11, 55, 102

단어	발음	의미	page	단어	발음	의미	page
lovely	러브리	사랑스러운, 어여쁜	97	Mars	마르스	전쟁신	8, 10
low	로우	낮은	45	martial	마샬	전쟁의	8, 10
luck	럭	행운	10	martinet	마르티네트	인명어) 엄격한 사람	110
Luna	루나	달의 여신	3, 10	mass	매쓰	(양이) 많은, 대량의	58
lunacy	루너씨	바보짓	10	massive	매씨브	거대한	58
lunar	루너	달의	53, 77	master	매스터	주인	102
lunch	런치	점심	58	match	멧치	성냥, 경기/시합, 어울리다	58
lune	달 신	달	10	material	머티어리얼	물질, (원)재료	56
lure	루어	(사람이) 유혹하다, 매력	55	maternal	머터널	어머니의	56, 102
Machine	머쉰	인명어) 기계	3, 110	matrix	메이트릭스	모체	56
macro/micro	매크로/마이크로	큰(많은) / 작은	57	maxi/mini∞	맥씨/미니	최소	57
macrocosm	매크로카즘	대우주	57	maximize	맥씨마이즈	최대화하다	93
mad	매드	미친	105	maximum	맥씨멈	최고의	57, 93
magazine	매거진	아랍어) 잡지	3, 108	may	메이	(가능) ~일지 모른다	96
magnify	매그니파이	확대/과장하다	21, 57, 99	maze	메이즈	미로	99
mail	메일	메일	13	meal	밀	(아침/점심/저녁) 식사	58
major	메이져	주요한, 중대한	3	mean	민	의미하다, 평균의	59
make	메이크	제조하다, 화장하다	58, 101	meddle	메들	간섭하다	59
man	맨	남자	59	Mediterranean	메디터레이니언	지중해의	59, 82
manicure	매니큐어	손톱관리	20	medusa	머듀사	변신 괴물, 변화의 신	8, 11
manipulate	머니퓰레이트	조종하다	101	meet	밋	만나다	80
mankind	맨카인드	인류	51, 102	megabyte	메거바이트	100만 바이트	58
manly	맨리	남자다운	97	megalopolis	메걸라폴리스	거대도시	58
manufacture	매뉴팩처	제조(하다), 생산(하다)	36, 40, 101	melody	멜러디	아름다운 노래	9, 11, 29, 101
many	메니	(수가) 많은	97, 100	Melpomene	멜포메네	노래신	9, 11
many/much	메니/머치	(수or양) 많은	57	melt	멜트	녹다	38, 99, 105
map	맵	지도	58, 67	member	맴버	구성원, 회원	57
March	마치	3월	8, 10	memo	메오우	메모, 쪽지	13, 57
mare	메어	암말	10	memorial	머모리얼	기념비, 추도의	57
marine	머린	바다의, 해양의, 해병대	56, 62, 76	memorize	메머라이즈	암기하다	9, 57
maritime	매리타임	바다의, 해양의, 배의	56	memory	메머리	기억, 추억	9, 10, 57, 101
mark	마크	표시하다	58	mental	멘탈	정신의, 정신적인	57, 101

단어	발음	의미	page	단어	발음	의미	page
mentee	멘티	조언받는 사람	59	mind	마인드	마음, 정신	101, 111
mention	맨션	말하다, 언급하다	12, 59	Minerva	미네르바	지혜/기예의 여신	10
mentor	멘토	조언자	59	mingle	밍글	섞다	12
menu	메뉴	메뉴	107	minify	미니파이	축소하다	57
merchandise	머천다이즈	상품	8	minimum	미니멈	최소한의	57
Mercury	머규리	상업/통신신	3, 8, 10	minute	마이뉴트	매우 작은, (시간)분	58, 97, 104
mere	미어	작은 호수, 연못	56	minutely	마이뉴트리	상세하게	104
merge	머지	합병하다	56	miracle	미러클	기적	58
merit	메리트	가치, 장점	35	mirror	미러	거울	58
mermaid	머메이드	(바다 전설 소녀) 인어	56	mishap	미스햅	작은 사고	45
mesmerize	메즈머라이즈	인명어) 최면 걸다	110	mishear	미스히어	잘못 듣다	46
message	메씨지	소식, 전갈(메시지)	57	mislead	미스리드	잘못 인도하다	15, 29, 55
metal	메탈	금속	11	mission	미션	임무	57
method	메떠드	방법	8, 11, 29, 58	missionary	미셔네리	선교사	57
Metis	메티스	변화신	8	mist(y)	미스트	엷은 안개	56
metro	메트로우	지하철	17	mistake	미스테이크	실수, 잘못	81
metropolis	머트라펄리스	대도시, 수도	10, 56	misunderstand	미스언더스탠드	오해하다	74
microbe	마이크로브	미생물	57	mix	믹스	혼합하다	58, 93
mid	미드	중앙의	59	Mnemosyne	므네모시네	기억신	9, 10
middle	미들	중간/중앙의, 가운데의	15, 59	mobile	모우블	이동식의	57
midnight	미드나이트	한밤중	3, 59, 60	mock	막	놀리다	22, 107
midway	미드웨이	중도의, 중간쯤의	59	modern	마던	현대의	16
milieu	밀류	(사회적) 환경	59, 107	modify	마디파이	수정하다	89
milk	밀크	우유	105	module	마쥴	기본/조립/구성단위	59
mill	밀	방앗간, 공장	100	Moirai	모이라이	운명의 여신	10
millennium	밀레니엄	1,000년	58, 100, 104	moist	모이스트	축축한, 습기 있는	56
milligram	밀리그램	무게(1/1,000g)	58	moisture	모이스쳐	습기	56
milliliter	밀리리터	량(1/1,000ml)	58	mold	모울드	형판, 금형	59
millimeter	밀리미터	길이(1/1,000미터)	58, 100	moment	모우먼트	잠시, 때	57
million	밀리언	백만(1,000,000)	58, 100	momentary	모우먼터리	순간적인	57
millionaire	밀리어네어	백만장자, 대부호	58	monarch	마나크	군주	58
mime	마임	몸짓으로 표현하다	59	Monday	먼데이	월요일	58, 59, 64, 103

단어	발음	의미	page	단어	발음	의미	page
monetize	마너타이즈	화폐 주조하다	10	Muses	뮤즈	예술의 신	10
mono	모노	하나의	100	museum	뮤지엄	박물관, 미술관	9, 59
monocle	마너클	단안경	58	music	뮤직	음악, 예술신	9, 10, 59
monologue	마널로그	독백	58, 100	musician	뮤지션	음악가	9, 59
monopolize	머나펄라이즈	독점하다	100	mustache	머스태쉬	콧수염	59
monopoly	머나펄리	독점, 전매	58	mute	뮤트	말이 없는, 무언의	59
monotonous	머나터너스	단조로운	58	mutter	머러	중얼거리다, 투덜거리다	59
month	만뜨	월	104	mutual	뮤추얼	상호 간의, 서로의	13
monument	마뉴먼트	기념(건축)물	57	mysterious	미스티리어스	신비한	98
moon	문	달	10, 53, 58, 59, 64	mystery	미스트리	불가사의, 신비	98
morning	모닝	아침	57, 104	myth	미뜨	신화神話(이야기)	79, 96
Moros	모로스	죽음신	7, 10	mythology	미쌀러지	신화	96
Morpheus	모르페우스	꿈/잠의 신	10	Naked	네이키드	나체의	60
mortal	모털	죽을 운명의	7, 10	name	네임	이름(을 짓다)	15, 61
mother	머더	어머니, 엄마	8, 56, 59, 102	narrow	내로우	좁은	29
motive	모우티브	동기/이유, 원동력	57	nation	네이션	국가, 나라	61
motor	모우터	발동기, 모터, 전동기	57	natural	내츄럴	자연적인, 타고난	61
mount	마운트	오르다, 올라가다	3, 57, 62, 84, 102	nature	네이처	자연	61
mountain	마운튼	산	3, 11, 57, 62, 84, 102	nautical	노티클	선박의, 해상의, 항해의	62
mountaineer	마운트니어	등산가	57, 84	naval	네이블	해군의	62
mouth	마우뜨	입	13, 59, 101	navigate	내비게이트	길 찾다	62
move	무브	이사하다	57, 102	navigation	내비게이션	항해, 운항	62
moving	무빙	이사	57	navy	네이비	해군, 짙은 감색	8, 10, 56, 62, 98
much	마치	(양) 많은	97	navy-seal	네이비 씰	미 특수부대	62, 98
mud(dy)	머드	진흙, 진창	56	near	니어	가까운, 인접한	61, 94
mug	머그	손잡이 있는 소형잔	25, 56, 84	necessary	네써세리	필요한	32
multimedia	멀티미디어	다중매체의	58, 100	neck	넥	목	51, 61, 101
multiple	멀티플	많은, 다수의	58	necklace	네크러스	목걸이	51, 61
multiply	멀티플라이	곱하다, 증식하다	100	necktie	넥타이	넥타이	51, 61, 101
murder	머더	살인(하다)	7, 111	need	니드	필요로 하다	105
murmur	뭐뭐	속닥이다, 중얼거리다	59	negative	네거티브	부정적인	60
Muse	뮤즈	예술신	3, 9	neighbor	네이버	이웃	61

단어	발음	의미	page	단어	발음	의미	page
neither	니더	(둘 중) 어느 것도 ~ 아니다	31	nomination	나미네이션	지명, 추천	61
Nemesis	네메시스	복수신	7, 10	nonagon	나너간	9각형	100
Neptune	넵튠	바다신	8, 10	none	넌	(아무도)~없다/아니다	60, 63, 65
nerve	너브	불안, 긴장	61, 101	non-fiction	난픽션	비소설	38, 40
nervous	너버스	걱정많은	61	nonstop	난스탑	직행의	65, 74, 102
net	넷	망, 그물	61	noodle	누들	국수(류)	61
netizen	네티즌	인터넷 사용자	102	noon	눈	(9시+3시)→12시, 정오	13, 63
network	네트웍	망	61	Nordic	노르딕	북유럽 국가의	109
neuron	뉴란	신경세포	61	Norman	노르먼	노르만족의	109
neutron	뉴트란	중성자	101	north	노뜨	북쪽	109
never	네버	결코 ~ 않다	60	nose	노우즈	코	101
nevertheless	네버더레스	그럼에도 불구하고	60	not	낫	아니다, ~않다	60
new	뉴	새로운	61	note	노우트	메모, 편지	12, 57, 61
news	뉴즈	소식들(뉴스)	61	notebook	노우트북	노트북	18, 52, 61
newspaper	뉴즈페이퍼	신문	3, 61, 67	nothing	너띵	~없다, 아니다	60, 63, 65
next	넥스트	다음의	61, 94, 101	notice	노우티스	공고문, 안내판	12, 61
next-best	넥스트 베스트	제2위의	61	notify	노우티파이	(공식적) 알리다	12
next-door	넥스트 도어	옆집의	61	novel	나블	소설	61
nexus	넥써스	유대, 결합, 관계	61, 93, 101	novelty	나블티	새로움	61
nice	나이스	(기분, 사람) 좋은	111	November	노우벰버	(9월 + 2개월) → 11월	63
niche	니치	틈새	107	now	나우	지금	13, 104, 105
night	나이트	밤夜	7, 10, 60, 104	nozzle	나즐	노즐, 분사구	99
nihilism	나이얼리즘	허무주의	60	nude	누드	벌거벗은, 나체의	60
Nike	니케	승리의 여신	10	null	널	아무 가치 없는	60
nine	나인	숫자 아홉(9)	63, 100	nullify	널리파이	무효화하다	60
nineteen	나인틴	19	63, 100	number	넘버	숫자	61
ninety	나인티	90	63, 100	nuzzle	너즐	코를 비비다	101
no	노우	~없는, 아니다	60, 63	Nyx	닉스	밤신	3, 7, 10
noble	노우블	고결한, 웅장한	52	Oasis	오우에이시스	(사막의) 오아시스	64
nobody	노우바디	아무도 ~않다	60, 63	oath	오우뜨	서약, 맹세	65, 88
noir	느와르	검은 → 암울한 → 암흑가 (영화)	7, 60, 107	object	아브젝트	목표, 목적, 물체, 대상	49
nominate	나미네이트	지명하다	15, 61	objective	어브젝티브	목적, 객관적인	49

단어	발음	의미	page	단어	발음	의미	page
obliterate	어블리터레이트	흔적을 없애다	9	optics	압틱스	광학	64, 101
oblivion	어블리비언	망각의 강	9, 11	option	압션	선택(권)	64
obstacle	아브스타클	장애(물)	15, 29	optional	압셔널	선택적인	64
ocean	오우션	대양, 바다	9, 10	Oracle	오라클	신탁	3, 11
Oceanus	오케아누스	대양신	9, 10	oral	오랄	구두의, 입의	10, 11, 88, 101
octagon	악터간	8각형	66, 100	orbit	오빗	궤도, (인생) 행로	64
octave	악티브	8도 음정	66	order	오더	순서, 명령	11, 101
October	악토우버	10월	66	organ	오르건	기관, 오르간	41
octopus	악터퍼스	문어	66, 100, 102	organic	오개닉	유기농의	41
oculist	아큘리스트	안과의사	64	organize	오거나이즈	체계화하다	41
odd	아드	이상한	31, 111	oriental	오리엔탈	동양의	11
odor	오우더	냄새, 향수	75, 101	origin	오리진	근원/원천, 유래	42, 43
office	오피스	사무실	40	original	오리지널	원래의, 독창적인	43
official	어피셜	공식적인	40	Orion	어라이언	사냥 신	11
off-shore	오프쇼어	연안의	77	Orpheus	오르페우스	그리스 시인	10
ohm	옴	인명어) 저항단위 옴	110	oust	아우스트	내쫓다, 축출하다	85
old	오울드	나이 많은, 늙은	50, 61, 95, 111	out	아웃	밖에서, 밖으로	85, 92
omnibus	암니버스	작품집	100	outbound	아웃바운드	떠나는	29
omnipotent	암니퍼턴트	전능한	100	outburst	아웃버스트	폭발, 급증	18, 85
once	원스	옛날에, 1배, 일단	65, 83, 100	outcome	아웃컴	결과	85
one	완	숫자 일(1), 하나(의)	65	outdoor	아웃도어	옥외의	27
oneself	원셀프	자기 자신	65	outline	아웃라인	윤곽을 보여 주다	61, 85
ongoing	안고잉	진행 중인	44	outnumber	아웃넘버	수적 우세하다	61
only	오운리	유일한	65, 77, 100	output	아웃풋	생산량, 산출량	80, 84, 85
open	오우픈	열다, 열린	12, 25, 64, 78, 101	outrun	아웃런	넘어서다	62, 84
openly	오우픈리	솔직하게	64	outspoken	아웃스포큰	솔직한	75
opera	아프러	오페라, 가극	70	outstanding	아웃스탠딩	뛰어난, 두드러진	74
operate	아퍼레이트	작동하다, 수술하다	101	oval	오우블	타원형의	64
opportunity	아퍼튜너티	기회	20	oval-shaped	오벌셰이프트	타원형	64
optic	압틱	시력의	3, 64	oven	어븐	화덕, 솥	64
optician	압티션	안경사	64	overcome	오우버컴	극복하다	102
opticist	압터시스트	광학자	3	owe	오	덕분이다	105

단어	발음	의미	page	단어	발음	의미	page
owl	아울	부엉이	110	participate	파티씨페이트	참가하다	69
own	오운	자신의, 소유하다	32, 47	partner	파트너	동반자/동업자	67, 69
owner	오우너	주인, 소유주	102	part-time	파트타임	시간제	69
ox	악쓰	황소	110	party	파티	정당, 단체, 파티	98
oxygen	악씨즌	산소(O2)	28, 94	pass	패스	지나가다, 건네다	68
oyster	오이스터	굴	96	passenger	패신저	승객	68
Pack	팩	(짐을)싸다, 꾸리다	67, 92	passion	패션	격정, 열정	69, 102
package	패키지	포장물	67	passionate	패셔니트	열정적인	69, 102
page	페이지	페이지, 쪽, 면	67	passive	패씨브	수동적인, 피동의	69
pain	페인	아픔, 고뇌, 비탄	69	passport	패스포트	여권	68
painful	페인풀	아픈	69	past	패스트	과거	104
paint	페인트	칠하다, 채색하다	67	patch	패치	덧붙이는 천조각	67, 80
painting	페인팅	그림 (그리기)	67	paternal	퍼터널	아버지의	12, 56, 102
pan	팬	납작한 냄비	11, 13, 67	patient	페이션트	견디는/참는 (환자)	69
panacea	패너시어	만병통치약	11, 100	patrol	퍼트로울	순찰(하다)	68
pancake	팬케이크	팬케익	24, 67	pave	페이브	포장하다	67
pandemic	팬데믹	유행병	100	pavement	페이브먼트	포장도로, 인도	67
pandora	팬도러	인류 최초의 여자	11	pay	페이	지불하다	96
panic	패닉	공포, 공황	3, 11	payment	페이먼트	지불, 지급, 지출	96
paper	페이퍼	종이	67	peak	픽	절정, 최고조	70
parachute	패러슛	낙하산	24	peak-time	피크 타임	최고조 시간	70
parade	퍼레이드	행렬, 가두행진	15, 29	pear	페어	배	13
paragliding	패러글라이딩	패러글라이딩	43	pedal	페달	(자동차/자전거) 페달	12, 67, 68, 102
parasol	패러솔	양산	10, 64	peddle	페들	행상 다니다	68
parent	패런트	부모	69, 102	pedestrian	퍼데스트리언	보행자	68
park	파크	공원	67	pedicure	페디큐어	발 관리	20, 67
parking	파킹	주차	67	pee	피	오줌 싸다	67
parliament	팔러먼트	(영국) 의회, 회의, 모임	70	peel	필	껍질을 벗기다	111
parlor	팔러	접견실, 거실	70	peer	피어	또래, 응시하다	111
parrot	패럿	앵무새	107	pen	펜	펜	70
part	파트	헤어지다, 부분/일부	67, 69, 78	pencil	펜슬	연필	70
partake	파테이크	먹다, 참가하다	69, 81	peninsula	퍼닌설러	반도	70

단어	발음	의미	page	단어	발음	의미	page
pentagon	펜터간	5각형, 펜타곤	100	pin	핀	핀, 침	70
pentathlon	펜태뜨런	5종 경기	100	pine	파인	소나무	70
people	피플	사람들	70, 102	pineapple	파인애플	파인애플	70
percentage	퍼쎈티지	완전히 100이 되는 백분율(%)	26	ping	핑	핑 소리나다	110
perfect	퍼팩트	완벽한, 완전한	40	pinnacle	피너클	첨탑, 최고점	70
perform	퍼폼	행하다, 공연하다	107	pioneer	파이어니어	개척자, 선구자	36, 89, 105
perfume	퍼퓸	향수	84	piss	피쓰	오줌누다	67
period	피어리어드	주기, 기간	32, 104	pitch	피치	(공)던지다	73
Persephone	페르세포네	성장/봄 신	10	pity	피티	연민, 동정	98
persuade	퍼스웨이드	,설득하여 ~하게 하다	29, 76	pivot	피벗	중심(점)	107
persuasion	퍼스웨이전	설득	29, 76	pixel	픽슬	화소(화상의 최소단위)	94
philology	필랄러지	언어학	11	pizza	피자	피자	68
philosophy	필라써피	철학	11, 102	place	플레이스	장소(에 두다)	68
Philotes	필로테스	애욕의 신	11	plan	플랜	계획	68
phobia	포우비어	공포	34, 70	plastic	플래스틱	플라스틱	37
Phobos	포보스	공포신	8, 11	plate	플레이트	접시	12, 27
Phoebe	포에베	태양신	9, 10	platonism	플레이트니즘	인명어) 플라톤 숭배자	110
phone	폰	전화기, 전화(하다)	10, 13, 66, 70	play	플레이	놀다, 연극/연주하다	96, 105
phonics	파닉스	발음학	70	playground	플레이그라운드	운동장	3, 42, 62, 84
photo	포토	사진	10, 70	please	플리즈	기쁘게 하다	11
photograph	포우터그래프	사진	9, 46, 70	pleasure	플레져	기쁨 요정	11
photography	퍼타그러피	사진 촬영술	10	pledge	플레지	맹세하다	88
photoshop	포우토우샵	사진 현상소	9	plug	플러그	플러그	68
physical	피지컬	물질적인, 신체의	57, 102	Pluto	플루토	지하의 부신	8, 10
pianist	피애니스트	피아노 연주가	68	plutocracy	플루타크라시	금권 정치	8, 10
piano	피애노우	피아노	68	Plutonium	플루토우니엄	불/대장간신	8, 10
pick	픽	골라잡다, 선택하다,	68	Plutus	플루투스	부의 신	10
picking	피킹	따는 것, 채집	68	poet	포우잇트	시인	111
picture	픽처	사진	68	point	포인트	의견/요점, 가리키다	70, 101
picturesque	픽처레스크	그림 같은	68	poison	포이즌	독(약)	69
pier	피어	부두, 선창	13, 98	poll	포울	투표하다	68, 88
pierce	피어스	꿰뚫다, 관통하다	70	polyglot	팔리글랏	다국어를 말하는	9, 41, 100

단어	발음	의미	page	단어	발음	의미	page
polygon	**팔**리간	다각형	100	prime	프라임	주요한, 기본적인	36
Polyhymnia	폴리힘니아	찬가의 신	9, 11	primeval	프라이**미**벌	원시의, 고대의	32
pond	폰드	연못	7, 10	primitive	**프**리미티브	원시적인	32
Pontos	폰토스	바다신	7, 10	principal	**프**린서플	주요한, 학장	12
pool	풀	수영장	105	print	프린트	인쇄/출판하다	30, 68
poor	푸어	가난한, 서투른	111	printer	**프**린터	복사기	3, 68
pop	팝	의성어) 펑 터지다	13, 110	prior	프라이어	먼저의, 우선하는	36
popcorn	**팝**콘	팝콘	24, 64	prix	프리	가격, 요금, 가치, 상	94
popular	**파**퓰러	인기 있는	12	problem	**프**라블럼	문제	36
population	파퓰**레**이션	인구	70, 102	proceed	프러**씨**드	전진/진행하다	12, 36, 43, 89, 102
Poseidon	포싸이든	포세이돈	10	produce	프러**듀**스	생산하다, 만들어내다	36
positive	**파**지티브	적극적인	60	production	프러**덕**션	생산, 제조	40
possess	퍼**제**스	가지다, 소유하다	32, 47	professor	프러**페**서	교수	40, 81
possible	**파**써블	가능한	70	progress	프라그래스	전진/발달/진행(하다)	44, 89, 102
postcard	**포**우스트카드	우편엽서	21	project	프라**젝**트	계획, 설계, 사업	49, 101
postpone	포우스트**포**운	연기하다	50, 102	projection	프러**젝**션	투사, 영사	49
postscript	**포**우스트스크립트	(편지)추신	101	prologue	프**롤**로그	서두, 도입부	9, 31, 54
pound	파운드	무게 단위	62	Promethus	프로메테우스	먼저 생각하는 사람	9
power	파워	힘	70	promise	**프**라미스	약속하다	57
powerful	**파**우어풀	힘이 있는	70	pronounce	프러**나**운스	발음하다	101
pray	**프**레이	기도하다	68, 96	proof	프루프	증명	89
prayer	프레어	기도(자)	68, 96	prophesy	프라피싸이	예언하다, 예고하다	36
precious	프레셔스	귀중한, 값비싼	87	propose	프러**포**우즈	신청/제안하다	44
predict	프리**딕**트	예언(예보)하다	12, 29, 36	prosecutor	프라**써**큐터	기소자, 검사	50
prefix	**프**리픽스	접두사	38, 94	Proserpina	프로서피나	곡물 성장의 신	10
pregnant	**프**레그넌트	임신한	43	prospect	프라스**펙**트	전망(하다), 가망	75, 101
prepare	프리**페**어	준비하다, 대비하다	15, 29, 36	prospective	프러스**펙**티브	유망한, 기대되는	75
present	프레즌트	현재, 선물	104	Prosper	프라스퍼	곡물 성장의 신	10, 34
press	프레스	신문, 언론	68, 101	protean	프로티언	잘 변하는	10
prevail	프리**베**일	우세하다	87	Proteus	프로테우스	바다의 신	10
prevalent	**프**레벌런트	유행하는	88	prototype	프**로**우터타입	원형, 본보기	81
prevent	프리**벤**트	막다, 예방하다	89	proud	프라우드	자랑스러워하는	111

단어	발음	의미	page	단어	발음	의미	page
prove	푸루브	증명하다	111	quarter	쿼터	1/4, (시간) 15분, (1년 중) 사분기	71
proximate	프락써미트	인접한	61	quarterly	쿼터리	년 4번의	100
proximity	프락씨머티	(시간, 거리상) 가까움	94	quarters	쿼터스	(군대의) 숙사/막사	71
Psyche	프시케	마음, 정신	3, 11	quartet	쿼테트	4중주, 4중창	100
psycho	싸이코	정신~, 정신병자	96	quay	퀴	부두	28, 98
Psychology	싸이칼러지	심리학	11, 96, 101	query	퀴리	문의, 의문	71
pub	펍	대중적인 선술집	70	quest	퀘스트	탐구, 탐색	3, 71
public	퍼블릭	대중의, 공공의	70, 102	question	퀘스쳔	질문, 문제	3, 36, 71
publication	퍼블리케이션	출판, 발표	70	questionnaire	퀘스쳐네어	질문지	71
publish	퍼블리쉬	출판/발표하다	68, 70	quick	퀵	빠른, 신속한	106
pull	풀	당기다	47, 68, 85, 101	quintessence	퀸테쓴스	제5원소	100
pullback	풀백	(군대의) 철수	85	quiz	퀴즈	질문/조사, 구두시험	13, 71, 99
pullman	풀먼	침대용 특별객차	110	quotation	쿼우테이션	견적, 인용	71
pump	펌프	펌프로 퍼올리다	85	quote	쿼우트	인용하다, 견적내다	71
punch	펀치	주먹으로 치다(때리다)	62	Race(r)	레이스	경주(자), 달리기(선수), 인류	73
puppy	퍼피	강아지	107	rack	랙	선반, 걸이	52
purchase	퍼처스	사다, 구매/매입하다	17, 20, 96, 107	radio	레이디오우	라디오	73
pure	퓨어	순수한, 깨끗한	111	radioactive	레이디오우액티브	방사성의	73
purpose	퍼퍼스	목적	68	raft	래프트	뗏목	109
pursue	퍼수	추적/추격하다	76	rage	레이지	분노	10
pursuit	퍼수트	추적	76	rail	레일	(철도의) 레일	73
push	푸쉬	밀다	3, 13, 47, 68, 85, 101	railway	레일웨이	철길	73
put	풋	(장소, 위치에) 두다	80, 84	rain	레인	비오다	62, 73
puzzle	퍼즐	퍼즐, 수수께끼	99	rainbow	레인보우	무지개	18, 62, 73
quack	꽥	오리가 꽥꽥 울다	110	raise	레이즈	들어 올리다	109
quadrangle	쿼드랭글	4각형	100	random	랜덤	무작위의	107
quake	퀘이크	진동하다	105	range	렌지	범위, 영역, 한계	73, 107
Qualify	퀄리파이	자격을 취득하다	71	rank	랭크	지위, 계급	107
Quality	퀄러티	질質	71	rare	레어	드문, 희귀한	111
Quantity	콴터티	양兩	71	rate	레이트	비율, 요금, 속도, 등급	72
quadrate	쿼드레이트	정사각형의	100	ratify	레티파이	비준/승인하다	72
quart	쿼트	액량의 단위	100	rational	래셔널	합리적인, 이성적인	72

단어	발음	의미	page	단어	발음	의미	page
raw	로	날것의, 익히지 않은	106	remember	리멤버	기억하다	10, 57, 101
ray	레이	빛, 광선	54, 73, 98	remind	리마인드	생각나게 하다	101
reach	리치	도달하다, 미치다	20	removal	리무벌	제거, 해고	57
ready	레디	준비된	15, 16, 29, 97	remove	리무브	치우다, 제거하다	57
realism	리얼리즘	현실주의	60	rename	리네임	다시 이름 짓다	15, 61
rear	리어	뒤쪽의, 기르다	12	rendezvous	란디뷰	만남	107
reason	리즌	원인/사유, 이성	72	renewal	리뉴얼	재개, 부활	3, 61
reasonable	리즈너블	합리적인	72, 101	repair	리페어	수리하다	93
recall	리콜	기억해내다	25	replace	리플레이스	대체하다	68
receipt	리씨트	영수증	19, 20	report	리포트	알리다, 보고하다	69
receive	리씨브	받다, 받아들이다	20, 43, 101	reprimand	레프리맨드	비난하다	22
reception	리쎕션	환영 연회	20	request	리퀘스트	요청, 신청	71
reckon	레컨	생각하다	72	require	리콰이어	필요하다, 요구하다	71
recognition	레커그니션	인식	52	requirement	리콰이어먼트	요건	71
recognize	래커그나이즈	인식하다, 인정하다	12, 52	research	리서치	연구(하다), 조사	26, 75
recover	리커버	회복되다	12, 25	resemble	리젬블	닮다	77
red	레드	붉은	106	resort	리조트	휴양지	108
redo	리두	다시하다	89	resource	리소스	자원	85
refill	리필	다시 채우다	101	respect	리스펙트	존경(하다), 고려	75
reform	리폼	개혁하다	38	respectable	리스펙터블	존경받을 만한	75
refrigerator	리프리저레이터	냉장고	38	respectful	리스펙트풀	존경하는	75
refund	리펀드	환불하다	84	respective	리스펙티브	각각의	19, 30, 31
refuse	리퓨즈	거절/거부하다	49	rest	레스트	쉬다, 휴식 하다	74
regress	리그레스	퇴행하다	44	restart	리스타트	재출발하다	74
regret	리그렛	후회하다	107	retire(ment)	리타이어(먼트)	퇴직(하다)	72, 81
reject	리젝트	거절/거부하다	49	revenue	레버뉴	(정기) 수입	89, 108
relation	릴레이션	관계	61	reversion	리버전	반환, 회귀	88
relatives	렐러티브즈	친척	51, 102	review	리뷰	검토/복습(하다)	21, 52, 89
relay	릴레이	교대시키다	55	revise	리바이즈	수정하다	89
reliability	릴라이어빌러티	신뢰도	55, 96	revive	리바이브	부활시키다	86
rely	릴라이	신뢰하다/믿다	39, 55, 96	revolution	레벌류션	혁명	88
remain	리메인	남다	74, 96	revolve	리발브	순환하다, 회전하다	63, 88, 102

단어	발음	의미	page	단어	발음	의미	page
reward	리워드	보상	108	rush	러쉬	서두르다, 돌진하다	47, 108
rice	라이스	쌀, 밥	72	**S**ad	쌔드	슬픈	106
rich	리치	부자인, 부유한	108	safe	쎄이프	안전한	12, 20, 78
ride	라이드	(말을) 타다, 승마하다	29	sail	세일	항해하다	76
right	라이트	옳은, 올바른	13	sailor	쎄일러	선원	76
ring	링	반지, 전화 걸다	3, 62, 72	salad	쌜러드	샐러드	76
rink	링크	(아이스) 경기장	52, 62, 72	salary	쌜러리	급여	76
riot	라이어트	폭동	108	sale	쎄일	판매, 매출	78
river	리버	강	3, 73	salt(y)	쏠트	소금	76
road	로우드	도로, 길	13, 15, 29, 73, 98	same	쎄임	같은, 동일한	77
rob	랍	훔치다	108	sample	쌤플	표본, 견본	77
robocop	로보캅	로봇경찰	20	sand(y)	샌드	모래	76
rock	락	바위, 암벽	66, 72	sandwich	샌드위치	인명어) 샌드위치	3, 110
roll	로울	통, 두루마리, 회전하다	13, 64, 72, 102	sane	쎄인	제정신인	3, 97, 99
romance	로우맨스	짧은 연애	108	Saturday	쎄러데이	토요일	10, 103
root	루트	뿌리	74	Saturnus	사투르누스	농경/계절의 신	10
rope	로우프	밧줄, 로프	73	safe→save	쎄이브	구하다, 저축하다	12, 78, 106
rot	랏	썩다	106	saving	쎄이빙	절약	78
rotate	로우테이트	회전하다, 교대하다	63, 72, 73, 88, 102	saw	쏘	톱으로 자르다	76, 90
rotation	로우테이션	회전	72, 73	saxophone	쌕써포운	인명어) 색소폰	110
rough	러프	(표면, 행동이) 거친	31, 106	say	세이	말하다	3, 12, 75, 96, 101, 106
round	라운드	둥근, 원형의	62, 64, 72, 84	saying	쎄잉	속담	75, 96
route	루트	길, 노선	72	scan	스캔	대충 훑어보다	26, 75
routine	루틴	판에 박힌 일	72	scanning	스캐닝	정밀검사	26, 75
row	로우	줄, 열, 노 젓다	73, 90	scare	스케어	겁주다, 위협하다	22
rub	럽	문지르다	23, 91	scared	스케어드	겁먹은	34, 79
rude	루드	무례한	111	scarf	스카프	목도리	108
rule	룰	(재는) 자, 통치하다	73	scene	씬	장면, 배경	26, 75
run	런	달리다	62, 73, 84, 102	scenery	씨너리	경치	26, 75
runner	러너	주자	73	scent	센트	향기, 냄새	75
running	러닝	달리기	73	schedule	스케줄	계획표, 일정표	22, 78
rural	루럴	시골의	23	scheme	스킴	계획	78

단어	발음	의미	page	단어	발음	의미	page
scholar	스칼라	학자, 장학생	22	security	씨큐러티	보안, 안전	20, 78
scholarship	스칼라쉽	장학금	22	see	씨	(눈으로) 보다	12, 13, 75
school	스쿨	학교	13, 22, 102	seed	씨드	씨, 종자	106
science	싸이언스	과학	101	seek	씩	찾다, 추구하다	75, 106
scoff	스코프	비웃다, 놀리다	22	seem	씸	~처럼 보이다, ~인 것 같다	75
scold	스코울드	꾸짖다, 욕하다	22	seemingly	씨밍리	겉으로	75
score	스코어	점수, 20	109	seesaw	시소	시소	75
scorn	스콘	경멸하다, 업신여기다	22	segment	쎄그먼트	부분	12, 58, 78
scout	스카우트	조사/탐색, 정찰하다	85	select	씰렉트	선택하다	20, 64, 78
scouter	스카우터	정찰자	85	Selene	셀리니	달의 여신	10
scrap	스크랩	잡동사니, 쓰레기	23	selenium	설리니엄	셀렘	10
scrape	스크레이프	문지르다	23	sell	쎌	팔다	17, 20, 78, 96
scratch	스크래치	할퀴다, 긁다	23	semester	씨메스터	학기	78, 100
scream	스크림	고함치다	23	semi	쎄미	반	100
screen	스크린	병풍, (영화의) 스크린	23	semicircle	쎄미써클	(작은) 반원, 반원형	78, 100
screw	스크류	나사못, 비틀다	23, 108	semicolon	쎄미콜론	';' 세미콜론	78
scribble	스크리블	휘갈겨 쓰다, 낙서하다	23	semifinal	쎄미파이널	준결승전의	78, 100
scribe	스크라이브	서기	73, 92	seminar	쎄미나	강사와 참가자로 구성된 회의	78
script	스크립트	필기체, 원고(대본)	23	send	쎈드	보내다	13, 78
scroll	스크로울	두루마리 종이(고대 서적)	23	senior	씨니어	고위의, 연장자의	50
scrub	스크럽	문질러 닦다	23	sense	쎈스	감각	101
sea	씨	바다	9, 53, 76	separate	쎄퍼레이트	분리/구분하다	19, 61, 78
seam	씸	이은 자국, 꿰맨 자국	76	septangle	쎕탱글	7각형	78, 100
search	서치	찾다, 검색하다	26, 33, 75	September	쎕템버	9월	78
seasick	씨식	뱃멀미	76	series	씨리즈	(TV, 경기) 시리즈	78
season	씨즌	계절	104	set	쎗	두다, 한 벌	80
seat	씨트	자리, 좌석	102, 109	setting	쎄팅	설정	80
second	쎄컨드	두 번째의, 2류의, (시간의) 초	78, 91, 104	seven	쎄븐	7	100
secondary	쎄컨더리	2등의, 차석의	78, 100, 104	seventeen	쎄븐틴	17	100
secret	씨크릿	비밀(의)	78	sever	쎄버	자르다, 절단하다	78
section	쎅션	절단, 자르기	12, 78, 101	sew	쏘우	바느질하다	76, 90
secure	씨큐어	안심하는, 안전한	20, 78	sex	쎅스	성(별)	13, 42, 78, 94

단어	발음	의미	page	단어	발음	의미	page
sexfoil	**쎅**스포일	6엽 식물	100	sight	싸이트	시력, 시야	75
sexual	**섹**슈얼	성적인	78	sightseeing	**싸**이트씽	관광	75
shake	쉐이크	흔들리다, 진동하다	47, 76, 90	sign	싸인	표시, 서명(하다)	43, 52
shaky	쉐이키	불안한	47, 76	signature	**씨**그너쳐	서명	43, 52
shallow	**셸**로우	얕은	29	silhouette	실루엣	외곽선, 윤곽	110
shameful	셈풀	부끄러운	97	similar	**씨**멀러	비슷한, 유사한	77
shape	쉐이프	모양, 형태	106	simple	**씸**플	단순한	77
share	쉐어	나누다, 분배하다, 주권	78, 106	simplify	**씸**플리파이	단순화하다	77
sharp	샤프	날카로운	106	simulate	**씨**뮬레이트	모의실험하다	77
shed	쉐드	눈물 흘리다	90, 96, 106	simulation	씨뮬**레**이션	모의실험	77
shell	쉘	껍데기	106	sing(er)	싱	노래하다	3, 13, 75, 101
shift	쉬프트	옮기다, 재빠르게 움직이다	47	single	**씽**글	단일의	30
shifty	**쉬**프티	재빠른	47	sink	씽크	(배를) 침몰시키다	62, 77
ship	쉽	배(로 운송하다)	17, 68, 76, 86	sister	**씨**스터	언니, 누나	102
shipment	**쉽**먼트	선적, 화물	68	Sisyphus	시지프스	현명한 인간	11
shock	샤크	충격	108	sit	씻	앉다	13, 102
shoe	슈	구두	106	six	식스	숫자 6	78
shoot	숫	(총, 화살) 쏘다	47	sixteen	씩스**틴**	숫자 16	78, 100
shop	샵	상점	47	sixty	**씩**스티	숫자 60	78, 100
shore	쇼어	해안	77	sizable	싸이저블	꽤 큰	76
short	쇼트	짧은, 부족한	53, 106	size	싸이즈	크기/대소/치수	76
shortcut	숏컷	지름길	22, 80, 84	sizzle	**씨**즐	의성어) 지글지글 튀기다	110
shot	샷	발사, 발포	47	skate	스케이트	스케이트 타다	52, 76
shout	샤우트	밖으로 외치다, 고함치다	85	ski	스키	스케이트 타다, 스키(타다)	52, 76, 109
shouting	샤우팅	함성	85	skid	스키드	미끄러지다	52, 76, 109
show	쇼우	보여주다	13, 47	skin	스킨	피부	102
shower	샤우워	샤워, 소나기	76	skip	스킵	대충 훑어보다	76
shrub	슈럽	관목	17, 84	skirt	스커트	치마	109
shut	셧	닫다, 차단하다	25, 47	sky	스카이	하늘	10, 45, 98, 109
shy	샤이	부끄러워하는	3, 97, 111	sleep	슬립	잠자다	10, 102, 106
sick	씩	아픈, 병든	4, 48, 106	slide	슬라이드	미끄러지다	28
sigh	사이	한숨 쉬다	106	slow	슬로우	느린	37, 106

단어	발음	의미	page	단어	발음	의미	page
spray	스프레이	분무기로 뿌리다	76	stream	스트림	시내	73
spread	스프레드	뻗다, 펼치다	75	street	스트릿	거리, 도로	73, 76, 89
spring	스프링	봄, 용수철	84, 103	stress	스트레스	압박, 억압, 강세	32
sprout	스프라우트	싹이 나다	85	stretch	스트레치	(신체를) 펴다, 내밀다, 뻗다	76
square	스퀘어	정4각형 (모양의)	14, 71, 83, 100	stretching	스트레칭	늘어남	76
squawk	스꽉	의성어) 크게 꽉꽉 울다	110	strip	스트립	옷 벗다, 벗기다	106
squid	스퀴드	오징어	66	strong	스트롱	강한, 튼튼한	106
stadium	스테이디움	경기장, 스타디움	27	structural	스트럭처럴	구조적인	74
stage	스테이지	무대, 단계	74	structure	스트럭처	구성/구조/조직/체계	74
stair	스테어	계단	13, 74	study	스터디	공부하다	54, 55, 96, 101
stalk	스톡	(식물의) 줄기	74	stun	스턴	기절하다	35, 63, 85
stamp	스탬프	짓밟다, 날인하다, 우표 붙이다	15, 68	stupidity	스투피더티	어리석음	35
stand	스탠드	서다	74, 102	subject	써브젝트	주제, 화제, 대상	49
star	스타	별, 인기 배우	9, 10, 48, 74	subjective	써브젝티브	주관적인	49
starship	스타쉽	우주선	74, 76	submarine	써브마린	잠수함	17, 56
start	스타트	시작/출발하다	42, 74	submerge	써브머지	잠수하다	56
starve	스타브	굶주리다	106	subterranean	써브터레이니언	지하의	82
static	스태틱	고정된	37, 39	subway	써브웨이	지하철	12, 17
statue	스태추	동상	74	succeed	썩씨드	계승하다, 성공하다	21, 35
stay	스테이	계속있다,머물다	74, 96	success	썩쎄스	성공	21
steal	스틸	훔치다	3, 106	such	써치	그런	111
stem	스템	줄기, 자루, 혈통	74	suck	썩	(물을) 흡수하다	77
step	스텝	발걸음, 계단	74, 102	suction	썩션	빨아들이기	77
still	스틸	가만히 있는, 아직	74	sue	수	기소/고소하다	76
stock	스탁	재고(품), 저장(품), 증권(주식)	74	suffer	써퍼	고통받다	44
stockholder	스탁호울더	주주	74	suffix	써픽스	접미사	38, 94
stone	스토운	암석, 돌, 석재	66, 72	suggest	써제스트	제안/추천하다	44
stop	스탑	멈추다, 정지하다	65, 74, 102	suggestion	써제스천	제안	44
storage	스토리지	저장(고)	74	suicide	수이싸이드	자살(하다)	22, 101
store	스토어	가게, 상점, 백화점, 저장소	45, 74	suit	수트	정장	76
story	스토리	이야기	13	suitcase	수트케이스	여행 가방	21
straight	스트레이트	똑바른/직진하는, 솔직한	73, 76	summer	써머	여름	103

단어	발음	의미	page	단어	발음	의미	page
teach	티치	가르쳐 주다	81	thank	땡크	감사하다	106
teacher	티처	교사, 선생	40, 81	the	더	특정한) 그	16
tear	테어/티어	찢다, 눈물	106	thema	테마	주제	9
technology	테크날리지	기술	52, 54	theme	띠임	주제, 제목	9, 10
teenage	틴에이지	10대의	100	Themis	테미스	정의/이치신	9, 10
teenager	틴에이저	10대	83	theology	띠알러지	신학	79
teeth	티뜨	치아(복수)	27	theory	띠어리	이론	10
telepathy	털레퍼띠	텔레파시	69	there	데어	거기에, 그곳에	32
telephone	텔러포운	전화(기)	66, 70, 101	thief	띠프	도둑	12
telescope	텔리스코웁	망원경	26	thieve	띠브	훔치다	3
television	텔러비젼	텔레비전 T.V	89	thin	띤	얇은/가는, 마른/여윈	37, 62
tell	텔	말하다	12, 101	think	띵크	생각하다	72, 106
ten	텐	숫자 열(10)	83	thousand	따우즌드	숫자 천(1,000), 수많은	83, 100
tender	텐더	상냥한, 부드러운	111	three	뜨리	숫자 삼(3)	100
tennis	테니스	테니스	81	three-dimensional(3D)	뜨리-디멘션	3D	100
tenth	텐뜨	10번째	83, 100	throne	뜨로운	왕좌/왕위/왕권, 황제	66
term	텀	용어, 학기, 기간	78, 111	throw	뜨로우	던지다	25, 73, 101
terminate	터미네이트	끝나다	11	thruway	뜨루웨이	고속도로	98
Terminus	테르미누스	경계의 신	11	thunder	떤더	천둥	54, 63, 85
Terra	테라	곡물/대지신	3, 10, 53	Thursday	떠즈데이	목요일	103
terrace	테러스	넓은 베란다	82	ticket	티킷	승차/입장권	81, 108
terrain	터레인	지형, 지세	82	tie	타이	묶다	101
terrestrial	터레스트리얼	지구의, 육상의	82	tile	타일	타일, 기와	81
terrible	테러블	무서운	46, 79	till	틸	~까지, (땅을) 갈다	13, 23
territory	테리토리	지역/지방/영역/분야	10, 15, 66, 82, 99	time	타임	시간	10
terror	테러	테러	11, 46, 79	timetable	타임테이블	일정표, 시간표	22
test	테스트	시험하다	81, 96	timid	티미드	겁많은, 무서운	79
tetra	테트러	숫자 사(4)	100	tinkle	팅클	딸랑 울리다	81
tetragon	테트라간	4각형	100	tiny	타이니	아주 작은	58, 97
textile	텍스타일	직물, 옷감	93	tiptoe	팁토우	발끝으로 걷다	102
texture	텍스쳐	조직, 구성	93, 101	tire	타이어	피곤하다	72, 81
Thanatos	타나토스	죽음의 신	10	Titan	타이튼	거인족, 티탄족	7, 11, 43

단어	발음	의미	page	단어	발음	의미	page
titanic	타이태닉	아주 거대한, 엄청난	7, 11	trackable	트랙커블	추적할 수 있는	52
title	타이틀	제목, 표제	81	tractor	트랙터	~에서 ~로 이끄는 것	82
titter	티터	의성어) 킥킥거리다	110	trade	트레이드	거래, 무역	10, 15, 28
to	투	(방향) ~으로/에게	37, 81	traffic	트래픽	교통	82
toast	토우스트	건배하다	79	traffic-jam	트래픽-잼	교통체증	15, 49
tobacco	터배코우	담배	108	trailer	트레일러	트레일러	73, 82
today	투데이	오늘	95, 104	train	트레인	기차, 훈련/교육시키다	73, 82
toe	토우	발가락	40, 82, 102	transfer	트랜스퍼	옮기다, 환승하다	82
together	터게더	함께	12	transit	트랜씻	수송/운반/운송/송달	69, 82, 102
tolerant	탈러런트	잘 견디는	69	translate	트랜스레이트	번역/통역하다	54
tomb	툼	무덤	42	translation	트랜스레이션	번역	54
tomorrow	터마로우	내일	57, 104	transport	트랜스포트	운송, 운반, 수송	69, 82, 102
tone	토운	말투	12	trash	트래쉬	쓰레기	23
tongue	텅	혀	41, 81	travel	트래블	여행	89
tonight	투나잇	오늘밤	104	tree	트리	나무	79, 83
too	투	또한, 역시	16	trek	트렉	여행	52, 73, 89, 95
tool	툴	연장, 공구	53, 81	trekking	트래킹	여행	73
toolkit	툴킷	연장 세트	51, 53, 81	trepid	트레피드	겁많은, 소심한	79
tooth	투뜨	이, 치아	12, 81, 101	trial	트라이얼	재판, 시험	80, 81, 96
top	탑	꼭대기, 정상	65, 79	triangle	트라이앵글	삼각형	83, 100
topic	타픽	화제	65, 79	tribe	트라이브	부족, 종족	83
topping	타핑	고명	65	trick	트릭	속임수	108
tornado	토네이도우	회오리바람	72, 83	tricycle	트라이시클	세발자전거	83
touch	터치	만지다, 접촉하다	3, 12, 81, 101	trident	트라이든트	세 발 작살	83
tough	터프	단단한, 강한	13, 111	trillion	트릴리언	1조兆	19, 83, 100
tour	투어	여행	50, 52, 72, 73, 89, 95, 102, 108	trio	트리오	3인조, 3중창(곡)	83
tourist	투리스트	관광객	72	trip	트립	짧은 여행	52, 73, 102, 108
toward	투워드	(방향)~쪽으로, ~향하여	81	triple	트리플	3배의, 3중의	82, 83
towel	타우얼	수건	81	trisect	트라이섹트	삼등분하다	19, 78, 83
tower	타워	탑, 치솟은 것	79	trivia	트리비아	사소한 것들	11
toy	토이	장난감	27, 81, 98	trivial	트리비얼	사소한, 하찮은, 시시한	11, 83
track	트랙	철도/노선, 자국	52	troika	트로이카	세 명의 집단	83

단어	발음	의미	page	단어	발음	의미	page
true	트루	사실인, 진실인	35, 38	undergo	언더고우	겪다	44, 63, 85
trust	트러스트	믿다, 신뢰하다	39, 55, 96, 109	underground	언더그라운드	지하의	42, 82, 84
try	트라이	노력하다, 시도하다	81, 96	undermine	언더마인	약화시키다	85
tube	튜브	(금속/유리)관, 통	18	understand	언더스탠드	이해하다, 알아듣다	3, 63, 74
Tuesday	튜즈데이	화요일	103	Unicorn	유니콘	뿔 하나인 짐승, 유니콘	3, 11, 85
tune	튠	음 조절하다	63, 85	uniform	유니폼	유니폼	85, 100
tunnel	터널	터널, 굴	108	unify	유니파이	통일화하다, 통합하다	85
tunning	튜닝	조율	63, 85	union	유니언	조합, 협회	85
turban	터번	두건	108	unique	유니크	고유의	85
turn	턴	회전하다	63, 73, 102	unison	유니슨	조화	85
tutor	튜터	개인교사, 지도교수	40, 81	unit	유닛	구성단위	11, 59, 85, 100
twelve	트웰브	숫자 12	82	unite	유나이트	연합하다	78
twenty	트웬티	숫자 20	82	university	유니버시티	대학	54
twice	트와이스	2번, 2배로	65, 82, 83, 100	unlock	언락	열다	51
twilight	트와일라이트	여명, 땅거미	83	untouchable	언터처블	만질 수 없는	12
twine	트와인	노끈	83	up	업	위에, 위로	62, 68, 85
twinkle	트윙클	반짝반짝 빛나다	83	upcoming	업커밍	다가오는	85
twins	트윈스	쌍둥이	83, 91, 100	upgrade	업그레이드	개선하다	15, 44
twirl	트월	(빙빙) 돌리다, 휘두르다	83	upper	어퍼	상급의, 상류의	3, 85
twist	트위스트	왜곡하다	83, 91, 100	uppish	업피시	거만한	85
twister	트위스터	회오리바람	7, 72, 83, 91	upset	업셋	속상하게하다	85
twitter	트위터	지저귀다, 킬킬 웃다	83, 91	uptown	업타운	도심을 벗어나	85
two	투	숫자 이(2), 둘	91	uranium	유레이니엄	우라늄	10
Tyche	티케	행운의 신	10	Uranos	우라노스	하늘의 신	10
type	타입	활자, 타자하다	68, 81, 96	urge	어지	충고/설득/재촉하다	111
Typhon	티폰	무서운 용	7, 10	use	유즈	사용하다	87, 111
typhoon	타이푼	태풍	7, 10	useful	유스플	유용한	87
typing	타이핑	타자 치기	68, 96	useless	유스리스	소용없는	87
Ugly	어글리	못생긴, 추한	97, 109	utilize	유털라이즈	이용하다	87
ultra	울트라	초월한, 과격파	85	utopia	유토피아	이상향	79, 85
umpire	엄파이어	심판, 중재자	108	utter	어터	표현하다, 발언하다	85
under	언더	아래로, 아래에서	63, 85	Vacation	베이케이션	휴가/방학/휴일	86

단어	발음	의미	page	단어	발음	의미	page
vacuum	배큐엄	공백, 진공, 진공 청소	86	vigor	비거	활동력, 활력	87
vagabond	배거본드	유랑자/방랑자	44, 89	vigorous	비거러스	활기찬	87
vain	베인	헛된, 허영적인, 쓸데없는	32, 86	villa	빌러	별장, 저택	3, 86
valentine	밸런타인	애인에게 보내는 선물	110	village	빌리지	마을	3, 12, 86
valet	발레	시중드는 사람	89	vineyard	비니어드	포도밭	12
valiant	밸리언트	용감한	86	Virtue	버츄	덕의 요정	11
valid	밸리드	유효한, 효력 있는	87	virus	바이러스	바이러스	87
validate	밸리데이트	유효화하다, 입증하다	87	visible	비저블	(눈으로) 볼 수 있는	89
valley	밸리	계곡, 골짜기	23, 86	vision	비젼	시야, 환상, 전망	89
valor	밸러	용기	86	visionary	비저네리	예지력 있는	89
valuable	밸류어블	가치가 있는	87	visit	비지트	방문하다	12, 89
value	밸류	가치	87	visitor	비지터	손님	102
vanguard	뱅가드	선봉, 선구자, 지도자	89, 108	visual	비쥬얼	시각의, 시각적인	89
vanity	배너티	자만심	86	visualize	비주얼라이즈	상상하다	89
variety	버라이어티	다양성	88, 96	vital	바이탈	필수적인	87
various	배리어스	다양한	88, 96	vitamin	바이터민	비타민	87
vary	베리	변하다, 달라지다	24, 88, 96	vivid	비비드	생생한	87
vase	베이스	화분	13	vocabulary	보우캐블레리	어휘	88
veer	비어	(방향을) 바꾸다	88	vocal	보우컬	소리의, 목소리의	65, 88, 101
vegetable	베지터블	채소	86, 102	vocation	보우케이션	천직	86
vend	벤드	팔다	111	voice	보이스	목소리, 음성	62, 65, 75, 88
venereal	버니리얼	성병의	8	void	보이드	공허한, 무효인	86
Venus	비너스	미의 여신	3, 8, 10	voidance	보이던스	무효, 제거	86
verbal	버벌	말(언어)의, 구두의	88	volcano	발케이노우	화산	8, 10, 86
version	버전	~판, 형태	88	Volcanus	불카누스	불/대장간신	10
very	베리	매우, 잘	98	volleyball	발리볼	배구	88
vessel	베슬	(타는) 배, 용기, 혈관	17, 86	voluntary	발런테리	자발적인, 자유 의지의	87
vex	벡스	짜증 나게 하다	88, 94	volunteer	발런티어	지원자	87, 101
Victoria	빅토리아	승리의 여신	10	vomit	바밋	토하다	88
victory	빅토리	승리	10, 87, 98	vote	보우트	투표	68, 88
vie	바이	경쟁하다	87	vow	바우	맹세, 서약	88
view	뷰	조망, 관점, 견해	89	vowel	바우얼	모음, 모음 글자	88

단어	발음	의미	page	단어	발음	의미	page
voyage	보이지	(긴) 여행	50, 52, 72, 89, 95	wed	웨드	결혼하다(marry)	91
vying	바이잉	경쟁하는	87, 96	wedding	웨딩	결혼(식)	3, 91
Wade	웨이드	물길을 헤치며 가다	15, 28, 90	Wednesday	웬즈데이	수요일	103
wait	웨이트	기다리다	91	week	위크	주간	91, 104
waiter	웨이터	종업원	91	weekend	위크엔드	주말	91, 104
wake	웨이크	반복적인 행위로 잠깨다	91	weekly	위크리	매주의	91
walk	워크	걷다	91, 102	weep	윕	눈물을 흘리다	90, 96
wall	월	벽	3	weigh	웨이	무게 달다	106
wander	완더	정처 없이 배회하다	91	weird	위어드	기이한, 기괴한	106
war	워	전쟁	8, 10	welcome	웰컴	환영하다	3, 24, 102
warm	웜	따뜻한	106	well	웰	우물	90
warn	원	경고/경계하다	92	well-being	웰빙	행복	32
warranty	워런티	품질보증서	12, 92	wet	웰	젖은, 축축한, 습기 있는	15, 29, 90, 97
warrior	워리어	전사	8, 10, 11	wharf	워프	부두	98
wary	웨리	조심/경계하는	92, 97	what	왓트	무엇, ~것	92
wash	와쉬	씻다	47, 55, 90	when	웬	언제에	92
waste	웨이스트	(돈, 시간을) 낭비하다	106	where	웨어	어디에	32, 92
watch	와치	감시/주시하다, 시계	91, 92	which	위치	어느 것들	92
watchful	와치플	지켜보는	92	whiz	휘즈	윙윙 소리나다	110
water	워러	물	90	who	후	누가, 누구를	92
waterfall	워터펄	폭포	90	whole	호울	전체의	100
watt	와트	인명어) 와트	110	whoop	훕	우아, 환호성 지르다	110
wave	웨이브	파도, 물결	3, 76, 90	why	와이	(의문문) 왜	92, 96
wax	왁스	광을 내다	91, 94	wide	와이드	넓은	28
way	웨이	방법/방식, 길/도로	8, 15, 28, 73, 76, 98	width	위뜨	폭	28
we	위	우리들은	91	wild	와일드	야생의, 자연 그대로의	106
wealth	웰뜨	부, 재산	3	will	윌	의지, ~할 것이다	101
wear	웨어	옷 입다	106	win	윈	이기다	87, 98
weather	웨더	날씨	91	wind	윈드	바람 신, 바람 불다	10, 91
weave	위브	반복하여 짜다, 엮다	91	window	윈도우	창(문)	91, 101, 102
web	웹	(반복된) 망	91	winery	와이너리	포도주 양조장	91
website	웹사이트	웹사이트	91	wing	윙	날개	91

단어	발음	의미	page	단어	발음	의미	page
wink	윙크	윙크하다, 깜박거리다	91	year	이어	해, 년	95, 104
winter	윈터	겨울	103	yearly	이어리	연간의	95
wipe	와이프	닦다, 문지르다	91	yell	옐	소리치다	106
wire	와이어	전선	21, 25	yes	예스	(긍정 표현) 예	60, 63
wise	와이즈	현명한	11	yesterday	예스터데이	어제	95, 104
wish	위쉬	바라다, 기원하다	47, 91	yet	옛	아직	16, 95, 104
with	위드	함께, ~과	92	yield	일드	양보하다, 산출하다	95
within	위딘	내부에, 안쪽에, 이내에	92	yoga	요가	심신단련법	3, 109
without	위드아웃	~없이	92	young	영	어린, 젊은	3, 13, 50, 95
woman	우먼	여자	59, 92	youth	유뜨	젊은이, 청년	3, 11, 95
women	위민	여자들	59	yummy	여미	의성어) 냠냠 맛있는	97, 110
wonder	원더	궁금하다, 놀라다	92	Zeal	질	열의	11
wonderful	원더풀	훌륭한	92	zebra	지브라	(무늬가 있다, 없다 한) 얼룩말	99
wood	우드	나무, 목재	13, 111	Zelos	젤로스	질투/경쟁신	3, 11
wool(y)	울	양털, 양모	13, 53, 92	Zeus	제우스	제우스	10
word	워드	단어	54	zigzag	지그재그	지그재그 왔다 갔다 가다	3, 44, 99
work	월	일하다	92, 101	zip(per)	집	(지그재그) 잠그다, 지퍼	3, 13, 99
worker	워커	노동자	92	zone	조운	지역, 지대, 기후대	15, 66, 82, 99
workshop	워크샵	작업장	92	zoo	주우	동물원	13, 99
worry	워리	걱정하다	92	zoology	조우알러지	동물학	99
worth	워뜨	가치 있는	87	zoom	줌	확대/급등하다	99
worthless	워뜨리스	가치 없는	87	zzz	지지지	의성어) 코 고는 소리, 벌레의 윙윙 소리	99, 105
wow	와우	(놀라움) 우아, 와	13, 110				
wrap	랩	포장하다	92				
wreck	렉	난파선	109				
wrinkle	링클	주름잡다	92				
write	라이트	글 쓰다	73, 92, 101				
wrong	롱	잘못된	109				
wry	라이	비꼬는, 풍자적인	97				
X-ray	엑스레이	X선, 엑스레이	73, 93, 98				
Yacht	요트	요트	108				
yard	야드	마당, 뜰, 3feet	111